はじめに

　この本の執筆陣は4人とも「自分は日本語教育関係者である」と考えています。ところが、文法オタクの岩田、ドラマを見てもついつい分析してしまう義永、なにかと評価を気にする渡部、学習者の性格を社会や歴史のせいにしたがる本田、みんな興味はバラバラです。私たちは日本語教育の発展に貢献したいという緩やかな共通目標をもちながら、やっていることが全く違う。そんな気づきが執筆のきっかけです。この4人、それぞれの分野で粛々と研究を進めていますが、分野ごとに少しずつ違った研究のノウハウやお作法があるのです。ある日、そういったノウハウやお作法を一冊に集めて提示したら日本語教育学を志す学生のみなさんにとってきっと有益なものになるはずだと話がまとまりました。それが本書です。

　学部生・大学院生の現状を見ると、日本語教育学の全体像を知る機会があまりないように思います。日本語教育関連の研究分野が非常に拡大・細分化しているため、全体像がどんなものかを把握するのは我々教員にとっても大変なことです。それでも、大学院生にはできるだけ広い範囲から自分のテーマを選んで欲しいという願望があります。我々は経験的に先輩や同級生、指導教員から多くのことを学んできました（本書の会話コーナーでは、先輩・同級生からの学びを疑似体験してもらえるようになっています）。ただ、自分の周りの世界だけが全てではなく、少し視野を広げてみれば、日本語教育に関するいろいろな研究分野や研究テーマがあることに気がつくはずです。この広い分野にはどんな研究テーマが転がっているのかちょっと俯瞰的に見てみませんか？

　日本語教育学に興味がある人は、いろいろなルートを通って研究を進めることができます。そのルートは違っても、「日本語教育の発展に貢献したい」というゴールは同じはずです。さあみなさん、本書を片手に、旅に出ませんか？まだまだ未踏破のルートはたくさんありますよ。

　　2014年1月　　　　　　　　　　　　　　　　　　執筆者一同

目　次

はじめに ……………………………………………………………………………… i

第1部　日本語教育研究レビュー …………………………………………… 1

第1章　日本語教育研究の現在地 ……………………………………… 3
　　1．はじめに　3　　2．日本語教育研究の歴史　4
　　3．日本語教育研究の現状　8

第2章　日本語に関する研究 …………………………………………… 15
　　1．はじめに　15　　2．学会誌『日本語教育』の分析　16
　　3．日本語教育と日本語学の機能分化　19
　　4．日本語記述文法の完成　22　　5．展望　25

第3章　学習者に関する研究 …………………………………………… 29
　　1．はじめに　29　　2．学会誌『日本語教育』の分析　29
　　3．展望　41

第4章　教育と社会に関する研究 ……………………………………… 47
　　1．はじめに　47　　2．学会誌『日本語教育』の分析　48
　　3．「日本語教育と社会」に関する研究　55　　4．展望　62

第2部　日本語教育研究マニュアル …………………………………………… 69

第5章　目的と先行研究 ………………………………………………… 71
　　1．はじめに　71　　2．研究の目的　73　　3．先行研究　83

第6章　研究計画 ………………………………………………………… 99
　　1．はじめに　99　　2．研究のスケジュール　100
　　3．リサーチデザイン　101　　4．データ収集　106
　　5．研究計画書を書いてみる　114

第7章　論文の構成と研究成果の公表 ………………………………… 119
　　1．はじめに　119　　2．成果公表の方法・種類　119
　　3．論文の構成と執筆中に陥りやすい穴　123
　　4．投稿前の注意事項　133

第8章　日本語教育研究の倫理と社会的責任 ………………………… 141
　　1．はじめに　141
　　2．「剽窃」や「盗用」は決して許されない　142
　　3．日本語教育研究者が考えねばならない倫理(1)　学習者の権利　147
　　4．日本語教育研究者が考えねばならない倫理(2)　個人情報の取りあ
　　　つかい　151
　　5．研究者の社会的責任　158

第3部　日本語教育研究ガイド …… 161
第9章　量的研究の方法(1) …… 163
  1．はじめに　163
  2．ある文法形式の使用状況を細かく見る　164
  3．教材の中の文法形式を見る　170
  4．日本語教育関係者の思い込みを問う　172
  5．語彙リストを作る　174　　6．改訂版追記　178
第10章　量的研究の方法(2) …… 181
  1．はじめに　181　　2．まずは記述統計　184
  3．2つの変数の平均の違いを見る：t検定　188
  4．3つ以上の変数の平均の違いを見る：分散分析　192
  5．質的なデータの違いを見る：χ^2（カイ二乗）検定　202
  6．2つの変数の関係を見る：相関分析　205
  7．たくさんの変数間の関係を整理する：因子分析　208
  8．変数間の関係を確かめる：共分散構造分析　213
第11章　質的研究の方法(1) …… 225
  1．はじめに　225
  2．日本語教育研究における質的研究の意義　226
  3．質的研究への批判と認識論の問題　230
  4．質的研究の方法論　235
第12章　質的研究の方法(2) …… 255
  1．はじめに　255　　2．質的研究のもう一つの方法論　255
  3．もう一つの質的研究手法のための準備と心構え　261
  4．データの分析：基本的な手順　273
第13章　日本語教育学研究のこれから …… 281
  1．はじめに　281　　2．分野全体の俯瞰と体系化　281
  3．何のための研究か　284　　4．協働と連携　285
  5．社会につながる日本語教育学研究　286
  6．植民地から独立国へ　288

おわりに　―改訂版の編集を終えて― …… 291
索　引 …… 293
執筆者紹介 …… 296

コラム一覧

コラム 1	日本学術振興会特別研究員とは	31
コラム 2	仮説の立て方	78
コラム 3	指導教員からのアドバイス	84
コラム 4	メタ分析（meta-analysis）	94
コラム 5	被験者はコリゴリです	112
コラム 6	批判を前向きにとらえよう	115
コラム 7	投稿論文のキーワード	139
コラム 8	論文を盗用するとどうなるか	145
コラム 9	「匿名」のデータの信頼性	157
コラム 10	準実験的なリサーチデザイン	191
コラム 11	交絡変数	199
コラム 12	サンプルサイズの目安	218
コラム 13	アクション・リサーチは研究になるか？	266

第1部 日本語教育研究レビュー

マップ

　第1部では日本語教育研究の現状を分野別に紹介する。第1章では簡単に日本語教育の歴史に触れた上で、日本語教育研究の全体像を提示する。具体的なデータとしては日本語教育学会の学会誌『日本語教育』の101号から170号までに掲載された280本の研究論文を分析している。これらの研究論文の内容や使用データなどを見ながら、ここ十数年の傾向を紹介することになる。研究論文のカテゴリー分けは以下の表に従っている。

表　研究論文のカテゴリー

分類		内容
日本語	1	音レベル：音声を扱うもの
	2	語レベル：内容語【例 名詞、副詞、動詞、接尾辞】
	3	文レベル：複文レベルまで【例 各種機能語、活用】
	4	談話レベル：複文を超えるもの、文脈などを考慮する機能語 【例 接続詞、照応、談話構造】
	5	対人レベル（コミュニケーションレベル）、言語行動 【例 感動詞（挨拶、応答詞、あいづち、フィラー）】
学習者	6	学習者によるインプットの理解を扱うもの
	7	学習者によるアウトプットの産出を扱うもの
	8	学習者によるインプットの理解とアウトプットの産出の両方を扱うもの
教育と社会	9	教室活動
	10	評価
	11	ビリーフ
	12	日本語教育史
	13	社会的ニーズ

　詳細は各章で説明するが、研究論文を、日本語・学習者・教育と社会という3つのカテゴリーに分け、さらにそれぞれをサブカテゴリーに分類している。日本語に関する研究

(第2章)、学習者に関する研究（第3章）、教育と社会に関する研究（第4章）の順ですすめていく。

第1章
日本語教育研究の現在地

1. はじめに

　本書は、日本語教育研究の現状を分析し、日本語教育学の姿を明らかにすることを目的に書かれた。

　若い研究者は、どのような学問領域においても先行研究の模倣から自分自身の研究テーマと手法を見つけていく。「○○学」という名前がついた独立した研究分野には、その分野のプロトタイプとされる先行研究が存在する。若い研究者は、ゼミナールでの論文講読などにより、その研究方法や手順を学習し、それをなぞって自身の研究を行い、一人前の研究者となっていく。ときにきわめてすぐれた才能の持ち主が、それまで誰も考えたことのない斬新なアイデアをもとに、全く新しい研究方法を考案して、その研究分野を飛躍的に成長させることもあるが、すでにスタンダードな研究方法が確立されているからこそ、新しい研究法を生みだすことが可能なのである。

　1980年代初頭になって日本語を学ぶ外国人が飛躍的に増加した後も「日本語教育」は、学際的・派生的な研究分野であるという考え方が長く続いた。それには、現在の日本語教育がもつ歴史的な事情があると思われる。日本語教育そのものは、長い歴史をもつが、第二次世界大戦が終結した1945年を境に日本語を学ぶ／教える人が急減し、一時断絶状態となった。したがって、それから35年を経て日本語教育が再び盛んになっていった1980年代当時、日本語教育に関わっている人々のほとんど全てが、他の専門領域から日本語教育に移ってきた人々であった（第2章3節参照）。このような状況の下で、日本語教育研究が独立した研究領域であると考えられなかったことは当然だったともいえる。この状況を、野田（2012）

は「日本語教育学が日本語学や言語学の植民地になっていた」と表現している。

　しかし、2000年以降、文科省により大学院の拡充政策がすすめられ、日本語教育を専門に学ぶ研究科があいついで設置されると、その研究生活の初めから「日本語教育」を専攻してきた若い研究者が急速に増加した。野田流の表現を借りれば「本国から植民地へ流れてきた研究者ではなく、植民地生まれの研究者」がやっと輩出されはじめたのだ、といえよう。しかし、このような「植民地」で生まれた若い日本語教育研究者は、先行研究の模倣から自らの立ち位置を見いだす、ということが難しい環境におかれてしまう。本書の執筆者はみな、自身が大学院生であったころから、大学院の教員となって学生を指導している現在まで、「日本語教育」のスタンダードな研究手法とはどのようなものであるか、ということを考えつづけてきた。そして、その回答を得るためには、いまの日本語教育研究がどのような形をしており、どのようなことが行われているかを鳥瞰すること、すなわち、日本語教育研究の正確な地図を作製する必要があると考えるにいたった。本書はそのような「日本語教育研究」を研究し、そのスタンダードな研究手法、さらに研究の方法論を具体的に記述していくことによって、日本語教育研究の現在の姿を明確に示し、近い将来、独立した「日本語教育学」を確立するために書かれたものである。

2．日本語教育研究の歴史

　日本語教育史の研究によれば「日本語教育」の歴史は決して短いとはいえない。その歴史は一般的に三期に区分される（関1997など）。第一期は、戦国・安土桃山時代から1895年までの「外国人による日本語学習」の時代、第二期は日清戦争による台湾併合から1945年の第二次世界大戦終結までの「植民地統治・侵略政策の一環としての日本語（国語）教育」時代、そして1945年以降、現在にいたる第三期の「日本の経済成長が生んだ日本語教育」の時代である。

　第一期は、諸説あるものの、来日したイエズス会宣教師が日本語を学び

はじめたことをもって本格的な日本語教育の開始とすることが一般的である。このころの学習者は、布教その他の明確な目的をもち、自らの意思で日本語を学びはじめた者であるから、そこにあったのは「日本語教育」というより「日本語学習」というべきものであった。したがって、学習者の関心は、習得の対象である「言語としての日本語」に関する知識・情報に集中している。その代表的な著作が、J・ロドリゲスの『日本文典』（日本大文典）、『日本小文典』である。この時期に残された資料には、日本人の言語行動などにも若干の注意が払われているが、日本語の教育・教授法に言及した記録は、ほとんど残されていない。すなわち、この第一期は、外国人の日本語教育（学習）がはじまり、同時に日本語学がはじまった時期であるということはできても、「日本語教育研究」は、まだはじまっていなかったといわざるを得ない。

　第二期は、日清戦争により台湾が併合された 1895 年から 1945 年に第二次世界大戦が終結するまでである。この時期は、台湾における日本語教育からはじまり、新たに「皇国の臣民」となった植民地の人々に対する皇民化教育と結びついた日本語教育、また大東亜共栄圏における日本文化（の優位性）の宣伝と普及を目的とした日本語教育が行われた。第二期の日本語教育研究には、台湾における年少者を対象とした山口喜一郎による「グアン式教授法」や、「満州国」を舞台に、主として成人の職業教育という性格をもつ大出正篤の「速成式教授法」が提唱され、その 2 つの教授法をめぐる山口と大出の論争など、教授法や習得方法に関心がもたれたことはあったが、それが、第二言語習得研究や、母語と日本語の対照研究、さらに新たな外国語教授法の開発といったものに発展することはなく、新たな学問分野を構築することにつながるような兆しも現れなかった。それは、当時、植民地の人々を対象とする日本語教育が、内地における「国語教育」の一変種であるととらえられ、あるいは、日本語が支配地の家庭・コミュニティに普及し、植民地の住民が「日本（語）人」として同化するまでの「過渡的な教育」であるという暗黙の了解があったためであろう。

　したがって、日本語教育の歴史の中で、日本語教育が研究の対象として、はっきりと意識されるようになったのは、第三期、つまり 1945 年以降の

ことであるといってよいと思われる。しかも1945年から1960年代ごろまでは、第二期に軍国主義的侵略政策の一環として日本語教育が行われていたことへの反省と警戒感が強く、日本語教育が組織的に実施されること自体がほとんどなかった。国費留学生の招致制度開始が1954年、コロンボ・プランの一環としての日本語教師の派遣がはじまったのが1960年であり、それを受けて研究者の集まりである「外国人のための日本語教育学会」が組織されたのが1962年であることから見て、「日本語教育研究」が意識されはじめたのは、1960年ごろであると思われる。

しかし、この時点でも、日本語教育研究が独立した研究分野であると考えられていたかどうかは多分に疑問である。

まず、設立された学会のタイトルを、わざわざ「外国人のための日本語教育学会」としなければならなかったことは、外国人のための「日本語教育」と日本人のための日本語教育、すなわち「国語教育」とがはっきり異なったものであるという認識が、当時、きわめて希薄であったことを表象している。これは、第二期にあった「国語教育と日本語教育のあいまいな境界」認識を、そのまま引きずっていたことが考えられる。そして、このような日本語教育と国語教育の混同、あるいは、認識のあいまいさは、相当長い間続いた。日本語教育学会発足から34年たった1996年に、文化庁が刊行した『新「ことば」シリーズ3　日本語教育』は、はじめて文化庁が日本語教育を本格的に取り上げた冊子である。この冊子の中で、長谷川恒雄氏と菊地康人氏が日本語教育と国語教育の違いについてかなりの紙面をさいて論じている（長谷川1996；菊地1996）のだが、それを読むと、2人の論調に相当大きな差異が認められる。このように、1990年代半ばになっても、日本語教育と国語教育をめぐる認識のあいまいさは、完全に払拭されたといいがたい状況にあった。日本語教育が「独立」するために第一に戦わなければならなかった相手は「国語教育」という存在であったといえよう。

しかし、「国語教育」の存在は、一般の人々に「日本語教育」というものを認知させるにあたって大きな障害として立ちはだかっていたが、日本語教育という「植民地」の内部においては、それほど大きな勢力とはなら

なかった。おそらく、それは、第二期とは異なり、第三期については、はじめからこの２つの専門領域の「住みわけ」ができていたことに起因すると思われる。というのも、1945年以降、国語教育は、主に小学校から高等学校にいたる教育を研究する「学校教育（教科教育）」という分野で取りあつかわれていたのに対し、日本語教育は、学校教育の範疇で正式に取り上げられることはなく、教員も研究者も、そして学習者もそれ以外の教育機関、すなわち、日本語学校と高等教育機関に集中していたからである。「中国帰国者孤児定着促進センター」（現在は中国帰国者支援・交流センターに事業統合）が設置された1984年ごろから「年少者日本語教育」がしだいに意識されるようになったとはいえ、第二期のように年少者教育が日本語教育の主流になるということは、なかった。そのため、国語教育（教科教育）の研究者と日本語教育の研究者は、ほとんど交流しなかったのである。

　それに対して、日本語教育を「植民地」として、その内部から支配していたものは、先に引用した野田の発言にもあるとおり、国語学（日本語学）[1]や言語学の研究であった。とくに、初期の日本語教育研究は、「言語としての日本語」の構造や機能を理論的に解明しようというものが多く、国語学と日本語教育研究の差異がほとんど意識されていないような状況にあった。１つだけ、大きな違いを述べれば、国語学の主流が江戸時代から連綿と続く古典研究におかれていたのに対し、日本語教育は現代語を研究対象としていたこと、そこから導かれる結果として、国語学の研究対象は、記述された日本語に焦点がおかれていたが、日本語教育は話しことばを取り上げる研究が少なくなかった、という点であった。つまり日本語教育が植民地だとすれば、その植民地の「宗主国」は国語学であったのである。このように「宗主国」であった国語学の影響は、現在においても強く残っており、後の章で詳細に論じられるとおり、現在でも『日本語教育』の研究論文は、「日本語に関する研究」を取りあつかったものが圧倒的に多い（第

1）現在は「日本語学」の名称が多く使われるが、1990年代後半、大学の「国文学科」が「日本語学科」へと改称する例があいつぎ、ついに2004年「国語学会」が「日本語学会」と改称するまで、一般的には「国語学」と呼ばれていた。この章では、そのような経緯を踏まえて「国語学」と表記している。

2章参照)。

　国語学以外に、日本語教育研究で一定の勢力を保っていたのが、言語学や「英語教育」分野出身の研究者である。このタイプの研究者は、そのほとんどが、英語学あるいは、英語教育を学ぶため海外(大部分がアメリカとオーストラリア)の大学院に留学し、留学先において、はじめて何らかの形で日本語教育に関係し、帰国後、日本語教育に転身したという経歴をもっていた。彼らによって、海外における最新の外国語教育理論、すなわち、外国語教授法・第二言語習得理論・評価・コミュニケーション論・異文化理解とコミュニケーションなどが紹介され、日本語教育に持ち込まれた。後述する「第3章　学習者に関する研究」や「第4章　教育と社会に関わる研究」は、アメリカの外国語教育研究(応用言語学)の直輸入からはじまったのである。

　以上、述べてきたように、「学際的」と表現された1960年代から2000年ごろまでの日本語教育研究の実態は、国語学の支配下にあった「日本語」教育研究と、英語教育学の影響を強く受けた日本語「教育」研究のハイブリッドであった。

3．日本語教育研究の現状

　では、日本語教育研究の現在の姿はどのようなものだろうか。

　日本語教育学会の学会誌『日本語教育』の101号(1999年7月)から170号(2018年8月)に査読を経て掲載された280本の研究論文を分類し、その分布を調べてみよう。

　研究論文をどのような基準で分析し、分類するかには、いくつかの案が考えられよう。しかし、一般的にいって、研究論文とは、著者自身があるテーマ(あるいは仮説)を設定し、そのテーマの本質や実態を明らかにするために、客観的なデータを収集し、それを科学的に分析して、その分析結果について著者が考察をしたものである。したがって、第一にその論文がどのようなテーマを取りあつかっているか、第二に、そのためにどのようなデータが使用されているか、という2点にまず注目することが、論文

の性質を理解する二大要素であると考えられる。

　そこで、280本の論文のテーマと、そのために使用されたデータを調べることとした。その結果、280本の論文は、表1-1に示した13種類のテーマと表1-2に示した16種類のデータ（ただし、16番目は著者自身の純粋な内省・思索であり「客観的なデータ」とは、やや異なる）に分類できることがわかった。なお、280本の研究論文の中には、複数の種類のデータを組み合わせて考察をすすめているものもあるが、その場合は、その論文の仮説を明らかにするために主として使われたデータを、その論文のデータとした。

　次に13種類のテーマと16種類のデータを、それぞれ近似したものがならぶように配列して縦の軸と横の軸にとり、それぞれのグリッドに、何本の論文が入るかを示したものが図1-1である。テーマとデータの配列にあたっては、前節で述べたとおり、日本語教育研究の源流が「言語」として

表1-1　「取りあつかうテーマ」の分類表（図1-1の縦軸）

分類		本数	内容
日本語	1	3	音レベル：音声を扱うもの
	2	33	語レベル：内容語【例 名詞、副詞、動詞、接尾辞】
	3	60	文レベル：複文レベルまで【例 各種機能語、活用】
	4	21	談話レベル：複文を超えるもの、文脈などを考慮する機能語【例 接続詞、照応、談話構造】
	5	30	対人レベル（コミュニケーションレベル）、言語行動【例 感動詞（挨拶、応答詞、あいづち、フィラー）】
学習者	6	28	学習者によるインプットの処理を扱うもの
	7	52	学習者によるアウトプットの産出を扱うもの
	8	2	学習者によるインプットの理解とアウトプットの産出の両方を扱うもの
教育と社会	9	17	教室活動
	10	14	評価
	11	4	ビリーフ
	12	10	日本語教育史
	13	3	社会的ニーズ

第 1 部　日本語教育研究レビュー

表 1-2　「使用されたデータ」の分類表（図 1-1 の横軸）

【作例など】	
1	作例・先行研究の例文・用例辞典の例文
【文献・文字資料・書記されたもの】	
2	小説・エッセイ・新聞・HP などからの例文収集 *1
3	書き言葉コーパス（研究用コーパス・商用コーパス）・Web Site からの収集 *2
4	教材・教科書
5	文献・記録
【録音・録画およびそれらから採られた文字データ】	
テレビ・映画などで公開されたもの	
6	ドラマおよびそのシナリオ *3
7	ニュース（語り）・バラエティ番組など（対話）
【録音・録画およびそれらから採られた文字データ】	
研究のために録音・録画・収集されたもの	
8	自然会話・授業を録音・録画したもの（会話コーパスを含む）
9	限定された条件を提示して得られたインタラクションの録音・録画
10	学習者・教師・母語話者が産出した音声データ（KY コーパスなどを含む）
11	学習者・教師・母語話者が産出した例文・作文（学習者コーパスを含む）
【観察・テスト・アンケートなど】	
12	教育実践（参与観察・観察）
13	実験・テスト・タスク
14	アンケート・DCT[2)]
15	インタビュー *4
16	内省・思索

*1）日本語教育・日本語学とは無関係に発表された文献
*2）量的分析に使われた言語資料
*3）特定の作者による創作
*4）言語形式に関するデータをインタビューの形で引き出すものは 10 とする。

の日本語を取りあつかう日本語学と、言語「習得」とそれにともなう「学習」行動を取りあつかう外国語教育学にあることから、言語的なテーマ・データから教育的なテーマ・データへと移行するように配列した。

2）Discourse Completion Test（談話完成テスト）の略。テストと名付けられているが、想定された場面での言語使用意識を問う手法ととらえ、アンケートに分類した（「テスト」には何

第 1 章　日本語教育研究の現在地

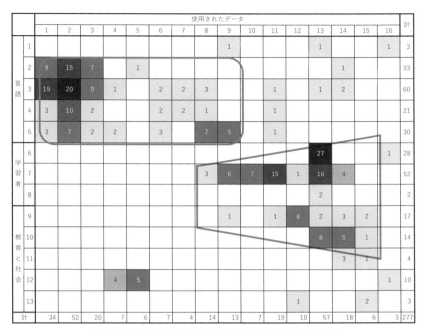

図 1-1　『日本語教育』(101–170 号) 研究論文の分布図
縦軸は研究分野・対象(表 1-1, 表 1-2 を参照)／横軸は「使用されたデータ」(表 1-1, 表 1-2 を参照)
(ただし、280 本の掲載論文中 3 本については分類を保留)

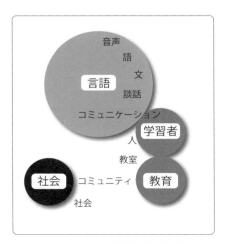

図 1-2　「日本語教育研究」の現状

11

こうして描かれたのが、図1-1である。色が濃いほど論文数が多いことをあらわしている（実数は数字で表記）。

これを見ると、現在の日本語教育研究は、大きく2つのグループにわけられることがわかる。まず、左上のもっとも多くの論文が書かれている「日本語」のグループ、次に中間やや右よりの「学習者」とその下の「教育」のグループである。なお、図の左下、縦軸12と横軸4・5の交点に4から5本の論文を有する小さなグループが認められるが、これは「日本語教育史」という分野のグループである。そして、これらのグループの中間は、書かれた論文がないか非常に少ない。つまり、現在の日本語教育研究の実態は、2種類（と日本語教育史）の研究が、あまり関連をもたずに存在しているのだ、ということができる。そして、この2つのグループが、それぞれ「国語学」と「応用言語学（主に英語教育学）」にルーツをもつものであることは、あらためていうまでもないだろう。

このように、日本語教育の現状は、ルーツを異にする2つの研究者グループが、あまりまざりあわないで、それぞれに研究をすすめている状態にある。この2つのグループは、前述したとおり、日本語学・言語学をルーツにもつグループと、英語教育学・応用言語学をルーツにもつグループであった。そのもっとも大きな差異は、前者が「言語としての日本語」=「言語」に、後者が「日本語の学習あるいは教育」=「人」に、研究の焦点をあてていることである。さらに細かくみていくと、「日本語」グループでは、その焦点のあて方に、音・語・文・談話…というレベル分けが認められる。これは、日本語学の、あるいは伝統的な言語学のカテゴリーをそのまま受け継いだものである。一方、「学習者・教育」グループにも、「日本語」グループほどではないが、やはり、レベルがある。それは、「人（とくに学習者）」を中心に、その周辺へと広がる個人・教室（クラス）というレベルである。このレベル分けは、個人・教室から、コミュニティ・社会…と広がっていく。ただし、『日本語教育』への投稿論文では、コミュニティ・社会にはっきりと焦点をあてた研究がきわめて少ない。

らかの正用・正答が想定されているもののみをカウントしている）。

各分野の研究の現状については、第2章・第3章・第4章に詳説するが、現時点で「日本語教育」研究の姿を概観した模式図が、図1-2である。このうち、各レベル（カテゴリー）とも研究がすすみ、もっとも充実しているのが「日本語に関する研究」であり、それについで研究が進展しつつあるのが人を対象とした「学習者に関する研究」、まだ、あまり手をつけられていない教室レベルでの「教育に関する研究」、そして、未開拓なのが「社会に関する研究」である。

　図1-2を見てわかるとおり、現在のところ「日本語教育」に関する諸研究は、「日本語教育学」と呼べるほどの構造体をなしていない。したがって、本書では、主として「日本語教育研究」という用語を使用する。しかし、たびたび述べてきたとおり、筆者たちは、「その研究生活の初めから「日本語教育」を専攻してきた若い研究者」のみなさんに「日本語教育学」を確立してほしい、という願いをもって本書を執筆している。そこで、近い将来の展望について語る場合には、「日本語教育学」という用語を用いる。

　それでは、本章冒頭に述べたとおり「いまの日本語教育研究がどのような形をしており、どのようなことが行われているかを鳥瞰すること、すなわち、日本語教育研究の正確な地図を作製する」ために、まず日本語教育のそれぞれの分野の研究の現状を把握する（本章を含む第1部）。次に分野をこえて、日本語教育研究を論文にまとめる際の共通マニュアルを提案する（第2部）。最後に、各分野の研究で使われている研究手法を概観する（第3部）。

　この章が書かれてから10年が経過した。その間の「日本語教育学」の変化は非常に大きなもので、この章を書いた筆者の予想をはるかに超えてしまった。

　「認定日本語教員」が国家資格となり、「日本語教育」も広く認知された。「日本語教育学」は、すでに日本語学の植民地からは完全に独立したといっていいと思われる。

　その一方「日本語教育学」が研究する範囲も非常に大きく広がり「日本語教育学」というものが、どのようなものかが見えにくくなってきている。

　今後、この領域を統合する新たな定義が設定されるのか、あるいは、分

散してそれぞれに新たな学問領域を生みだしていくのかは、もう少し経過を見守る必要があるようである。

参考文献

菊地康人（1996）「4. 国語教育と日本語教育」『新「ことば」シリーズ3　日本語教育』文化庁（大蔵省印刷局発行），77-90.

関正昭（1997）『日本語教育史研究序説』スリーエーネットワーク

野田尚史（2012）「あとがき」野田尚史編『日本語教育研究のためのコミュニケーション研究』くろしお出版，207.

長谷川恒雄（1996）「1. 日本語教育とは何か─その歴史と展望─」『新「ことば」シリーズ3　日本語教育』文化庁（大蔵省印刷局発行），33-47.

第2章
日本語に関する研究

1. はじめに

　本章から各研究分野における特徴を順に見ていく。自分の興味・関心だけではなく、さまざまな分野の研究環境を広く理解することは非常に重要である。本章ではまず日本語に関する研究（以後日本語研究と呼ぶ）について紹介したい。いわゆる談話、文法、語彙、音声などをあつかう分野である。議論の出発点として、学会誌『日本語教育』101号から170号に掲載された論文内容の推移を取り上げる。分析の詳細は2節で述べるが、査読制の学会誌を取り上げるため、単なる研究の流行廃りだけではなく、ある種の採用されやすさのようなものが反映されてしまうことを断っておきたい。続く節では、当該分野を端的に表すキーワードを2つ提示する。一つは、「日本語教育学と日本語学の機能分化」で、かつて日本語学[1]は日本語教育学の大部分を占めていたのだが、両者は別分野として独立しつつあるということを論じる（3節）。もう一つは、「日本語記述文法[2]の完成」で、新記述派（金水1997）と呼ばれる文法研究の流派は、その体系的な現代語の記述を終えつつあるということを論じる（4節）。こういった現状を踏まえて将来の展望を5節で論じる。

---

[1] 第1章で国語学と呼んでいた分野を本章では日本語学と呼ぶ。
[2] 言語事実を記述することが目的であるが、その定義については揺れもあり、その経緯や定義のあいまいさについて野田（2011）が詳細にまとめている。

2．学会誌『日本語教育』の分析

> 福　本：あの、え〜、日本語教育で修論を書きたいんです。
> 堀　田：あ、そう。テーマとか決まってるのかな？
> 福　本：いえ、なんにも。
> 堀　田：言語自体を調べたいの？それとも、教師や学習者について？
> 福　本：いえ、なんにも。
> 堀　田：まずは『日本語教育』をぱらぱらっと見てみることかな。

2.1　分析対象

学会誌『日本語教育』101号から170号に掲載された論文は280本である。

表2-1　日本語に関する研究のサブカテゴリー

	本数	内　　容
カテゴリー1	3本	音レベル：音をあつかうもの
カテゴリー2	33本	語レベル：内容語であればここに分類 ［例］　名詞、副詞、動詞、接尾辞など
カテゴリー3	60本	文レベル：複文レベルまではここに分類 ［例］　各種機能語、活用など
カテゴリー4	21本	談話レベル：複文を超える接続詞研究などはここに入る、文脈などを考慮する機能語研究もここに分類 ［例］　接続詞、照応、談話構造など
カテゴリー5	30本	対人レベル（コミュニケーションレベル）、言語行動、相手の存在を前提とするもの ［例］　感動詞（挨拶、応答詞、あいづち、フィラー）など

その中から日本語に関する研究 147 本をここではあつかう[3]が、便宜上サブカテゴリーを 5 つ設定した。サブカテゴリーのどれに当てはまるかは、簡単に決められない論文もあるが、判断が難しい場合は、論文のタイトルを判断基準としている。本数で見ると文レベルのカテゴリー 3 が一番存在感がある。

2.2　分析結果：日本語に関する論文の位置付け

　実際の分析に当たり、『日本語教育』の号数を基に 7 期に分類した。1 期（101-110 号）、2 期（111-120 号）、3 期（121-130 号）、4 期（131-140 号）、5 期（141-150 号）、6 期（151-160 号）、7 期（161-170 号）として時系列軸にならべたのが以下の図 2-1 である。

　1 期の時点では全体の 72.6%が日本語研究であったのに、その割合は 7 期で 20.8%となっている。ここからわかるのは、日本語教育という分野において、かつてはその大部分を日本語研究が占めていたということである。そこから全体の 2 割程度に落ち着いてきたことを見ると、日本語教育学という分野の成熟とともに言語以外の分野が発展してきたように見える。

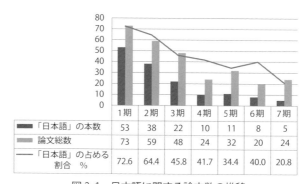

図 2-1　日本語に関する論文数の推移

---

3) 考察対象の 280 本には、言語使用のストラテジー、および、特定の言語機能の対照研究を行う論文が 3 本あった。これら 3 本は、言語そのものをあつかっている訳ではなく、また各言語の母語話者の言語使用を対象としており、本稿の考察対象（「言語」「学習者」「教育と社会」カテゴリー）には含めていない。

表 2-2　サブカテゴリー別論文数の推移（日本語に関する研究）

	1期	2期	3期	4期	5期	6期	7期	計
音レベル	1	0	1	1	0	0	0	3
語レベル	11	13	4	1	3	1	0	33
文レベル	21	17	8	2	5	3	4	60
談話レベル	9	2	5	1	2	2	0	21
対人レベル	11	6	4	5	1	2	1	30

　これについては3節で詳しく述べたい。
　表2-2で、サブカテゴリー別の論文数を表示している。とくに目立った変化はなく全体的に減少傾向にあるが、4期を除いて常に文レベルカテゴリーが多いということはいえる。
　4期は論文の採用数自体が少なすぎるので他の期と比較するのは難しい。ヴォイス（例えば、「れる・られる」など）、アスペクト（例えば「ている」など）といったいわば典型的な文法研究が文レベルで行われてきたことを考えると、主流となるサブカテゴリーに大きな変化はないということであろう。
　本数が多い文レベルの日本語研究をもう少し詳しくみたい。内訳を、単文単位と複文単位の2つに分けて紹介する。全60本の論文が、単文47本、複文13本に分かれる。単文単位47本中、動詞に接続する機能語が27本と目立つ。その中でもモダリティ関連項目（かもしれない、でしょう、そうだ、はず）が10本と多く、授受表現などのテ形接続形式が7本と続く。単独では受身の4本が最多である。一方、名詞に関わるものは相対的に少なく助詞の研究は6本しかない。ただし、名詞述語文をあつかったものが4本あるのは注目である。複文単位では13本中、逆接5本、因果関係4本、条件2本、時2本となっている。また60本の全論文中67％（40本）が旧日本語能力試験3級文法項目といわれるものである。

3．日本語教育と日本語学の機能分化

2節でみた第1期とは1999年から2001年の間であるが、その期間において『日本語教育』の72.6％が日本語学の研究であった。そもそもどうして日本語学の存在感がこんなに大きかったのだろうか。古川・春原・富谷（1997）では、1983年の「留学生受け入れ10万人計画」以降、急激に大学が日本語教育関係の教員を雇用しはじめたという事実を背景に、以下のような指摘をしている。

> 大学が日本語教育の教員を雇おうとしたときに問題になったのは、いったいどのような基準でその専門性を判定するのかということでした。（中略）当時、日本語教育の論文を発表する場も少なく、大学が期待するような学問的なアプローチで研究してきた人たちの人数も少ない中で、教育現場の経験だけで採用される人たちはきわめて少なかったのです。日本語教員として当時大学に職を得た多くの人々は、日本語学・国語学の専門家でした（古川・春原・富谷：4-5）。

つまり、大学の教員が日本語学・国語学関係者である限り、大学院生も関連分野で論文を書いて発表するわけで、日本語学の存在感が大きくなったことは容易に想像できる。

日本語学の存在感が少しずつ薄れてきていることを2節では見た。これは日本語教育という研究分野が成熟してきていることと関わっている。学習者や教員、教材など、日本語以外を対象とした研究分野が広がりを見せつつあるために、日本語学の論文の割合が減っているのである。詳しくは第3章以降を見てほしいが、日本語教育学と呼ばれる分野は、学習者を対象にしているもの、教師や教材をテーマにしているものなど、もはや言語だけを分析している分野ではなくなっている。

仲　　間：　ぼく、日本語をテーマにしたいんです。
建　　部：　具体的にはどんなテーマ？
仲　　間：　口頭コミュニケーションで使われる「むむむむ」と「ぐ

>   ぐぐぐ」を比較したいんです。
> 建 部： ほう。マンガによく出てくるやつね。
> 仲 間： 他にも「ちちちち」と「つつつつ」なんかもありますね。日本語学習者に役立つと思うんです！
> 建 部： 日本語研究（役割語）ならおもしろそうだけど、本当にそれが教育に役立つかは慎重に考えてみて。自分もよく使ってる？
> 仲 間： う〜ん、どうなんだろ？ぼく、二次元の世界にしか語感が働かないんです。
> 建 部： そんなアホな……

　もう一つ重要な視点があり、それは日本語学が日本語教育と分離されて、別の場で議論されるようになってきたということである。そもそも日本語学という用語は1980年代に現れ、日本語教育の発展を背景に非母語話者に対して説明するための現代語研究というニュアンスが含まれていたという（庵2001）。つまり、日本語学は当初日本語教育の文脈において論じられていたのである。ところが、教育目的ではない日本語研究も広まるにつれ、例えば2000年に設立された日本語文法学会がそういった研究を発表する場になっていった。また1944年に始まった国語学会が2004年、日本語学会と改称したことも象徴的である。つまり、日本語学という用語から教育目的のニュアンスが消えて、言語学の一分野として使われていくことになる（本章での「日本語学」という用語は言語学の一分野という意味で用いている）。

　ここまでは、日本語自体を論じる場が日本語教育から離れて独立していったということを見てきた。それでは、日本語教育の中に留まっている日本語研究とはどういったものであろうか（本章ではこれ以降、「日本語教育学〔日本語に関する研究〕」と呼ぶ[4]）。ここで再度、2節で紹介した『日本語教育学』の分析に戻って、データを追加したい。論文の中には言語事

---

[4] 日本語教育文法といわれる研究分野に、語彙や談話構造などを対象に加え、教育志向の強い日本語研究を指す用語として用いる。

実の記述だけを目指しているものと、その教育貢献について述べているものがある。両者の分類ははっきりできないが、大きく4つに分けてタグ付けしてみた。

   a．全く教育には触れないもの
   b．強引でも1行程度は触れるもの
   c．量は多くなくてもはっきりと教育との関係を述べているもの
   d．教育について1節を立てて深く論じているもの

b. とc. の区別がわかりにくいかと思うが、研究目的のところで教育貢献を論じている場合基本的にc. に分類している。説明が強引な感じがすればb. としている。例えば、森（2004）はb. の典型である。形容詞の連用形に続くスル-サセル置換（「悲しくする／させる」のような両者が置換え可能な現象）という非常にマニアックな文法研究をしているが、使役は重要な学習項目であるという理由から、日本語学習者への貢献を述べている。この現象[5]は言語学的には非常に興味深いものだが、こんなマニアックな現象を現場の先生が学習者に指導しているかどうかは非常に怪しい。ここでいいたかったことは、日本語教育分野に留まる日本語学研究は、なんらかの教育貢献を（うわべ上だけだとしても…）提示しないといけなくなりつつあることだ。

これは論文の数から見ても明らかで、図2-2の棒グラフの部分ではc.

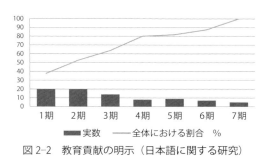

図2-2　教育貢献の明示（日本語に関する研究）

5）興味のある人は定延（2000）を参照。

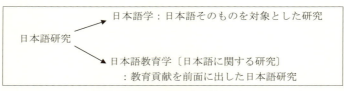

図2-3 日本語を対象とした研究の機能分化のイメージ

d. の数だけを収集して推移を見ているが、4期で全体の80％、7期で100％が教育貢献を明示している。ただし、教育貢献を明示しているとはいえ、c. d. に分類した全83本中、例えば教材分析に踏み込んで教育との関わりを深く論じているのは8本である。

　4期以降多数の論文が教育貢献を明示するようになっているという事実は、「正確で詳しい文法記述は日本語教育に役に立つというのは迷信である（野田2000）」[6]という発想がだんだん浸透してきた証拠ではないだろうか。つまりかつて、日本語学の研究を続けていればいつか日本語教育に役立つであろうと思っていた時代があったということである。これからは日本語を対象としても、日本語教育への貢献を前面に出さねば日本語教育の論文とは認められないということである（当然といえば当然だが…）。野田編（2005）で詳細に論じられている日本語教育文法という概念が広まっているのも、教育貢献を前面に出した言語研究を目指す『日本語／日本語教育研究会』が立ち上がったのも同じ流れにあるといえる。ここまで述べてきた日本語学と日本語教育学の機能分化を図にしたものが図2-3である。

4．日本語記述文法の完成

　日本語自体を研究対象とする研究分野は、国語学と呼ばれ非常に長い伝統をもつ。江戸時代の古典文法研究はすでに世界に誇れる学問的完成度を

6）文法記述の教育貢献をジャガイモに例えて、「おいしいジャガイモを育てて出荷しているだけではダメで、切って茹でてきれいな形でそろえておかないとすぐには売れない」と指摘している。日本語文法学会（2006）で白川博之氏も「日本語研究が基礎研究としてあって、それを日本語教育に応用するといった誤った図式…（p.158）」の存在を指摘している。

達成していたことを金水（1997）は指摘している。こういった伝統の中で1980年代から日本語学という用語が現れ、日本語教育の文脈で用いられるようになったということは3節で述べた通りである。ここでは当初の日本語学がどういったものを目指していたかを紹介し、その所期の目標が達成されつつあるという現状を見ていく。

> 福　本：　先輩、日本語の受身っておもしろそうですね。
> 建　部：　ほう、どうしてまた？
> 福　本：　だって、自動詞が受身になるなんて素敵じゃないですか。
> 建　部：　ははは、確かに。でも、先行研究見た？
> 福　本：　まだです。
> 建　部：　「受身　日本語」をキーにCiNii[7]で調べてみたら、200本以上ヒットするで。
> 福　本：　ひゃ～。ホントですか？！

　日本語教育のために日本語を研究するということは、当然現代語をあつかうことになる。また、教育に生かすには体系的な記述が不可欠である。こういった研究をすすめていったのは、寺村秀夫氏を中心にその影響を受けた新記述派（金水1997）と呼ばれる研究者たちである。現代語を体系的に記述するということは、一種の国取りゲームであり、未開拓の土地はどんどん取られていってしまう。この分野の研究者は、広く先行研究を把握して記述の薄い分野を探す能力が必要であり、記述の厚い分野を選ぶなら先行研究の詳細な整理能力が必要となる。いずれにせよ、先輩方の研究の上に自分の研究を重ねていくという積み上げ型の分野であることを指摘しておきたい。そのため研究がすすんでいくと、日本語学の中でも日本語文法に関しては閉塞感が指摘され、転換期にあるといわれるようになる（野田2000、日本語文法学会2006）。

---

7) 論文検索サイトの名前（詳細は第5章3節参照）。

第 1 部　日本語教育研究レビュー

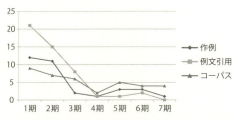

図 2-4　日本語に関する研究における使用データの推移（実数）

　こういった流れで注目すべきことは、『現代日本語文法』（日本語記述文法研究会編）全 7 巻の完成である（2010 年 5 月）。これまで各研究者が任意で研究を行っているうちは、国取りゲームも激戦区や非激戦区（記述の濃淡）があった。しかし、この全 7 巻の目的はチームによる体系の網羅的記述を完成させることで、参照文典を提示することであった。つまり、気になる文法現象は本を調べれば何でもわかってしまう時代が来たのである。
　ここまで述べてきた、いわば日本語記述文法の完成は、2 節で紹介した『日本語教育』の分析からも見てとれる。ここではいくつかのデータを追加で見ていく。1 つ目は、日本語学の研究で使用されるデータについて述べる。かつてこの分野は、例文作成や引用例文による文法記述が典型であったが、この方法がだんだん減少傾向にあることが見てとれる（図 2-4 参照）。
　一方、コーパス[8]の使用は安定しており、割合も 7 期には全体の 80％（5 本中 4 本）となり主流となりつつある。伝統的な方法（作例や例文引用）ではもはや論文掲載を勝ちとることが難しくなってきているのではないだろうか。表には上がっていないが、この分野では実験やアンケートといった手法が全体で 3 例ずつしかなく、インタビューも 1 例と非常に少ないこ

表 2-3　日本語に関する研究（文レベル）における大学院生
　　　　が執筆した論文数

	1 期	2 期	3 期	4 期	5 期	6 期	7 期
論文数（本）	8	6	2	2	0	1	2

---

8) ここでは書き言葉コーパス、会話コーパス、自然会話を自分で文字起こしした自作コーパス相当のもの全てを含んでいる。

とを付け加えておく。

2つ目は院生論文採択率の低さである。大学院生[9]の参入という視点で見ると当該分野の衰退がはっきり見てとれる（表2-3参照）。ここでは狭義の文法研究について紹介したいので、文レベルのものだけをあつかう。

3期4期の論文を見ると、対照研究の視点、話し言葉の視点、教育を絡めた視点で書かれており、単なる文法の記述ではない。6期7期の3本は同一人物によるもので、対話（話し言葉）における機能や日本語教材における現状の問題点を明らかにしており、これらも文法の記述だけには留まらない。つまり、日本語記述文法が完成したことにより、大学院生が文法の記述目的で論文を書いても、なかなか採用されないということがわかる。ここまで見てきたことは、従来の作例や例文引用による方法で、文法の記述を行おうとしても難しいという現状である。当然ではあるが、3節で指摘した日本語学の機能分化もこのデータの背景にはある。

5．展望

2節の図2-1から、『日本語教育』における日本語研究の存在感が少しずつ薄れてきていることを指摘した。しかし、全体の5分の1は未だに日本語研究の論文であり、工夫次第でまだまだ論文のテーマは見つかるといえる。ここでは日本語教育学〔日本語に関する研究〕について、今後の展望と提案を述べたい。

3節で述べたように、正確な文法記述がいつか日本語教育に役立つという発想を捨てなければならない。つまり、自分の行う研究がどういった人に対して役立つのかターゲットを明確にし、具体的にどう役立つのかを提案する研究が望まれているということである。図2-2からも掲載論文のすべてが教育貢献を明示するようになっているが、この教育貢献の明示をより一層具体的に行うことが求められるようになるであろう。4節で指摘したとおり、日本語を体系的に記述するという作業がすでに完成しつつある

---

[9]『日本語教育』では表記がゆれており大学院生かどうかをはっきり区別できない例もあるが、ここでははっきりわかるものだけを数えている。

ことも相まって、日本語教育学〔日本語に関する研究〕はその存在意義を教育貢献に頼る他はないのである。

　ここでは最近論集が活発に出ている日本語教育文法というジャンルを紹介しておく。3節で紹介したとおり、日本語教育と日本語学研究の融合を目指す分野であるといえる。日本語教育文法という用語をタイトルに入れた書籍に野田編（2005）、山内（2009）、森・庵編（2011）がある。また、タイトルに日本語教育文法を謳っていないが、野田編（2005）の関連本として野田編（2012）もある。これらを順に紹介していく。

　野田編（2005）では、教える方法ではなく教える内容を吟味する必要があるという問題意識から、コミュニケーションに役立つための文法とは何かを議論している。結果として教育貢献ができる日本語学研究の提案を行っていることになる。それをさらに推し進めたのが野田編（2012）であり、コミュニケーションを中心に据えて、教育に役立つ研究の在り方を論じている。例えば、「メールを書く」というコミュニケーションの一形態がある。そこでは一体どういった表現が使われており、どういう言い回しをすると失礼になるのか、といった研究が必要であるにもかかわらず、あまり行われていないと指摘している。また、あとがきに「植民地になっている日本語教育学を独立国にしよう（野田編2012：207）」という刺激的なメッセージが書かれている。

　続いて紹介するのはデータ重視の教育文法研究である。山内（2009）はプロフィシエンシー（「言語活動の遂行に関する熟達」及び「言語活動遂行能力」）を軸に議論をしている。具体的にはACTFL-OPI[10]という口頭能力テストのデータを基に、実証的な提案を行っている。例えば、口頭能力テストで中級をとった人は、一体どんな文法項目を使っているのだろうかという問題意識などは、初級で教えるべき文法内容を見直すべきであるという野田編（2005）の主張にも通じるものである。森・庵編（2011）も同じ流れに位置するが、特徴はその方法論を徹底的に紹介するところに

---

10) OPI（Oral Proficiency Interview）とは、ACTFL（The American Council on the Teaching of Foreign Languages: 全米外国語教育協会）が開発した外国語の口頭運用能力を測定するインタビュー・テストのことである。

ある。これについてはまた第9章で詳しく述べるが、コーパスや各種ツール、言語調査の必要性など、文法内容の見直しには必ずデータの裏付けが必要であるというメッセージを発している。

　日本語教育関係者と一言でいっても、留学生（日本語研修生・交換留学生、学部生、大学院生など）を教える人、EPA[11]で来日した看護師候補者の指導を行う人、地域日本語教室で公的文書の読み方を教える人などさまざまである。そういったさまざまな日本語教育ジャンルに対して貢献できる具体的な研究が必要になっていくであろう。さまざまなジャンルの教育分野に提案をするにはコーパスや各種ツールの使用が不可欠になってくる。第9章では、日本語に関する日本語教育学の論文を紹介して、それらが用いているコーパスやツールを詳細に解説する。

▍課題

1　最新の『日本語教育』10冊分を集めて、自分がおもしろいと思った論文を紹介しましょう。
2　CiNiiで、「受身、使役、進行、結果、主題」などさまざまな文法用語を検索してみて、ヒット数の多いもの、少ないものを発表しましょう。
3　「外国人看護師、外国人配偶者、外国人技能実習生…」さまざまな立場の人に対して、どんな日本語教育が必要で、そのためにどんな研究が必要になるか議論しましょう。

▍参考文献

庵功雄（2001）『新しい日本語学入門』スリーエーネットワーク
金水敏（1997）「国文法」『岩波講座言語の科学〈5〉文法』岩波書店，119-157.
定延利之（2000）『認知言語論』大修館書店
日本語文法学会（2006）「日本語文法学会の展望　展望1：記述・教育文法」『日本語文法』6巻1号，148-159.
野田春美（2011）「『現代日本語文法』からみた日本語の記述文法の未来」『日本語文法』11巻2号，くろしお出版，17-29.

11）日本とインドネシア、フィリピン及びベトナムとの間で締結された経済連携協定（EPA: Economic Partnership Agreement）。日本語教育の分野では、この協定によって来日した外国人看護・介護人材の話題がよく取り上げられている。

第 1 部　日本語教育研究レビュー

野田尚史（2000）「日本語文法研究の諸相」日本語文法学会第 1 回大会設立記念フォーラム発表資料
野田尚史編（2005）『コミュニケーションのための日本語教育文法』くろしお出版
野田尚史編（2012）『日本語教育のためのコミュニケーション研究』くろしお出版
古川ちかし・春原憲一郎・富谷玲子（1997）『日本語教育　激動の 10 年と今後の展望 NAFL10 周年記念ブックレット』アルク
森篤嗣（2004）「形容詞連用形に後接するスル-サセルの置換について」『日本語教育』120 号, 33-42.
森篤嗣・庵功雄編（2011）『日本語教育文法のための多様なアプローチ』ひつじ書房
山内博之（2009）『プロフィシエンシーから見た日本語教育文法』ひつじ書房

第3章
学習者に関する研究

1．はじめに

　本章では、日本語を学ぶ主体である学習者に焦点を当てた研究の動向を概観する。まず、第2章と同様に、学会誌『日本語教育』101号から170号に掲載された論文数と論文内容の推移をまとめる。また、『日本語教育』との比較として、他の学術誌・ジャーナルの傾向にも少し触れる。最後に、これらの現状分析を踏まえた上で、学習者に関する研究の現状と将来の展望について論じる。

> 大　平：　わたし、文法より日本語学習者に寄り添うような研究がしたいです！
> 織　田：　寄り添うっていってもねえ…。
> 大　平：　学習者の日本語学習を助けられるような研究ってないですかね。
> 織　田：　一言で学習者っていっても、どういう側面からアプローチするか、やりかたはいろいろあるのよ。
> 大　平：　そうか、テーマをもっと具体的にしないといけないんですね。

2．学会誌『日本語教育』の分析

2.1　分析対象

　この研究群はいわゆる第二言語習得研究の関連分野で、日本語学習者に

第 1 部　日本語教育研究レビュー

表 3-1　学習者に関する論文のサブカテゴリー

カテゴリー	内容	本数
1	学習者によるインプットの処理	28 本
2	学習者によるアウトプットの産出	52 本
3	インプットの処理とアウトプットの産出	2 本

よるインプットの処理メカニズム、および、学習者による発話の産出、すなわちアウトプットの分析を主にあつかっている。『日本語教育』101 号から 170 号に掲載された論文 280 本のうち、これらのテーマをあつかった論文は 82 本（29.3%）で、そのうちインプットの処理過程を分析した論文（カテゴリー 1）が 28 本、中間言語や接触場面など、学習者によるアウトプットの産出に焦点を当てた論文（カテゴリー 2）が 52 本、インプットとアウトプットの両方をあつかった論文（カテゴリー 3）が 2 本である。

2.2　学習者に関する論文の位置付け

第 2 章で紹介した日本語に関する論文と同様に、学習者に関する論文を

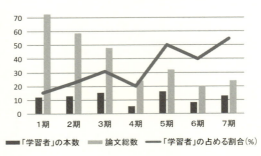

	1 期	2 期	3 期	4 期	5 期	6 期	7 期
「学習者」の本数	12	13	15	5	16	8	13
論文総数	73	59	48	24	32	20	24
「学習者」の占める割合（%）	16.4	22.0	31.3	20.8	50.0	40.0	54.2

図 3-1　「学習者」論文数の推移

第 3 章　学習者に関する研究

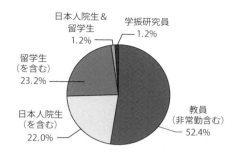

図 3-2　「学習者」論文執筆者の身分別割合

7期［『日本語教育学』の号数を基に1期（101-110号）、2期（111-120号）、3期（121-130号）、4期（131-140号）、5期（141-150号）、6期（151-160号）、7期（161-170号）］に分類し、時系列軸にならべると、図3-1のようになる。4期にいったん減少するものの、論文総数の減少に比して学習者に関する論文はほぼ同じ数を維持している。そのため論文総数に占める割合としては右肩上がりに伸びており、5期と7期には50％に達している。

　近年のこのような盛況を反映してか、日本人院生や留学生といった若手の筆者の割合が高いことも学習者をあつかう研究の特徴である。82本中、日本人院生が筆者に含まれるものが18本（22.0％）、留学生が筆者に含まれるものが19本（23.2％）、日本人院生と留学生の共著が1本（1.2％）、日本学術振興会特別研究員（学振研究員：コラム「日本学術振興会特別研究員とは」参照）によるものが1本（1.2％）で、これらをあわせると39本となり全体の約半数（47.6％）に達する。（図3-2）。

Column 1　日本学術振興会特別研究員とは

　日本学術振興会（JSPS）の特別研究員制度とは、「我が国の優れた若手研究者に対して、自由な発想のもとに主体的に研究課題等を選びながら研究に専念する機会を与え研究者の養成・確保を

図る制度」（日本学術振興会HP）である。

平成31年度の場合、大学院博士後期課程1年次（DC1）・2年次（DC2）の場合は月20万円、博士学位取得者（PD）の場合は月36万2000円の研究奨励金の他に、毎年度150万円以内の研究費（科学研究費補助金）が支給される。さらに、特に優れた博士の学位取得者（SPD）に選ばれると月44万6000円と年に300万円以内の研究費が支給される。また、優れた若手研究者が、出産・育児による研究中断後に円滑に研究現場に復帰できるように支援する特別研究員（RPD）制度もある（博士学位取得者に月36万2000円の研究奨励金と年150万円以内の研究費）。平成29年度の採用率は、DC1が20.6%、DC2が20.3%、PDが15.7%、RPDが23.9%となっている。

大学院在学中に学費や生活費の心配をせず、さらに研究のための資金も確保できるのは非常に助かる上、修了後の就職活動においても、特別研究員というのは立派な経歴の1つになる。研究員としての支援終了後5年が経過した段階で、DCで79.5%、PDで91.9%が「常勤の研究職」に就いているという（日本学術振興会HP）。博士後期課程への進学を考えている人は、特別研究員制度への応募も視野に入れておこう。

2.3　サブカテゴリーごとの特徴

大　平：　日本語学習者を対象にしている研究をいろいろ集めてみましたが、本数が多すぎてまいっています。

飯　野：　あらら、溺れちゃったか。

大　平：　だって、テーマもいろいろだし、協力者も母語とか日本語レベルとか研究によって違うし、分析してるのも単語とか音声とか談話とか、何がなんだかわからなくなってきました。

飯　野：　学習者研究の場合は、インプットの研究とアウトプッ

第 3 章　学習者に関する研究

> 　　　　　トの研究でまず分けてみたら？
> 大　平：　インプットとアウトプット？
> 飯　野：　そう、つまり、日本語を聞いたり読んだりした学習者が頭の中で何をしてるのかを調べようとする研究と、学習者が書いたり言ったりした発話の特徴を調べようとする研究よ。

　日本語学習者に関する事象をあつかう点は共通しているものの、インプットの処理過程をあつかう研究（カテゴリー1）とアウトプットの産出をあつかう研究（カテゴリー2）は、研究の方法や使用されるデータなどの点で、異なるところも多い。以下、両者を比較しながら検討してみよう。

2.3.1　インプットの処理をあつかう研究

　インプットの処理をあつかう研究とは、例えば学習者に複数の文章を読ませてどちらの方がよく理解できるかを比較したり、ある単語をみせてその単語の意味を推測させるような研究である。このような研究では仮説検証型の実験がよく行われ、論文の典型的な流れは、「導入（研究の背景や目的）」「先行研究の検討」「仮説の設定」「実験（テスト）手順の説明」「結果と考察（要因間、グループ間の比較）」「結論（要約、今後の課題、実践への示唆）」のような形になる。研究対象としては単語レベルが最も多いが、1期から5期（101-150号）には、漢字の処理や認知に関する研究がよく行われていた。日本語の漢字は、非漢字圏出身の学習者のみならず、漢字圏出身者にとっても、読みの複雑さ、言語による漢字語彙の意味の異なりなどの点から、学習困難点としてしばしば指摘される。漢字関連論文の多さは、こうした教育実践上の問題を反映するものと考えられる。一方、2012年以降（本書でいう6期・7期、151-170号）に発表された論文は、コロケーションに注目するものが多い。コーパスを用いた研究が盛んに行われるようになり、単語同士の結びつきや共起関係が徐々に明らかになってきたことが、文法研究のみならず学習者の研究にも影響を与えていることがうかがえる。

教育実践に関する検討の有無を見ると、今後の課題として数行述べるものから、1節を割いて大きく議論するものまで幅はあるが、ほぼ全ての論文が何らかの言及を行っている。そもそもの問題設定が、筆者が日本語教師として、あるいは日本語学習者として経験した教授・学習の困難点から始まる研究も多く、実践と研究の強い結びつきがこれらの研究の特徴といえる。

2.3.2 アウトプットの産出をあつかう研究

学習者によるアウトプットの産出をあつかう研究とは、学習者が書いたり話したりしたことば（発話）を分析し、学習者の発話にはどのような特徴があるか、日本語レベル・母語・学習環境（外国語として学んでいるか第二言語か）などによって発話がどう変化するか、学習者と母語話者の発話は何が違うか、などを分析する研究である。研究対象としては語・文レベルの言語形式をあつかうものが多く（全体の約6割）、特に助詞、テンス・アスペクト、動詞の活用形、和語動詞などが目立つ。残りの4割は談話や相互行為レベルの研究で、学習者が書いた文章の誤用や構成、母語話者と学習者の接触場面でのやりとりなどを分析している。

利用されるデータを見ると、インプットをあつかう研究は全てテストまたは課題（タスク）を実施していたが、アウトプットをあつかう研究でテストまたは課題（タスク）を用いているのは3割程度で、そのほとんどが語・文レベルの研究である。談話や相互行為レベルの研究では作文または録音・録画データの使用率が高いが、データの多くは研究者が何らかのコントロールを行ったうえで収集されたもので、コントロールのない自然な状況を扱ったものは6本のみであった。また、インプットの研究と同様に、コーパスを用いた研究も徐々に増えてきている（本章3(1)参照）。

教育実践に関する検討の有無を見ると、1期から5期（101-150号）で言及のあった論文は5割足らずであったが、6・7期（151-170号）では15本中13本で何らかの言及が見られた。また、筆者自身が教師または支援者として関わりのある現場の学習者を対象とした研究や、年少者を対象とした研究が増えているのも近年の特徴といえる。

カテゴリー1・2の特徴を対比させてまとめると、表3-2のようになる[1]。

表 3-2 カテゴリー 1・2 の比較（学習者に関する研究）

	カテゴリー 1 （インプットの処理をあつかう研究）	カテゴリー 2 （アウトプットの産出をあつかう研究）
全体的な特徴	情報処理モデルに基づき、言語の学習メカニズムを認知面における言語データの情報処理機能からとらえる研究群 仮説検証型の研究が多い 特定の要因の影響を探る研究が多い	学習者による発話の産出を研究対象とする研究群 記述型の研究から仮説検証型へ移行が進みつつある 集団間の比較を行う研究が多い
研究方法	展望論文 1 本 その他は全て量的・横断研究	全ての論文が何らかのデータに基づく実証研究 量的分析と質的分析の併用：26本（50.0%） 　量的分析のみ：22本（42.3%） 　質的分析のみ：4本（7.7%） ほとんどが横断研究、縦断研究は4本（うち2本は横断研究との併用）
研究対象	単語レベルの理解：8本（29.6%） 文レベルの理解：11本（40.7%） 談話レベルの理解：8本（29.6%、8本の内訳は読解6本、聴解2本）	単語レベルの産出：15本（28.8%） 文レベルの産出：16本（30.8%） 談話レベルの産出：11本（21.2%） 相互行為：10本（19.2%）
データ	テスト・課題（タスク）：27本（100%） （フォローアップのためのアンケートやインタビューが併用されることもある）	テスト・課題（タスク）：17本（32.7%） 作文：13本（25.0%） コーパス：9本（17.3%） 録音・録画：12本（23.1%） アンケート：6本（11.5%） 　（うちDCT[2]3本） インタビュー[3]：5本（9.6%） 観察・記録：2本（3.8%）
教育貢献の明示	ほぼ全ての論文が何らかの形で言及	言及があるものは32本（61.5%） 151号以降、言及が増えている

---

1) カテゴリー3は2本しか含まれず、いずれもインプットの研究（カテゴリー1）によく似た特徴をもつので、表3-2では割愛する。
2) 第1章10ページ参照。
3) 言語使用に関する意識を問うもの。質問によって学習者の発話を引き出したデータは、録音・録画データとしてカウントしている。

2.3.3 インプットとアウトプットの両方をあつかった研究

6期以降には、1つの論文の中でインプットとアウトプットの両方をあつかった研究もわずかながら登場している（2本）。これらの論文では、研究対象（例：「も」が使われる構文、アクセント）を定めた上で、学習者がそれらをどのように理解しているか、そしてどのように書いたり発話したりするかについて、複数の実験を組み合わせる形で研究を進めている。これらの研究はいずれも横断研究・量的分析の手法を採用しており、方法論的には、インプットの処理をあつかう研究に近い。

2.4　学習者に関する研究の方法論

これまで、学習者に関する研究の特徴を概観してきた。本節ではさらに、学習者に関する研究がどのような方法を用いているか、もう少し詳しく見てみよう。

> 福　本：学習者に関する研究にもいろいろあるんですね。
> 織　田：うん、何が知りたいかによって、研究の対象も、データや分析方法も変わってくるからね。
> 福　本：先月からやっている教育実習で、皆、漢字に苦労しているみたいでした。
> 織　田：うん、じゃあ漢字のどんなところが難しいのか、よく皆の様子を観察してみたら？
> 福　本：ちょっと注意して見てみますね。
> 織　田：研究のヒントって、毎日の生活の中にもけっこうころがってるのよ。

2.4.1 研究対象と使用されるデータ

まず、学習者に関する研究があつかう対象と使用されるデータについて見てみよう。表3-3は、研究対象の変遷を時期ごと［1期（101-110号）、

表 3-3 研究対象の変遷

	1期	2期	3期	4期	5期	6期	7期	計(本)
語 (インプット)	0 0.0%	3 23.1%	2 13.3%	1 20.0%	2 12.5%	0 0.0%	1 7.1%	9
語 (アウトプット)	4 36.4%	1 7.7%	0 0.0%	0 0.0%	3 18.8%	1 11.1%	6 42.9%	15
文 (インプット)	0 0.0%	1 7.7%	1 6.7%	1 20.0%	6 37.5%	2 22.2%	1 7.1%	12
文 (アウトプット)	3 27.3%	3 23.1%	5 33.3%	2 40.0%	1 6.3%	1 11.1%	2 14.3%	17
談話 (インプット)	1 9.1%	1 7.7%	3 20.0%	1 20.0%	0 0.0%	1 11.1%	1 7.1%	8
談話 (アウトプット)	1 9.1%	3 23.1%	3 20.0%	0 0.0%	2 12.5%	0 0.0%	2 14.3%	11
相互行為	2 18.2%	1 7.7%	1 6.7%	0 0.0%	2 12.5%	4 44.4%	1 7.1%	11
計(本)	11	13	15	5	16	9	14	83 [4]

2期(111-120号)、3期(121-130号)、4期(131-140号)、5期(141-150号)、6期(151-160号)、7期(161-170号)]に分類したものである。しかし、表3-3から明らかなように、研究対象に関しては時期による顕著な傾向は見受けられない。一般的に、研究には一種の流行り廃りがあるといわれるが、『日本語教育』にここ約20年間に掲載された学習者に関する研究では、はっきりとしたトレンドは見られなかった。

　この結果に関してはさまざまな解釈が可能であるが、筆者は、2.3.1でも述べたように、学習者に関する研究がしばしば研究者の個人的経験に端を発する「ボトムアップ型」の研究であるためではないかと考えている。ボトムアップ型の研究とは、自分の日本語学習者としての経験、あるいは日本語教師としての経験の中で、難しかったり不思議に感じたりしたことを発展させて研究にするものである。例えば、漢字圏出身の学習者であっ

---

[4] 学習者に関する研究は全部で82本であるが、展望論文1本を除き、またカテゴリー3の研究はインプットとアウトプットの両方でカウントしているので、合計は83になる。

たAさんが、漢字の意味はわかるが読み方がわからないために苦労したことをきっかけに、同じような他の漢字圏出身の学習者の傾向を調査したり、漢字圏出身学習者のための漢字の教授方法を考えて、その効果を検証したりするようなタイプの研究がこれにあたる。本章の2.2で、学習者に関する研究は留学生や大学院生など若手研究者の割合が高いと述べたが、このこともボトムアップ型の研究の多さに関連しているのかもしれない。

　実践に根ざした学問分野である日本語教育学の場合、自らの経験に基づく問題意識は非常に価値があるし、いわゆる「役立つ」研究につながりやすいこともこのタイプの研究の意義といえるだろう。その一方で、ボトムアップ型の研究は、先行研究の知見や仮説に基づいて行われる「トップダウン型」の研究に比べ、テーマの絞り込みやリサーチデザインといった研

表3-4　研究対象と使用されるデータ

	語	文	文章・談話	相互行為	計(本)
テスト・課題（タスク）	10 58.8%	6 28.6%	0 0.0%	1 6.7%	17
作文	5 29.4%	2 9.5%	6 54.5%	0 0.0%	13
書き言葉コーパス・データベース	1 5.9%	3 14.3%	0 0.0%	0 0.0%	4
話し言葉コーパス・データベース	0 0.0%	5 23.8%	0 0.0%	0 0.0%	5
録音・録画	0 0.0%	1 4.8%	2 18.2%	9 60.0%	12
アンケート	0 0.0%	2 9.5%	3 27.3%	1 6.7%	6
インタビュー	1 5.9%	2 9.5%	0 0.0%	2 13.3%	5
観察・記録	0 0.0%	0 0.0%	0 0.0%	2 13.3%	2
計（本）	17	21	11	15	64[5]

5）アウトプットに関する研究は全部で52本であるが、複数の方法を併用した研究があるので、合計は52本を超える。

究計画の段階で苦労することが多い。現実世界の現象は複雑かつ多面的であり、研究の対象とできる程度に問題を焦点化することが（とくに初心者のうちは）難しいのである。ボトムアップ型の問題意識から研究を始めたいと思う人はこのことを念頭におきながら、先行研究の読み込みや研究計画の具体化を着実にすすめよう（第5章・第6章参照）。

一方、研究対象と使用されるデータの関連性を分析すると、ここには顕著な傾向が見られた。35ページの表3-2に示したように、インプットの研究は全てテストまたは課題（タスク）を実施していた。またアウトプットの研究も、38ページの表3-4のように、語・文レベルの分析はテストまたは課題（タスク）、談話レベルの分析は作文、そして相互行為では録音・録画データの使用率が高い。つまり、研究対象を定めれば、収集すべきデータの種類は自ずと決まってくるということだ。

2.4.2 分析方法

次に分析方法については、全てのインプットの研究が量的分析を行っていた。ここでいう量的分析とは、記述統計量のみ、あるいは統計処理（t検定、分散分析など）を行っているかを問わず、結果を何らかの形で数値化して提示している研究を指す。一方、質的分析とは、実例の提示などを通じて、数値化されない分析結果を示している研究である。全体の結果について数値を示した後、個別の事例を紹介したものなどは、量的分析と質

表3-5 分析方法の変遷

	1期	2期	3期	4期	5期	6期	7期	計（本）
量的分析＋質的分析	7 77.8%	6 75.0%	6 60.0%	0 0.0%	3 33.3%	1 20.0%	4 40.0%	27
量的分析のみ	1 11.1%	2 25.0%	4 40.0%	1 100.0%	5 55.6%	2 40.0%	6 60.0%	21
質的分析のみ	1 11.1%	0 0.0%	0 0.0%	0 0.0%	1 11.1%	2 40.0%	0 0.0%	4
計（本）	9	8	10	1	9	5	10	52

的分析を併用した研究（量的分析＋質的分析）に分類している。アウトプットの研究で用いられた方法を時系列軸にならべると、前ページの表3-5のようになる。

　これを見ると、学習者を対象とした研究では量的分析への志向が高まりつつあるようだ。特に4期以降の研究では統計処理が行われている論文が多く、単に頻度や割合を提示するだけにとどまらない、厳密なリサーチデザインに基づく仮説検証型の研究が増えているといえる。

　ただ、これには『日本語教育』特有の事情もありそうだ。というのは、『日本語教育』は論文1本の制限枚数が少ないことで知られており（以前の執筆要領では、研究論文の場合、40字×39行で11ページ以内と定められていた。平成24年5月に改訂された執筆要領では、40字×39行で14ページ以内と制限が少し緩和されている）、実例の提示によってどうしてもボリュームが多くなりがちな質的分析の研究は、『日本語教育』以外の学術誌に投稿される傾向があるのかもしれない。

　例えば、日本語学習者に関する研究が多く掲載されている『第二言語としての日本語の習得研究』（第二言語習得研究会（JASLA）のジャーナル、年1回刊行）の場合、1997年の創刊号から2017年の第20号までに67本の研究論文が掲載されているが[6]、その内訳は量的分析39本、質的分析4本、量的分析と質的分析の併用24本となっている。量的分析の補完的に行われている質的分析が多いとはいえ、『日本語教育』とはまた異なる傾向がうかがえるだろう。さらに論文誌『リテラシーズ』（旧『Web版リテラシーズ』、くろしお出版、2009年まで年2回刊行、2010年以降年1回刊行）に至っては、2003年の第1巻1号から2017年の第21巻までに計54本の論文が掲載されているが、そのうちじつに52本が質的分析、2本が量的分析と質的分析の併用による研究である。このように、一言で学術誌といっても、編集方針や掲載される論文の方向性にはそれぞれの特徴があるので、自分の研究内容にあった投稿先を選択することも重要である（詳細は第7章参照）。

---

6)「特集」「寄稿論文」「展望論文」「書評」「書評論文」「誌上講座」はカウントしていない。

3．展望

　日本語教育学において、学習者に関する論文の割合は増加傾向にある。「学習者中心」の言語教育の重要性が指摘される現在、学習者に関する研究はこれからますます必要とされるだろう。このような右肩上がりの分野であるが、今後のさらなる発展のために、3点を指摘しておきたい。

(1)　研究方法とデータ

　学習者に関する研究は、語・文から相互行為までさまざまなレベルの言語現象を対象とするが、何を調べるかによって使用するデータは自ずと決まってくる。例えば、語・文レベルの研究の場合ならテストや課題（タスク）が多く、相互行為の研究であれば録音・録画データという具合である。

　とくにインプットの処理に関する研究の場合、これまでの研究は全てテストまたは課題（タスク）を実施している。初めて研究を行う際には、信頼性や妥当性が高いと評価できる先行研究の方法を援用し、協力者の属性等の条件を一部変更して調査を行うのも1つの方法であろう。また、今後量的分析を行う場合は、本書の第10章などを参考に、自分の研究課題にあった統計処理を実施することが必須になってきている。さらに、自分の研究を発表する段階では、研究の知見を次につなげるために、調査・実験の手順をなるべくわかりやすく（再現可能なように）記述すること、また研究の進行に伴って明らかになった研究の不備にも誠実に言及しておくようにしよう。どんなにきっちりと計画を立てたつもりでも、予測不可能な問題が生じる可能性はある。それを隠して読者に不信感をあたえるよりも、その問題が生じた理由やそれへの対応、今後の課題等を丁寧に書いておく方が論文の評価は高まるし、その問題が次の研究へとつながる可能性もある。

　アウトプットに関する研究では、現状、可能性が一番高いのは学習者言語に関するコーパスのさらなる活用であろう。学習者言語のさまざまなコーパスがすでに提供されている（第9章参照）。学習者言語に関するコーパスをさらに拡充するとともに、現存するコーパスを利用して共通のデー

タを多角的に分析することで、研究間の比較検討が容易になる。

　また現在の学習者言語の研究は、ほとんどの場合、研究者が設定した条件のもとでデータを収集している。しかし、とくに第二言語話者を含む相互行為の研究においては、以前からいわゆる自然状況でのデータ収集の必要性が指摘されている（Firth and Wagner 1997）。欧米での英語等に関する研究ではかなりの蓄積があるが、自然状況における日本語学習者（第二言語話者）の相互行為をあつかった研究は、就労現場での相互行為を分析した柳町（2009）、菊岡・神吉（2010）、理系大学院の実験室での相互行為を分析した岡田・柳町（2008）などがあるものの、まだ数としては少ない。データの共通化と同時に、多様化を促進し、さまざまな状況における学習者言語の多様性をさらに詳細に記述していくことも重要である。

　もう1つ、今後発展が期待される研究方法として、縦断研究をあげておきたい。縦断研究とは、同一の（比較的少ない）協力者を一定期間継続的に追跡し、変化の過程を探る研究である。例えば、助詞の「は」と「が」の使い分けを見る際に、同じ人に1ヶ月に1回、1年間作文を書いてもらい、それをデータにして分析するのは縦断研究である。一方、同時期に複数の協力者に一斉に作文を書いてもらい、それを日本語レベルや母語などの条件で分類し比較するタイプの研究は横断研究と呼ばれる。縦断研究は同一の協力者を長期間観察するので、時間の推移に伴う変化やその個人差を詳細に辿ることができるというメリットがあるが、横断研究に比べて時間や労力がかかることから、チャレンジする人が少ないのが現状である。実際問題、卒業論文や修士論文で縦断研究を行うのは（無理ではないとしても）かなり難しいかもしれないが、例えば修士論文で行った横断研究の協力者の一部に継続して協力を依頼し、博士論文は縦断研究で行うといったデザインは十分可能ではないだろうか。

(2) 展望論文の重要性

　現状の学習者に関する研究は未だ発展途上であり、さまざまな問題意識、研究対象、研究方法が混在した状況にある。これらの異同を整理し、学習者に関する研究の体系化を可能にするような研究が求められている。分野

全体を俯瞰し、今後の方向性を示す論文は「展望論文」と呼ばれるが、今回分析した『日本語教育』掲載の学習者に関する研究のうち、展望論文にあたるものは1本（小柳2001）しか見られなかった。学術誌によっては「研究論文」と「展望論文」を分けて掲載しているものもあるが、大学院生も、自分の研究テーマに関する先行研究を整理し、M2かD1くらいの時期に展望論文を1本発表することを目標にしてはどうだろうか。

(3) 学際的な連携と対話の重要性

　これまで色々述べてきたが、近年『日本語教育』に掲載された学習者に関する研究の発展、特に統計的な手法の精緻化には目を見張るものがある。それは素晴らしいことではあるのだが、それぞれが自分と似たような先行研究だけを参照し、タコツボの中で個々の研究をどんどん進めている感も否めない。研究が進むにつれて、素人には理解しがたいマニアックな部分を探求するようになるのはある意味当然でもあるが、ここでは狭い研究領域を超えた連携と対話の重要性を述べておきたい。

　同じような認識論や理論的枠組みをもつ研究者のみで固まりがちな傾向は、日本語教育学に限ったことではない。1990年代後半から、欧米の第二言語習得研究や応用言語学の分野では、主に量的研究の方法を用い、個人の頭の中で起こる認知プロセスとしての第二言語学習のメカニズムを明らかにしようとする研究者たちと、学習を社会的な文脈や他者との相互作用の結果生じるものと考え、主に質的研究の方法を採用する研究者たちとの間で激しい論争があった。両者は平行線をたどり、「第二言語の研究に関する2つの世界（parallel SLA worlds: Zuengler and Miller 2006）」があるといわれるような状況になっていた。しかし徐々に、第二言語学習の社会的側面と認知的側面を橋渡しする研究の必要を訴える研究者が現れ、近年では、言語認知的アプローチと社会文化的アプローチを統合させた「多言語的世界における第二言語習得のための学際的枠組み（A Transdisciplinary Framework for SLA in a Multilingual World）」が提唱されている（The Douglas Fir Group 2016）。この枠組みでは、学習者個人の認知的・情意的活動や他者とのやりとり（ミクロレベルの文脈）と、それを取り巻

く地域社会や学校、家族などのコミュニティ（メゾレベルの文脈）、さらに言語に関わる社会的信念やイデオロギー（マクロレベルの文脈）という3つのレベルが互いに影響を与えながら存在すると考えられている。つまり、学習者や教師が言ったり考えたりすることは、その人がいるコミュニティや社会のあり方に左右されるし、またその反対に、学習者や教師の行動が社会を変えていく可能性もあるのである。

　このような枠組みが提唱された背景には、激動する世界情勢がある。国境を越えた人の移動が加速し、多言語化が至るところで進行する一方で、言語や文化の違いによる差別や対立の問題は後を絶たない。私たちのすぐ近くにも、就労目的で来日し、仕事が忙しすぎて教室では寝てばかりの日本語学校生や、親の都合で日本の学校に入れられ、先生やクラスメートが何を言っているのかほとんどわからない状態のなか、1人で途方にくれる外国生まれの子どもがたくさんいる。こうした社会的な課題に専門家の立場からなんらかの情報を提供するためには、複数の研究者が連携し、学際的な広い視野に立って議論を積み重ねることが不可欠である。

　この本を読んでくださる初学者の方には、1つの研究分野を理解して論文を書くだけでも大変なのに、学際的な連携なんて自分には関係ないと思う人もいるかもしれない。しかし、あなたは日本語教育の専門家でない友達や家族に、あなたがなぜ、どんな研究をしているのか聞かれることはないだろうか。あるいは、「世界の共通語って、もう英語で十分でしょ？なんでわざわざ日本語を勉強する必要があるんですか？」という人や、「〇〇ちゃんのお母さんって、日本語話せないんだって、変なの〜」という子どもに、あなたはどう応じるだろうか。世間の素朴な疑問に答えることは、実は専門家同士で議論するよりもずっと難しい。日本語教育そのものの位置づけや意義を知らない人にもわかるように具体的に説明しないといけないし、そもそもなぜ言語を学ぶのか、言語を学んだり教えたりすることが私たちの生活とどう関係するのか、といった部分をはっきりさせないと話が噛み合わないからだ。わかったつもりが実はよくわかっていなかったことや、自分が当たり前と思っていたことが相手にとっては全く当たり前ではないことに気づかされることがよくある。地道な作業であるが、専門家

や一般の方との対話を通して自分の意見を言語化し、行動や発信をしていくことが、研究にとっても教育実践にとっても、そして社会のためにも非常に大切だというのは間違いないだろう。

▌課題

1. CiNii で「日本語教育　学習者」をキーワードにして検索するとどんなタイトルの論文がヒットするか、各自がもちよって論文の傾向を分析しましょう。その際、インプット／アウトプット、対象者の種類などによって分類しましょう。
2. 『日本語教育』『第二言語としての日本語の習得研究』『リテラシーズ』の中から、学習者に関する論文を5本取り上げ、それぞれの「研究対象」「データの種類」「分析方法」を整理しましょう。
3. 2で選んだ論文の中で、とくに優れていると考えられる論文を1本選び、その理由をあげてみましょう。また、その論文の方法をアレンジして新しい研究を行うとすれば、どのような研究ができるか、考えましょう。

▌参考文献

岡田みさを・柳町智治（2008）「インストラクションの組織化―マルチモダリティと「共同注意」の観点から―」『社会言語科学』第11巻第1号，139-150.

菊岡由夏・神吉宇一（2010）「就労現場の言語活動を通した第二言語習得過程の研究―『一次的ことばと二次的ことば』の観点による言語発達の限界と可能性―」『日本語教育』146号，129-143.

小柳かおる（2001）「第二言語習得過程における認知の役割」『日本語教育』109号，10-19.

第二言語習得研究会（JASLA）〈http://jasla.sakura.ne.jp/〉（2025年3月1日）

日本学術振興会（JSPS）「特別研究員」〈http://www.jsps.go.jp/j-pd/index.html〉（2025年3月1日）

柳町智治（2009）「第二言語話者によるインタラクションへの参加と学習の達成」『社会言語科学』第12巻第1号，57-66.

リテラシーズ―ことば・文化・社会の言語教育へ―〈http://literacies.9640.jp/〉（2025年3月1日）

Firth, A. & Wagner, J.（1997）On discourse, communication, and (some) fundamental concepts in SLA research. *Modern Language Journal*, 81(3), 285-

300.
The Douglas Fir Group.（2016）A transdisciplinary framework for SLA in a multilingual world. *The Modern Language Journal*, 100, 19-47.
Zuengler, J. and Miller, E. R.（2006）Cognitive and sociocultural perspectives: Two parallel SLA worlds？ *TESOL Quarterly,* 40(1), 35-58.

第4章
教育と社会に関する研究

1. はじめに

　第2章、第3章に続き、本章では日本語の教育に関する研究および、社会やコミュニティと日本語教育の関係を論じた研究について紹介したい。これまで同様、学会誌『日本語教育』101号から170号に掲載された論文数と論文内容の推移をまとめ、教育と社会に関する研究の現状と将来の展望について論じる。

> 福　本：　本音をいうと……わたしは日本語教師になるのが夢なんで、教授法について研究したいんですよね。
> 織　田：　気持ち、わかるなー。でも、先生に「教授法の研究をするのは難しいよ」っていわれたことない？
> 福　本：　はい。でも、えー？なんで？わたしたちの専門って日本語教育学だよね？って思いました。
> 織　田：　そうそう。でも、なんとなく教授法の研究って少ない気がする。
> 福　本：　少ないかも…
> 織　田：　ほんとかどうか教育実践をあつかった論文を数えてみようか。

　学会誌『日本語教育』101号から170号に掲載された論文は280本である。その中から「教育と社会」に関する論文48本をここではあつかう。誌名に教育とあるにもかかわらず、「教育と社会」に分類された論文は全体の17%であった。一言でいって「学習者」に関する研究と対照的に、右肩あ

がりではなく、数も少ない。しかし、それではあまりに悲観的な表現なので「将来性に満ちたこれからの研究分野」といいたい。

教室という枠組みを念頭においている「教育実践」に対し、もう少し広くコミュニティや社会[1]という枠組みの中で日本語教育を考える研究を「日本語教育と社会」と名付けるとすると[2]『日本語教育』101号〜170号において、「日本語教育と社会」の範疇に入る「研究論文」は、日本語教育史と社会的ニーズに関連する13本のみであった。そこで、2節ではまず、第2章、第3章と同様の手続きで、教育と社会に（「教育実践」と「日本語教育と社会」）関する研究論文について概観する。次に、「日本語教育と社会」に関する研究については、「研究論文」以外の『日本語教育』の論文も対象とし、その特徴を論じる。

2．学会誌『日本語教育』の分析

2.1 分析対象

教育と社会に関する研究論文を分析するにあたって、表4-1のようにサブカテゴリーを5つ設定した。「カテゴリー1　教室活動」、「カテゴリー2　評価」、「カテゴリー3　ビリーフ」、「カテゴリー4　日本語教育史」、「カテゴリー5　社会的ニーズ」である。カテゴリー1〜3は「教育実践」に関する研究論文、カテゴリー4は「日本語教育と社会」に関する研究論文といえる。しかし、単純にこれらが「教育」のメインストリームであるとはいえない。

さらに、『日本語教育学』の号数を基に期に分類した。1期（101-110号）、2期（111-120号）、3期（121-130号）、4期（131-140号）、5期（141-140号）、6期（141-150号）、7期（160-170号）として時系列軸に並べた

---

[1] 本書では、コミュニティと社会の区別を要する考察はしないので、この両者に関して定義づけをしない。大まかに日常生活レベルでの人間関係の範囲を「コミュニティ」、地方公共団体や国家を「社会」としてあつかう。

[2] もちろん教室の枠組みをこえた教育実践もあるので、この境界はあいまいなものである。したがって同じ章であつかうこととした。

第4章 教育と社会に関する研究

表4-1 教育と社会に関する研究のサブカテゴリー

		本数	内　　容
1	教室活動	17本	教室内のインタラクション、教育実践、教育効果
2	評価	14本	既存テスト、日本人評価、聴解テスト、Can-do、試験対策
3	ビリーフ	4本	教師ビリーフ
4	日本語教育史	10本	教育思想、教育観、言語観
5	社会的ニーズ	3本	関係者の意識、社会的な学習ニーズ

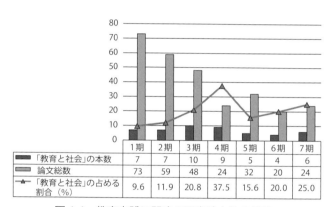

	1期	2期	3期	4期	5期	6期	7期
「教育と社会」の本数	7	7	10	9	5	4	6
論文総数	73	59	48	24	32	20	24
「教育と社会」の占める割合（％）	9.6	11.9	20.8	37.5	15.6	20.0	25.0

図4-1　教育実践に関する研究論文数の推移

のが図4-1である。

> 大　平：　日本語「教育学」なのに、教育実践系はびっくりするほど論文数が少ないんですね。
> 飯　野：　研究論文ではなくて、調査報告や実践報告の論文になってるみたいね。
> 大　平：　なんででしょうね。
> 飯　野：　もしかしたら、データが集めにくいのかもしれないよ。
> 大　平：　確かに、教授法の効果を調べようと思っても、わたし、非常勤だし、1クラスしか教えてないんです。
> 飯　野：　それじゃ研究協力者もなかなか集められないよね。

2.2 教育と社会に関する研究の特徴と方法論

5つのサブカテゴリーの論文数の推移を図4-2にまとめた。本節からはサブカテゴリー別の分析結果について述べる。

「カテゴリー1　教室活動」は、ある教室活動や指導法の有効性を予測することを目的とした研究である（17本）。教室内の談話を取り上げたものが多く（9本）、そのうちピア・レスポンスに関する研究が3本あった。意外にも、特定の言語知識の指導法をあつかった研究は、語彙指導と類義語の例文作成をあつかった2本のみ、指導法の効果や影響に関する研究は3本のみであった。この特徴は、言語知識はもとより、教室内において「学習者とのインタラクションや学習者同士のインタラクションを展開していく能力」が教師に求められているという現状（縫部2010）[3]を反映しているように見える。また、教室内談話の分析に活用できる方法論（詳しくは第11章参照）が広く使われるようになったという背景もある。日本語の習得研究において、タスクや教師のフィードバックに関する論文が増えつつあることから、今後の発展が期待されるカテゴリーであるといえる。

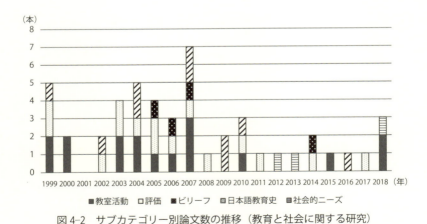

図4-2　サブカテゴリー別論文数の推移（教育と社会に関する研究）

3）縫部（2010）は日本語教師と学習者を対象とした国際調査の結果から、日本語教師が備えるべき力量・専門性（目標達成機能と集団維持機能）について問題提起している。

一方で、今なお文型シラバスを選択している教育機関が多いにもかかわらず、「何を」教えるかと「誰に」「どのように」教えるかの両者が乖離しているという印象を受けた。「誰に」教えるかという観点では、年少者に対する指導法をあつかった研究[4]が1本のみであること、また「どのように」教えるかについては、日本語 CALL（Computer-Assisted Language Learning、コンピュータを使用した外国語学習を指す）等の IT テクノロジー活用に関する論文が1本であることを指摘しておきたい。「何を」教えるか（日本語に関する研究）、「誰に」教えるか（学習者に関する研究）、「いつ、どのような社会で」教えるか（教育と社会に関する研究）を踏まえた教育実践に関する研究（「どのように」教えるか）が求められているといえよう。細川（2007）は「何を」「どのように」だけでなく「なぜ」という問いをもち、日本語教師一人一人が「教育実践＝研究活動」を実行し、公開し、議論すべきだと提言している。

研究の方法に関しては、質的研究10本（うち縦断調査3本）、量的研究7本（うち縦断調査1本）であることがわかった。データの多くが教育実践（参与観察等）で収集されているものの（8本）、本カテゴリーの目的を鑑みると、縦断調査の本数が明らかに少ない。そんな中、果敢にも大学院生2名が縦断調査を実施していた。どちらも大学における6ヵ月間の日本語集中コースの協力を得ている。学習者に関する研究と同様に、いかに教育現場の協力を得るかが肝となる。

しかし、意外なことに教育現場に還元すべき「教育への示唆」を論じている論文は17本中6本のみであった。その原因の1つとして、教室活動の説明や談話分析に紙面を割かれており、教育への示唆まで書き込むことが難しいことがあげられる。

「カテゴリー2 評価」は14本の研究論文で構成されており、既存の標準化されたテストの検証を目的とした研究（6本）、教育経験のない日本語母語話者による評価の特徴（日本人評価）を解明することを目的とした

---

[4] 2012年以降、年少者の日本語習得や概念学習過程を研究した論文（5本）が増えている。本書では、学習者に関する論文としてあつかった。今後は、教師や支援者による介入が年少者の習得・学習にどのような効果を及ぼすかを解明する研究が必要である。

研究（4本）、聴解テストの形式を検証することを目的とした研究（2本）、ビジネス日本語 Can-do statements の開発を目的とした研究（1本）、介護福祉士国家試験対策過程の解明を目的とした研究（1本）に分類できる。特筆すべきは、日本語コースで用いる「テスト」研究が2本のみ（どちらも聴解テストで同一執筆者）であるということだ。また、主観テスト（口頭、記述）をあつかった論文も2本しかない。さらに、日本人評価研究があつかう対象も、縮約形、待遇表現、アクセント、発話に限られている。教育への示唆を論じているのは日本人評価論文が2本、大規模口頭テストの開発を目指した論文が1本、介護福祉士国家試験対策過程の解明を目的とした論文1本であり、その他の論文は当該の評価法の妥当性と信頼性に言及するに留まっている。「日本語の授業」で実施する形成的評価や学習者主導型評価[5]などをあつかった研究は現在も遅れているといわざるを得ないだろう。とくに後者については1990年代後半から注目されているにもかかわらず、研究論文はビジネス日本語 Can-do statements の開発に取り組んだ1本のみであった[6]。このカテゴリーは全て横断調査である。試験によるデータ収集が7本、アンケートによるデータ収集が6本、インタビューによるデータ収集が1本であった。そのうち、基礎統計量のみで分析した論文は1本だけで、その他は統計的な処理を1つないしは複数実行している。2007年以降、古典的テスト理論に代わる項目応答理論（IRT: Item Response Theory）に基づいた分析を行った論文が2本採用されている。項目応答理論を用いることで、より効果的にテストの特徴を判断することが可能となる。しかし、項目応答理論を教育現場に活用するには、教師（論文の読み手）に非常に高度な統計の知識が求められるという大きな問題がある。また、標準化されたテストをあつかっているため、国際交流基金に所属する研究者との共同執筆が多い。大学院生執筆者は5名であり、そのうち3名が日本人評価、1名が日本留学試験の過去問題、1名が

---

5) 代替的アセスメント、真正なアセスメント、ダイナミック・アセスメント、自己評価、相互自己評価、ピア評価、ポートフォリオ評価など。

6) 『日本語教育』では、市嶋（2009）が相互自己評価活動の実践報告をしているほか、寄稿や調査報告では、自己評価が取り上げられている（横溝 2000; 細川 2005; トムソン木下 2008; 古川 2009; 市嶋 2009 など）。

介護福祉士国家試験の対策過程に関するインタビューのデータを材料としていた。

「カテゴリー３　ビリーフ」は日本語教師のビリーフを解明することを目的とした研究である。論文は４本のみであり、そのうち２本はノンネイティブ教師を対象としている。調査結果自体が教育への示唆に富んでいるものの、明示的に提言している論文は１本であった。英語教育において、教師ビリーフと学習者ビリーフに関する研究は 1980 年代後半から注目されはじめ、ビリーフと言語習得に強い関連があることが証明されつつある。しかし、日本語教育においては、教師ビリーフに関する論文の少なさはもちろんのこと、学習者に関する研究（第３章）でも、学習者ビリーフに関する研究論文が１本もない。探索の範囲を調査報告に広げても、学習者ビリーフ研究は２本のみであった。ピア・レスポンスに対する学習者ビリーフと香港４大学の学習者ビリーフの調査である。このように、特定の指導法や活動、もしくは特定の地域や教育機関を調査対象として、ビリーフの現状や変容を報告していくことには、もちろん意義がある。とはいえ、多くの場合は、一般化できるような新たな知見が得にくいという印象を受ける。これからのビリーフ研究には、新たな切り口が必要なのではないだろうか。例えば、「日本国内では社会的価値が高いが、海外においてはその価値が低い」という日本語の特性を切り口にしたビリーフ研究、共生日本語をめぐる人々（やさしい日本語、地域日本語教室、初等・中等教育、年少者とその関係者）のビリーフ研究などが考えられる。

研究方法については、2000 年代からは質的調査を用いた文脈的アプローチの必要性が指摘されているが、４本中３本がアンケートを用いた量的研究（横断調査、標準的アプローチ）である。それらは共通して先行研究で用いられた質問項目を援用している。2014 年になってようやく、PAC 分析（質的分析と多変量解析を組み合わせた分析方法）を用いた縦断調査による研究論文１本が掲載された。大学院生の執筆者は残念ながら０名であった。その原因として、調査対象者が教師であること、データ分析をするためには、大量のデータと分析分法（多変量解析、PAC 分析など）に関する知識が必要とされることがあげられる。

「カテゴリー4　日本語教育史」は、いずれも現在までの日本語教育に関する思想、教育観、言語観を、各時代に行われていた教育実践の中に探る研究論文となっている（10本）。北京特別市（1本）、中国華北地方（2本）、満州（1本）、マラヤ（2本）、旧南洋群島（1本）、清国（1本）など、地域を特定した研究が大半であり、本書と同様に『日本語教育』1～40号を分析した研究（1本）、現在の日本語教育への批判と提言を論じた研究（1本）で構成されている。

このサブカテゴリー内に教育への示唆を論じている論文は2本あり、うち1本は当時の日本語教育の実態を再構成し、現代の日本語ボランティアのあり方の再検討を促すという非常にユニークなものであった。この研究をはじめ、2004年以降採択された論文では、当時の試験と教科書があつかわれていることから、このカテゴリーの研究に現代の日本語教育への示唆が求められていることが窺える。

執筆者は、海外の教育機関に所属している（いた）人が2名、大学院生は2名であった。大学院生のうち1名はノンネイティブであった。今後もノンネイティブの研究者が自分の出身地で新たな資料を発掘し、新たな視点から教育史研究を展開することを期待したい。

研究対象となるデータは当時の資料（公文書、教科書、試験、論文など）で全てが質的研究（横断調査）である。この資料の取りあつかいについて、教育史分野の研究と他の分野の研究には、1つ大きな違いが見られる。それは、教育史分野では、資料の発見・発掘自体に大きな研究的価値が認められていることである。そして、この失われた過去の日本語教育を記述した資料を発掘し、その資料的価値を評価するという作業は「調査報告」（論文）になりうる。そのため、教育史分野では、10本の研究論文の他に、9本の「調査報告」が採用されている。すなわち、通常の研究では、データの取得と分析・考察が連続して行われ、1本の研究論文を構成するのが普通だが、日本語教育史研究では、まず資料の発掘（データの取得）が「調査報告」として発表され、その後、報告された資料の分析と考察が「研究論文」として発表されるというケースが少なくないのである。『日本語教育』の投稿規定によれば、「研究論文」は「研究課題が明確に設定されており、

データの分析を通して課題への解答が示されていることが必要」であるのに対し、「調査報告」は「資料的価値が認められる報告」とされている。この投稿の分類基準が、日本語教育史研究のすすめ方によくあてはまっているため、日本語教育史研究については、研究論文10本に対し調査報告が9本も掲載されているのだと考えられる。なお、このとき新たな資料の発見者と分析・考察を行った研究者が同一人物である場合もあるが、発見から時間をおいて、別の研究者がその資料を再評価する形で研究をすすめるケースがしばしば見られる。

「カテゴリー5 社会的ニーズ」は、2012年以降に掲載された研究論文で、その他のカテゴリー1から4にあてはまらない新しい内容となっている。教育の効果に影響を与えそうな社会的要因（学習者の関係者の意識や社会的な学習ニーズ）を探ることを目的としており、近年の社会の情勢や課題を反映した研究対象をあつかっている。インド人ITエンジニアと日本人従業員の間に立ち、仲介するインド人ブリッジ人材に求められるコミュニケーション能力（1本）、インドネシア人介護福祉士候補者の日本語に対する日本人介護職員の問題意識（1本）、香港人青少年学習者にとっての日本語学習（日本語授業、SNS）とアイデンティティ（1本）の合計3本で、全てインタビュー（横断調査）や参与観察（縦断調査）による質的研究である。このうちインタビューを用いた2本の研究は大学院生によるものであることから、新規性の高い、結果がみこめる研究課題を見つければ、修士論文や博士論文であつかいやすいカテゴリーかもしれない。このような日本語、学習者、教育と社会をつなぐ研究論文は、今後も増えていくことが期待できる。

3．「日本語教育と社会」に関する研究

> キ　ム：　わたし、学部のときから地域の日本語ボランティア教室で日本語を教えてるんですよ。
> 飯　野：　へ〜えらいねえ。
> キ　ム：　そういうのをいつか論文にしたいんですが…。

> 飯　野：　ボランティア教室での教授法、とかそんなテーマならなるんじゃない？
> キ　ム：　いやー、そういうことよりも、その教室に集まってくる人に興味があるんです。
> 飯　野：　例えば？
> キ　ム：　ボランティアの人たちがどんな気持ちで教えてるとか、外国の人たちがなにを期待して来てるのか、とかそんなことを調べてみたらどうかなって。
> 飯　野：　うーん、そういうのって研究になるのかなあ。

　この節では、教育と社会に関する研究のなかでも、後者の「日本語教育と社会」をテーマとする論文に焦点をあてて分析と考察を行う。といっても、前述したとおり、『日本語教育』101-170号の範囲において、「日本語教育と社会」の範疇に入るのではないか、と思われる研究論文は、「カテゴリー4　日本語教育史」10本および「カテゴリー5　社会的ニーズ」の3本のみであった。しかし、「日本語教育と社会」に関する研究は、範囲も数も、もっと多くてもよいのではないか。それは、例えば『日本語教育能力検定試験』（以下『検定試験』とする）出題範囲を見ても明らかである。

　『検定試験』出題範囲は、大きく5つの「区分」にわかれている。内容は次のとおりである。

　各区分のうち、第2章「日本語に関する研究」が区分5、第3章「学習者に関する研究」が区分3、第4章「教育実践に関する研究」が区分4にあたる。残った「検定試験」の区分1と区分2には「社会」ということばがふくまれており、これが「日本語教育と社会」に関わる項目をあつかっていることは明らかである。では、その具体的な内容として、どのような研究が考えられるだろうか。

　過去の試験問題に出現した用語を選び、解説した岩田・大関・篠崎・世良・本田（2012）などによると、区分1では、日本語教育史[7]に加えて、

---

[7] ただし、検定試験の教育史の問題は、過去の日本（国家）の言語政策を問う設問が多いのに対し、『日本語教育』の論文は、過去の具体的な教育実践などがとりあつかわれており、同

第4章 教育と社会に関する研究

表 4-2 『検定試験』各区分における測定内容

区　　分	求められる知識・能力
1：社会・文化・地域	日本や日本の地域社会が関係する国際社会の実情や、国際化に対する日本の国や地方自治体の政策、地域社会の人びとの意識等を考える。
2：言語と社会	言語教育・言語習得および言語使用と社会との関係を考える。
3：言語と心理	言語の学習や教育の場面で起こる現象や問題の理解・解決のための知識をもつ。
4：言語と教育	学習活動を支援するための視点と基礎的な知識をもつ。
5：言語一般	教育・学習の対象となる日本語および言語一般について知識をもつ。

（日本語能力検定試験出題範囲 http://www.jees.or.jp/jltct/range.htm をもとに著者作成）

　日本語教育事情、国際情勢と日本語教育の関係、それに対する日本政府、地方自治体の政策、そして、それに対する地域コミュニティの対応や反応といったことがら、すなわち「言語政策」に関する用語が取りあげられている。具体的にいえば、日本語教育の普及政策、留学生の受け入れ政策、外国人労働者と移民受け入れの問題、そして、地域におけるボランティアベースの日本語支援活動（地域日本語教育）などが、この区分にあてはまると考えられる。

　一方、区分2は、日本語学習者と日本語母語話者の接触とコミュニケーション、日本語の変種と日本語教育（地域方言・社会方言・専門用語など）、さらに年少者の日本語教育や母語教育との関係に関する用語が含まれる。これらのトピックは、「社会言語学」であつかわれる項目である。いずれにしても、日本語教師に必要な基礎的事項を問う能力検定に、これだけの項目があげられているにもかかわらず、『日本語教育』に掲載されているのは、教育史と社会的ニーズをあつかう研究論文しかなかったということになる。これは、いかにも不自然な結果であるといわざるを得ない。そこで、なぜこの分野の研究論文がないのか、を考えてみたい。

　　じ「教育史」といっても、ややズレがある。

3.1 「日本語教育と社会」に関する研究論文以外の論文数

「(現在の) 日本語教育と社会」に関する研究の論文がない理由として、投稿数は他分野と同じくらいあったが、査読の結果採用されたものが一本もなかった、というケースは考えにくい。しかし、投稿された論文が一本もなかったということもないと思われる。そこで調査の範囲を広げ、「研究論文」以外の『日本語教育』101号〜170号の論文を検索すると、47本の「日本語教育と社会」に関連する(と考えられる)論文が現れた。それらの論文の内訳は、11本が特別寄稿、19本が寄稿(そのうち1本は「寄稿・実践報告」とされている)、調査報告が8本、研究ノートが3本、そして実践報告が2本である。また、それぞれの論文のテーマ(トピック)について分析すると、海外の日本語教育事情に関する報告・分析が18本、日本語の変種(バリエーション)に関するものが10本、地域日本語教育に関するものが8本、日本語教育と日本社会の関係について述べたものが6本、日本語教育と文化理解に関するものが3本、日本語教育と言語政策を論じたものが2本である。寄稿数と投稿数は表4-3のとおりである。

では、この分野の研究に、なぜ「寄稿」が多く、また、投稿されたものは「報告」が多いのだろうか。それぞれのテーマごとにその理由を探ってみたい。

表4-3 「日本語教育と社会」に関する論文

テーマ (トピック)	特別寄稿 寄稿	調査報告 研究ノート他	計
海外日本語教育事情	9	9	18
日本語の変種	7	3	10
地域日本語教育	7	1	8
日本語教育と日本社会	5	1	6
文化理解	1	2	3
言語政策研究	1	1	2
計	30	17	47

(『日本語教育』101-170号)

3.2 「日本語教育と社会」に関する研究の特徴と方法論

> 林　　：確か院に入る前、海外で日本語を教えていたんだっけ？
> 堀　田：そうなんよ、モンゴル。
> 林　　：へ〜。ウランバートル？
> 堀　田：そうそう。あっちの学生からは日本のチンギスハンやって慕われてたんよ。
> 林　　：それは褒め言葉なのかなあ。
> 堀　田：調子こいて帰国後、エッセイまで出版してしまった。
> 林　　：わお。そうなの。
> 堀　田：『風と馬と日本語教師の私』っていうタイトル。
> 林　　：おいおい、どっかで聞いたことあるなあ。
> 堀　田：修士の時は、海外の日本語教育事情をうまく研究にしたいと思ってたんやけど…諦めたわ。
> 林　　：研究論文にするのは難しいよね。

　もっとも論文の多い「海外の日本語教育事情」が報告としてあつかわれることについては、『日本語教育』の創刊以来の「伝統」あるいは「慣習」が影響しているように感じられる。

　時代を遡って『日本語教育』の 1 号〜 100 号の論文を探索してみると、この分野で取りあつかわれているテーマ（トピック）で、もっとも早く現れたのが、海外の各地域における日本語教育事情をあつかった論文（報告）であることがわかる。7 号（1965.9）フォルキ゠ヴィチ忠子氏「イタリアからの便り」、10 号（1967.11）四倉早葉氏「米国における日本語教育」と松田摩耶子氏「州立ワシントン大学の日本語集中講座」がその嚆矢であろう。そして 19 号には「海外における日本語教育の問題点」という特集が組まれ、海外 15 地域の日本語教育についての「論文」がならぶこととなった。その後 39 号（1979.10）には、再び「〔特集〕国別の問題点（1）ASEAN 諸国の日本語教育」が組まれる。これ以降、この特集は、41 号

(1980.7) 中国、45 号（1981.10）オーストラリア・ニュージーランド、48 号（1982.10）韓国、53 号（1984.2）中南米諸国、57 号（1985.10）ヨーロッパ、61 号（1987.3）アメリカ・カナダと続き、『日本語教育』の歴史の中でも、もっとも長く続く「特集」となる。しかし、45 号で 1 つ大きな変化があった。それは、この号から論文が「論文」から「報告」に変化したことである。それまで、「日本語教育」の論文は、カテゴリー分けされておらず、すべて「論文」となっていたのだが、この 45 号で、はじめて「論文」とは別に「報告」というカテゴリーが設けられ、48 号を除いて、海外の日本語教育事情に関する論文は、すべて「報告」となった。これ以降『日本語教育』においては、海外の日本語教育事情について述べた原稿は、研究論文ではなく、調査報告として取りあつかわれる、という了解事項が形成されてきたのではないかと思われる。

　それでは、海外の日本語教育事情をテーマとした「研究論文」は成立しないのだろうか。ここで『日本語教育』以外の学会誌を見てみよう。取り上げるのは、日本言語政策学会の学会誌『言語政策』である。

　「言語政策」研究は、植民地支配との関係が深い。植民地における宗主国の言語普及や、独立後も旧宗主国の言語を公用語とする地域の言語政策を研究するところから、言語政策とよばれる研究分野がはじまったのである。日本においても、第二次世界大戦前の植民地や占領地では、国策として日本語教育が盛んに行われていたのだが、1945 年以降、軍事的拡張政策の一環として日本語教育が行われてきたことの反省から、日本語教育の普及という考え方そのものに否定的なムードが強かった。そのためか、日本において「言語政策学会」が設立されたのは、ようやく 1999 年になってからのことであった。歴史の浅い学会であるから、その学会誌である『言語政策』も、2017 年度までに 14 号を数えるのみで、そのうち日本語教育に関する論文は（日本語教育に何らかの形で言及している論文をふくめても）12 本ほどである。

　しかし、その 12 本の中に、海外の日本語教育事情を論じた論文が 5 本ある。本田（2006, 2009）、太田（2007）、竹口（2016）および松井（2016）である。このうち、本田の 2 本の論文は、中国朝鮮族の日本語教育につい

て、また、太田はオーストラリア、竹口はロシア・サハリン、松井はフィリピンの日本語教育について、その教育の目的や意義を詳細に分析している。このように、海外の日本語教育事情をテーマとしても、そこにオリジナルな研究課題があり、その課題への回答が示されていれば、研究論文を書くことは可能である。しかし、そのような論文の数は、「言語」や「学習者」などに関する研究にくらべて非常に少ないといわざるを得ない。その理由として考えられることは、日本語教育事情に研究課題を設定できるようになるまでには、かなりの実践（教授）経験が必要であり、その課題に科学的・客観的な回答を見出すまでには、かなり長期にわたるフィールドワークが不可欠であるためではないかと考えられる。時間的にも、経済的にも大学院生が取り組むのは、難しいテーマであるといえる。

「日本語の変種」と「地域日本語教育」に関しては、特集号への「寄稿」が、ほとんどをしめている[8]。

「日本語の変種」（地域方言・社会方言・役割語など）は、それ自体を研究している人はかなりいると思われるが、「日本語学」や「言語学」としての研究がほとんどで、「日本語教育研究」という立場を明確に意識した上で研究している人は、あまりいないのではないかと推測される。

一方、「地域日本語教育」は、研究対象として意識されるようになってから、まだ日時がそれほど経っておらず、このテーマの指導的研究者（大学院教員）そのものが、まだ、あまり多くないのではないかと推測される。しかし、下に述べる「日本語教育と社会」同様の事情により、ごく近い将来、研究が大きく発展するのではないかと思われる。

「日本語教育と社会」に含まれるであろう「5　社会的ニーズ」は前述したとおり、すべて2012年以降に論文（3本）が掲載されており、今までになかった新たなカテゴリーを形成しはじめた。

これは、日本社会の変容、具体的にいえば、人口減少と高齢化の進行が顕在化しはじめ、海外からやってくる人材なしでは日本社会の維持・発展が考えられなくなってきたことと明らかに関係している。したがって、今

8）ただし、この分野で、投稿されたものの不採用となった論文がどの程度あるのかは不明である。

後「日本語教育と社会」については「社会的ニーズ」以外のカテゴリーも新設しなければならなくなるだろうと予測される。

同様に「文化理解」「言語政策研究」も、今のところ、論文、調査報告、研究ノートとも、それほど多くはないが、近い将来、大きく発展するカテゴリーになると予想される。若い大学院生、研究者が新たな研究領域を生みだすことが期待される分野である。

4．展望

教育と社会に関する研究論文は圧倒的に少ない。そのため、これからも進展させていくべき研究課題が数多く存在することも事実である。教育と社会に関する研究の今後の発展のため、次の4点を指摘しておきたい。

(1) 研究方法とデータ

「教室活動」「評価」など、教育実践に関する研究論文では、あつかうデータに偏りが見られ、全体的に縦断調査が不足していた（表4-4）。表中の0本のアプローチはもちろん、どのアプローチの論文も少ない。いわゆる「ねらい目」だらけのカテゴリーであることがわかる。

表4-4　教育と社会に関する研究アプローチ（論文数）

カテゴリー	質的研究		量的研究	
	縦断調査	横断調査	縦断調査	横断調査
1 教室活動	3	7	1	6
2 評価	0	1	0	13
3 ビリーフ	1※	0	1※	3
4 日本語教育史	0	10	0	0
5 社会的ニーズ	2	1	0	0
合計	6	19	2	22

※ PAC分析を用いた研究論文1本は、質的研究・量的研究それぞれ1本とカウントした。

とはいえ、教育現場というフィールドをもたない大学院生にとって、データ収集が困難であることは間違いない。例えば、縦断的に追える日本語コース、大量のデータと統計の知識、標準化テストをあつかうための研究協力者などの「研究の条件」が大学院生の前に立ちはだかっている。

「ビリーフ」「社会的ニーズ」など日本語教育と社会に関する研究は、教育実践に関する研究よりもさらに研究論文の数が少なく、7本のみである。しかし、この分野の知識・情報が日本語教師や地域の支援ボランティアに欠かせないものであることは、日本語教育能力検定の出題範囲となっていることからも明らかである。したがって、この分野の研究は、「行われるべき研究が行われていない」、未開拓の分野であるといえよう。

事実、日本語教育と社会に関する研究論文は、すでにその分野で認められた研究者が、依頼を受けて書かれることが多く、海外の日本語教育事情に関する論文が半数近くを占める。さらに、一般の投稿原稿は、「研究論文」ではなく「報告」として受付・採用されているという現状がある。

よって、この分野に興味をもっている人は、まず、本書の第2部・第3部を参考に自らの研究テーマに必要な方法論を学び、十分に準備を整えてもらいたい。と同時に、次に述べる連携（協力）体制を整えることが必要である。

(2) 連携の重要性

教育と社会に関する研究においては、さまざまな連携（協力）が必須となる。研究のフィールドとなる教育現場はもちろんのこと、「カテゴリー4　評価」研究の発展のためには、今後ますます、学際的な研究体制、サイコメトリシャンやエンジニアや企業との連携が不可欠になるだろう（Hatasa & Watanabe 2017）。日本語教育においては、作文と発話の自動採点のための基礎研究や認知診断アセスメント（cognitive diagnostic assessment）[9]開発も始まったばかりである。

日本語の自動採点研究では、山畑・大久保・山田・今井・石塚・篠崎・

---

9) 認知診断アセスメントについては、Alderson（2005）、Jang（2008）等が詳しい。

西村・牧野・北脇（2012）がインタビュー・テストの解答音声に対する自動採点システムの構築に取り組んでいる。また、李・長谷部（2017）は、日本語学習者作文評価システム jWriter を開発し公開している。日本語の大規模コーパスが整いつつある現在、より真正性の高いテスト開発にコーパス研究の成果を応用することも求められている（李 2011; 松下 2011）。

認知診断アセスメント研究は、谷部・孫・島田（2015）らが開発中の語彙テストのみである。学習者一人一人の得意な点や弱点などについて認知診断モデルにもとづいたフィードバックが得られるという利点をもつ。谷部らもサイコメトリシャンの協力を得て、研究をすすめている。

(3) 研究対象の拡大

すでに述べた通り、ただでさえ論文数の少ないジャンルである。研究テーマは選び放題と断言してもよい。ここでは、日本語学習におけるテクノロジーの利用に関する研究および日本国内の外国にルーツをもつ年少者を対象とした研究の遅れを指摘しておきたい。

テクノロジーの利用に関する研究については、畑佐（2012）が第二言語習得理論の研究者も現場の教師たちも、研究と教育にとって有効なテクノロジーの活用方法を考え出す必要があると主張している。日本語の学習や教育に対するテクノロジーの効果・影響についての研究が待たれているといえよう。と同時に、教育現場のインフラや教師・研究者のリテラシーの向上を支援すること、評価研究と同様に学際的な研究体制を構築することも重要である。

また、日本国内の外国にルーツをもつ年少者を対象とした研究への取り組みは今まさに急務であるといえる。2014 年 4 月より、国内の学校教育における日本語指導が「特別の教育課程」として編成・実施されることとなった。第二言語としての日本語教育だけではなく、定住者の子どもたちや国際結婚が増えるに従い、国内でも継承語教育に対するニーズが高まっている。国、自治体、各学校など関係機関と研究者が連携協力し、具体的な指導内容・指導方法・評価方法及び教材開発に寄与する研究が必要となる。

(4) 日本語教育研究から日本語教育学研究へ

　日本語教育が1つの学問として確立するためには、教育実践に関する研究、日本語教育と社会に関する研究、日本語に関する研究、学習者に関する研究、それぞれの関わりについて対話と議論を展開すべきである。日本語教育研究に求められているのは、日本語に関する研究と学習者に関する研究で明らかになった問題点を教育実践の中で、そして社会との関わりの中で、どう解決していくかということである。「言語・学習者」研究の貢献を踏まえて、「教育・社会」研究が貢献すべきことを記すなら、「問い直された教育実践の『前提』を教育現場で再び問う」ことだといえよう。

▌課題

1　CiNiiで「日本語教育　教育実践」「日本語教育　社会」をキーワードにしてどんなタイトルの論文がヒットするか、各自が持ち寄って論文の傾向を分析しましょう。
2　『日本語教育学』の「研究論文」以外の論文（寄稿、調査報告、実践報告）に掲載されている教育実践に関する論文の数を調べましょう。また、その論文をカテゴリーに分け、内容、調査方法、執筆者についての特徴をまとめてください。
3　あなたが関わりや興味をもっている国・地域の日本語教育事情について、ネット上にどの程度の情報があるのか調べましょう。
4　あなたが住んでいる場所では「生活者としての外国人」に対して、地方公共団体がどのような日本語支援をしているか調べてみましょう。また、その情報に外国人が容易に接することができるかも考えてみてください。

▌参考文献

市嶋典子（2009）「相互自己評価活動に対する学習者の認識と学びのプロセス」『日本語教育』142号，134-144.
岩田一成・大関浩美・篠崎大司・世良時子・本田弘之（2012）『日本語教育能力試験に合格するための用語集』アルク
太田裕子（2007）「オーストラリアにおけるLOTE教育の方向性―「異文化間言語学習」が言語教育政策に取り入れられた意味―」『言語政策』3, 19-40.
公益財団法人日本国際教育支援協会「日本語能力検定試験出題範囲」〈http://www.jees.or.jp/jltct/range.htm〉（2025年3月1日）

孫・島田めぐみ・谷部弘子（2015）「日本語学習支援のための認知診断テストの開発」『第二言語としての日本語の習得研究』18, 86-102.
竹口智之（2016）「海外初中等教育機関の日本語学習者はいかなる言語政策を実行したか―ユジノサハリンスク市の学習者を対象に―」『言語政策』12, 53-80
トムソン木下千尋（2008）「海外の日本語教育の現場における評価―自己評価の活用と学習者主導型評価の提案―」『日本語教育』136号, 27-37.
畑佐一味（2012）「第5部　テクノロジーと習得　総論」畑佐一味・畑佐由紀子・百済正和・清水崇文編『第二言語習得研究と言語教育』くろしお出版, 260-274.
古川嘉子（2009）「評価の分野を中心に（第8回日本語教育国際研究大会）」『日本語教育』143号, 24-32.
細川英雄（2005）「実践研究とは何か―『私はどのような教室をめざすのか』という問い」『日本語教育』146号, 4-14.
細川英雄（2007）「日本語教育学のめざすもの―言語活動環境設計論による教育パラダイム転換とその意味―」『日本語教育』132号, 79-88.
本田弘之（2006）「日本語教育の〈自律〉と〈変容〉―中国東北地域における〈満州国〉後の日本語教育の意味―」『言語政策』2, 91-108.
本田弘之（2009）「中国朝鮮族による日本語教育の『再開』」『言語政策』5, 1-20
縫部義憲（2010）「今、日本語教師に求められるもの―教師教育の課題と展望―」『日本語教育』144号, 4-14.
松井孝浩（2016）「言語教育における「もうひとつの社会的存在」としての日本語学習者―フィリピン中等教育機関向け教材『entrée』における「My Language Biography」とポートフォリオ分析から―」『言語政策』12, 81-104
松下達彦（2011）「自律的な語彙学習を促す語彙テストのフィードバック」『2011年度日本語教育学会第3回研究集会予稿集』日本語教育学会,〈http://www17408ui.sakura.ne.jp/tatsum/presentation/Matsushita2011_Vocab-test-feedback.pdf〉（2025年3月1日）
山畑勇人・大久保梨思子・山田武志・今井新悟・石塚賢吉・篠崎隆宏・西村竜一・牧野昭二・北脇信彦（2012）「日本語スピーキングテストにおける文章読み上げ問題の採点に影響を及ぼす要因の検討」, 電子情報通信学会2012年総合大会講演論文集, D-14-8, 192.
李在鎬（2011）「大規模テストの読解問題作成過程へのコーパス利用の可能性（特

集大規模日本語テストの可能性)」『日本語教育』148 号, 84-98.

李在鎬・長谷部陽一郎 (2017)「日本語学習者作文評価システム jWriter」〈http://jreadability.net/jwriter/〉(2025 年 3 月 1 日)

横溝紳一郎. (2000)「ポートフォリオ評価と日本語教育」『日本語教育』107 号, 105-114.

Alderson, J. C. (2005) *Diagnosing foreign language proficiency: the interface between learning and assessment.* London: Continuum.

Anthony, L. (2006) Developing the CASEC G/GTS automatic writing tutoring system. *CASEC EYE*, 24:1, 3.

Hatasa, Y., & Watanabe, T. (2017) Japanese as a Second Language Assessment in Japan: Current Issues and Future Directions. *Language Assessment Quarterly*, 14(3), 192-212.

Jang, E. E. (2008) A framework for cognitive diagnostic assessment. In Chapelle, C.A., Chung, Y.-R., & Xu, J. (Eds.), *Towards adaptive CALL: Natural language processing for diagnostic language assessment.* Ames, IA: Iowa State University, 117-131.

第2部 日本語教育研究マニュアル

マップ

　第1部の日本語教育研究の現状を踏まえ、第2部では日本語教育研究を論文にまとめる際のマニュアルを提案する。まず、論文の構成という観点から、目的と先行研究（第5章）、研究計画（第6章）を執筆する際の注意点について、具体例をあげながら論じる。第5章では、研究の目的を2種類（仮説探索型研究と仮説検証型研究）に分け、それぞれの特徴を述べる。また、研究課題の立て方や用語の定義付けについても触れる。第6章では、研究のスケジュールの立て方、リサーチデザインの具体的な方法、データ収集の注意点と執筆中に陥りやすい穴、論文投稿時の注意点について言及する。

　次に、研究内容について学会発表する際や、執筆した論文を学術雑誌に投稿する際の注意点をまとめる（第7章）。また、一般的な論文の構成について詳しく説明する。

　最後に、研究者がまもらなければならない研究上のもっとも基本的なルールについて述べる（第8章）。とくに、剽窃や盗用が犯罪であること、調査対象である学習者の権利を守ることの重要性、個人情報の取りあつかい、研究者の社会的責任について論じる。

第5章
目的と先行研究

1．はじめに

　この章では、実際に研究に取り掛かる前の準備段階で知っておきたいこととして、「よい研究」とは何か、研究の構成、研究の目的、先行研究のまとめ方について検討する。

> 仲　間：このあいだゼミで論文の構想発表をやったんだ。
> 福　本：うまくいった？
> 仲　間：ううん、先生に「あなたの研究課題は何？オリジナリティがない」っていわれて…
> 福　本：え？それもう終わってるじゃん。
> 仲　間：そもそも研究課題という言葉の意味がわからなかったんだけど、そんなこといえなくってさ〜。
> 福　本：そういえば、私もちゃんとした意味知らないかも。先生のいう専門用語って、「当然知ってるべきもの」って感じがして……
> 仲　間：そうなんだよ！なかなか「それ何ですか？」っていえないよね。
> 福　本：そうなのよ。その前に出したレポートでも、「これは感想文で研究じゃない」ってコメント書かれたっけ。感想文とレポートの違いって何なのかな。

　よい研究について考える前に、まず、研究とは何かを考えてみよう。仲間さん達がいわれた「あなたの研究課題は？」「オリジナリティがない」

そして「これは感想文で研究じゃない」は、研究を始めて間もない学生が指導の先生からいわれる三大コメントといっても過言ではないだろう。大学に入るまで、あなたは学校で10年以上勉強し、さまざまな問題を解いてきたはずだ。しかし、大学までに勉強してきた問題と、大学で考えるべき問題には、大きな違いがある。

　大学までの学校での勉強は、数学の数式のように、すでに誰かが解決してくれた問題について、その答えをたくさん身につけていくタイプの学びであることが多い（パウロ・フレイレはこうしたタイプの学びを「銀行型学習」と呼んでいる）。それに対し、大学であつかわれる問題は、原則としてまだ誰も答えを知らないものである。答えの見当が全くつかない問題、立場やものの見方によって複数の答えが想定される問題、ある程度答えの予測はつくがまだ実証されていない問題など、問題といってもいろいろあるが、いずれにしても、誰も知らない答えを探求していくことが大学で考えるべき問題、すなわち研究である。だから、研究には新規性（オリジナリティ）が必須といわれるのである。

　しかし、例えば第二言語としての日本語の学習・教育に関する問題でも、その複雑さや解決可能性にはいろいろなレベルがある。「言葉を教えるときに大事なのは文法かコミュニケーションか？」といった問題は大事であるが、これは研究者が一生かかって（あるいは1人ではなく多数の共同研究として）取り組むような問題であって、研究を始めたばかりの人が1年やそこらで答えが出せるものではない。そこで、与えられた時間的猶予の中で、自分で解決可能なレベルにその問題を落とし込んでいく必要がある。このような、1つの研究の中で実際に解決すべき具体的な課題のことを「研究課題（リサーチ・クエスチョン）」と呼ぶ。研究課題に対して何らかの答えを導き出すこと、これが研究なのである。

　また、研究課題の答えは、他の人が見ても納得のいくように、論理的・実証的に導きだす必要がある。自分の思い込みだけでなく、十分な根拠をもって主張を行うことが求められるのだ。例えば「私のまわりの日本人は何年も英語を勉強しているのに全く上手にならない。日本の英語の教え方は文法中心だ。だから文法中心の教え方はよくない」という論から、「日

本語を教える際にはコミュニケーションを中心にすべきだ」という答えを出したとしても、残念ながら全く説得力のある答えにはなっていない。こうした論を述べると、先生はおそらく（内心「ああまたか」と思いながら）「それは感想文です！」と一喝するだろう。

では、感想文ではないよい研究をするためにはどうすればよいのだろうか。筆者が考えるよい研究の条件は、以下の10点にまとめられる。

(1) オリジナリティがあること（→第5章）
(2) 解答可能な具体的な研究課題とそれへの答えがあること（→第5章）
(3) 研究課題が面白く、意味のあるものであること（→第5章）
(4) 先行研究を十分把握していること（→第5章）
(5) 実現可能な研究計画をたてること（→第6章）
(6) 研究課題に合ったデータを使用すること（→第6章）
(7) 研究課題に合った分析方法を選択すること（→第9～12章）
(8) アカデミックなスタイルで論理的に記述すること（→第7章）
(9) 執筆・投稿の条件を遵守すること（→第7章）
(10) 研究者としての社会的責任を果たすこと（→第8章）

以降の各章では、これらの各条件について詳しく検討する。

2．研究の目的

研究の目的（＝研究テーマ）を見つけることは、研究者にとって最重要の課題である。しかし、見つけるのは容易ではない。

> 大　平：「研究の目的が定まれば、研究は8割方完成したも同然」なんていうけど、目的を決めるのは難しいね。
> 福　本：そうそう。私がやりたいことって、だいたい誰かがすでにやってるし。

> 大　平：　私なんて、指導教員に「気持ちはわかるけど、実現不可能だ」っていわれちゃった。
> 福　本：　研究目的の設定が大事だってことはわかるんだけど……
> 大　平：　どうやって決めればいいのかなあ。

　この2人と同じ悩みをもつ人たちのために、本節では、研究の目的を設定する具体的な方法を提案する。手始めに、研究の目的と研究課題（Research question）を定義しておく[1]。本章の冒頭でも少し触れたが、研究課題とは、研究の核となる疑問「何が知りたいのか＝ question」を端的に表したものといえる。この疑問に答えを導くために、実験や調査などを実施することになる。それら一連の調査や実験を束ねた研究全体の達成目標が研究の目的である。そのため、研究の目的は、論文の顔となる論文題目（論文のタイトル）を文章化したものであることが多い。筆者の論文（具体例1）を使って説明してみよう。

具体例1　渡部（2005）の研究の目的と研究課題

　論文題目は「日本語学習者の発話に対する日本語母語話者の評価―共分散構造分析による評価基準の解明―」である。この論文題目を文章にしたもの、「日本語学習者の発話に対する日本語母語話者の評価の実態を解明すること」が研究の目的である。この研究の目的（＝研究全体の目標）を達成するために、設定されている研究課題は以下の3点である。

（1）日本語母語話者はどのような評価基準を用いているか
（2）評価基準間はどのような関連があるか
（3）教師経験の有無によって評価に違いがあるか

　以上3点の研究課題に答えを得ることができれば、研究の目的である「日

1）研究によっては、研究テーマと研究課題は同義であることがある。

本語学習者の発話に対する日本語母語話者の評価の実態を解明すること」が達成できるというわけだ。

では、研究の目的と研究課題はどのように見つければいいのだろうか。まずは研究の種類を知ることから始めてみよう。研究は大きく2種類に分けることができる。仮説探索型研究と仮説検証型研究である。

2.1 仮説探索型研究の目的

仮説探索型研究は、日本語学習などのある局面についてのパターンや関係を発見したり記述したりするタイプの研究である。日本語文法の意味や用法を記述するといった研究も広くは仮説探索型に分類できる。仮説探索型研究では、研究対象の現象について仮説を生み出すといった帰納的な目的を設定する。また、生起するものの記述やデータ収集の蓄積自体が研究の目的となりうる。具体的には、情報をできるだけ多く得られるようにデータを収集し、そのデータを何らかの基準に基づいて分類、分析、記述、蓄積する。その結果によって仮説を形成するのである。

ある学習法がなぜ優れているのか。この研究課題については先行研究がいくつかあるため、それさえ読めばなんとなくわかったような気になる。しかし、研究の目的が仮説探索型である場合、よい学習法とは何かという先入観をもたないよう努力しなければならない。研究者はデータ（インタビュー、行動の記述、観察事実など）から浮かび上がってくるパターンに分類しようとする。この帰納的なプロセスを経て、仮説探索型な目的への答え（パターンの発見や解釈）を見いだすことができる。そして、さらなる研究課題や仮説を設定できるようになるのである。

具体例2　朱・砂川（2010）の研究目的
　具体例2の朱・砂川（2010）は、インタビューの分析によって、学習者の意識変容を「独習型から協働型へ」と「受け身型から自主型へ」の2パターンにまとめており、意識変容の要因として「情報差」「活動目的の明確さ」「挫折と成功の体験」の3パターンをあげている。

ジグソー学習法を取り入れた授業を受けるという初めての体験を、学習者がどう受け止めたかを記述することにより、勉学や研究に対する学習者の意識変容とその要因を明らかにすること。

2.2 仮説検証型研究の目的

一方、仮説検証型研究は、日本語学習などについてのある仮説（hypothesis）を検証するタイプの研究である。仮説を検証し、問題となっている現象について理論を構築するといった演繹的な目的を設定するのである。仮説とは「こういう結果になるはずだ」という予想を述べたものである。研究で示唆された仮説もあれば、外国語教育理論や関連領域の仮説である場合もある。仮説検証型研究は、仮説探索型研究とは異なり、あらかじめ予想した考えから出発するため、研究課題（もしくは理論）と対応する仮説を必ず設定することになる。これにより、研究の目的が焦点化され、日本語学習などのさまざまな現象を体系的・理論的に解明することが可能となるのである（第5章のコラム2「仮説の立て方」参照）。

具体例3　倉田・松見（2010）の研究課題と仮説

研究の目的は「第二言語としてのシャドーイングにおける認知メカニズムを解明すること」である。2つある研究課題のうち、例として実験1の研究課題とそれに対応する仮説を紹介する。

研究課題：「学習者の記憶容量の大小はシャドーイング文の意味処理が音韻処理に並行するか否か」と「シャドーイング原文の種類（有意味語文・無意味語文）はシャドーイング遂行成績にどのように影響するか」

仮　　説：シャドーイング遂行時に音韻処理のみが行われるのであれば、有意味語文シャドーイングと無意味語文シャドーイングによるシャドーイング遂行成績に差は見られない。しかし、シャドーイング遂行時に音韻処理と意味処理が並行するのであれば、有意味語文シャドーイングの方が無意味語文シャドーイングよりもシャドーイング遂行成績が高いと予測される。

この例で気付くのは、シャドーイング文そのものや、その処理の仕方をどう分類するかについて、そのパターンを新たに発見しようとするのではなく、認知心理学における記憶容量という考え方や英語教育におけるシャドーイングの効果が、仮説の出所となっている点である。「あらかじめあるセオリーから出発し、そのセオリーが日本語学習にも当てはまる」という仮説を立てているのだ。

もちろん、ここまで論じてきた仮説探索型な目的と仮説検証型な目的の両者を組み合わせた研究も存在する。先にあげた渡部（2005）では、「どのような評価基準を用いているか」という仮説探索型の研究課題と「教師経験の有無によって評価に違いがある」という仮説を検証する研究課題を併用している。前者は、いわゆる WH 疑問文で、後者は YES/NO 疑問文となっている。手元にある先行研究がどちらのタイプの目的（研究課題）をもっているのかを確認してほしい。授業中に読む課題論文で練習してもかまわないし、有名な学術雑誌に掲載されている研究論文を手当たり次第に読むのもいいだろう。やってみると実はかなり難しい作業であることに気が付くはずだ。中には判断が難しい研究もあるだろうが、まずは、「仮説探索型な目的」「仮説検証型な目的」「両者の組み合わせ」「どちらともいえない」の４つに分類してみよう。

もちろん論文以外からも研究課題は生まれる。誰かの研究発表に対する質問を考えている時、先輩の調査や実験を手伝っている時、日本語を教えている時、外国語を学習している時、ただおしゃべりしている時など、何かがきっかけとなって研究課題が見つかることもある。研究者は、こうして集めた研究課題を見極めて、よりよい研究課題を選択するのである。研究課題は天から降ってくるものではない。たくさんの疑問文を能動的に作ってみよう。常日頃から研究課題を意識していると、論文の読み方が変わってくるはずだ。論文を読みながら生じるたくさんの疑問に、著者が次々と応えてくれるような論文に出会えるようになれば、しめたものだ。

Column 2　仮説の立て方

　仮説検証的研究における仮説とは、「○○である」ということを仮に立てたものだ。そのあとで、それを肯定するか、あるいは否定するかを決める。

　前提として、科学において、とくに我々の分野である日本語教育学において、仮説の立証や棄却には限界があることを確認しておきたい。仮説は常に反証されたり、棄却されたり、修正されたりするものだ。研究課題を絞るためには、仮説が反証（棄却）された時、根拠が提示できる仮説かを検討する必要がある。仮説が間違いであっても意義があるような（＝先行研究で説明できるような）仮説であるほうがいい。そのため、先行研究が全くない研究課題をあつかうのはリスクが高いといえる。短い期間で成果を出さねばならない大学院生ならば、なおさらだ。

　ここでは、具体的な例として、同レベルの2つのクラス（AクラスとBクラス）の読解テスト結果に差があるのかどうかを考えてみよう。Aクラスでは読解ストラテジーについて紹介し、テスト前にもストラテジー使用をうながしたが、Bクラスでは読解ストラテジーをあつかっていない。ここで確かめたいのは「両クラスの読解テスト結果に差があるかどうか（読解ストラテジーの効果はあるか）」であるが、そのために「両クラスの読解テスト結果に差がない（読解ストラテジーの効果はない）」というもう1つの仮説（帰無仮説）を立てる。なぜ帰無仮説を最初に立てるかというと、「差はある」という仮説は、その差の程度が無限に考えられるからだ。差が大きいのか小さいのか、それともその間くらいなのか、一つ一つについて検討するのは事実上不可能である。それに対して、帰無仮説「差はない」というのは1つだけだ。これを肯定するか（採択するか）、否定するか（棄却するか）

を決めればいいのである。

H0（帰無仮説）：両クラスの読解テスト結果に差がない（読解ストラテジーの効果はない）
H1（対立仮説）：両クラスの読解テスト結果に差がある（読解ストラテジーの効果はある）

　例えば、上記のような2つの対立する仮説（H0、H1）を立て、H0が確率的に棄却できればH1を採択するという手順をふむ。つまり、帰無仮説が棄却されたということは、「差はない、とはいえない」つまり「差はある」と結論付けられる。一方、帰無仮説の反対の仮説のことを、「対立仮説」と呼ぶ。研究者は、帰無仮説が棄却され、対立仮説が採択されることを望むものである。
　仮説検証型の研究課題を立てるならば、以上のような基本的な仮説の立て方を理解しておいてほしい。そして、対立仮説が採択・棄却されたからといって、それで研究が終わるわけではないことを覚えておいてほしい。1つの仮説を検証した結果は、その仮説が導き出された理論にフィードバックされる。こうして、当初の理論や仮説を再考することにより、研究は発展するのである。

2.3　研究課題の立て方

　では、自らの研究目的の良し悪しはどう判断すればいいのだろうか。1つ目の方法として、ズバッと論文題目がいえるか、研究課題を短い文でいえるかを試すことがあげられる。WH疑問文タイプなら仮説探索型研究、YES/NO疑問文タイプなら仮説検証型研究とみなすことができる。どちらともいえない文なら、そもそも作文が出来ないようなら、「何が知りたいのかがわからない（研究課題が定まってない）」という状態なのだ。ただし、仮説探索型の研究では、研究を始める前に研究課題を絞り込みすぎ

表 5-1 研究課題に答えを出すために必要なことリストの例

内容		必要	可能
研究者の資質・知識・能力	自分の研究が好きだ		
	やる気と根気がある		
	言語知識がある		
	用語や概念の定義付けができる		
	観察する能力がある		
	観察したことを記述する能力がある		
	テストを作成する能力がある		
	アンケートを作成する能力がある		
	インタビューを実施する能力がある		
	調査・実験に関わる背景知識を十分にもっている		
	統計分析の知識と技術がある		
	機器の使用方法がわかる		
研究の実施可能性（先行研究の把握）	先行研究による裏付け（論拠）がある		
	仮説がある		
研究の実施可能性（調査協力者の確保）	観察できる研究フィールドがある		
	協力者（被験者、共同研究者）が確保できる		
	協力者の人権が確実に守られる		
	調査・実験に必要な許可を書面で得ている		
	予備調査・実験を実施できる		
研究の実施可能性（研究を行う環境の整備）	研究費がある		
	締切りまで時間がある		
	研究を行う時間が確保できる		
	実験・調査を行う場所が確保できる		
	必要な機器をもっている（借りられる）		
	周りの人の理解がある		

ない方がよい場合もある。あらかじめ設定した研究課題に引きずられて、他のもっと大事な事象を見落としてしまう可能性もあるからだ（西條 2007）。

第5章　目的と先行研究

とはいえ、仮説探索型研究であっても仮説検証型研究であっても、おおまかな研究課題を設定することから始まるだろう。そして、その研究課題に答えをだすことは可能かどうかを検討することが求められる。「研究課題を絞るべし」という指導教員のアドバイスは、実行可能かどうかを検討せよということなのだ。2つ目の具体策として、研究課題に答えを出すために必要なことリストの作成を提案したい。表5-1を利用して、自分の研究のために必要だなと思ったら、必要の欄にチェックを入れる。次に、現在それらがあるか、実行可能なら可能の欄にチェックを入れて、考えてみてほしい。その他の内容があれば加えてみよう。

現時点での実行可能性が把握できただろうか。必要だけれども無いものが多いならば、無いものを有りにすることが可能か、そのためにどれだけ時間がかかるかを考えなければならない。

2.4　用語の定義付け

リストであげた例はどれも大切なものだが、ここでは用語の概念の定義付けを取り上げる。自分の机の前の壁に「定義」と書いたポスターを張っておいてもよい程、大切である。指導教員の「あなたの研究における〇〇とは何ですか。定義は？」という質問も定番だ。〇〇には、日本語能力、第二言語習得、学習、レベル、処理過程、認知、ストラテジー、語用論、社会学などさまざまな用語や概念が入る。例えば、第二言語習得を〇〇に入れてみる。一般的には「第二言語習得とは、人が特定の第二言語を使用できるようになること」と定義することができる。しかし、研究課題を絞るというプロセスにおいては[2]、一般的な定義だけでは不十分である。一般的な第二言語習得という用語と、研究対象となる第二言語習得という用語の意味は異なるはずだ。「第二言語習得とは、人が（どんな特性の学習

[2) ただし、論文執筆や学会発表の際は、「研究であつかう狭い範囲（狭義）」を定義付けとして表現するかどうかに注意を払わなければならない。一般的な定義、先行研究での定義、自分の主張をサポートする定義、集めたデータにおける定義、それぞれの範囲を自覚することが大切だ。]

者？）特定の第二言語（日本語）を使用できるようになること（どのように？正確に？産出すればいい？測定方法は？）」というように、一般的な定義を研究のために操作して、より具体的な定義を設定する必要がある。この定義付けがあいまいなままリサーチデザインをしようとすると必ず壁にぶつかる。その壁を無視してデータを収集すると、データを前に途方に暮れる。少なくとも、現在の研究課題や研究題目に含まれる用語や概念の定義が、はっきりと提示できるならば、その研究は実行可能性が高いといえるだろう。

　具体例4の菊岡・神吉（2010）は、生活者としての外国人の第二言語習得を定義付けている。その定義が一般的な定義「第二言語習得とは、人が特定の第二言語を使用できるようになること」と異なることがわかるだろうか。

具体例4　菊岡・神吉（2010: 131）の定義

　生活者としての外国人の多くが、公的な教育機関での日本語学習経験をもたず、日常の諸活動における日本語使用を通して、非体系的に日本語を使用しているとすれば、彼らの第二言語習得はヴィゴツキー（2001）のいう外国語習得の方向性よりもむしろ、岡本（1985）のいう母語習得の方向性、つまり「言語使用に対して無自覚な一次的言葉から自覚性を伴う二次的ことばへ」という発達の方向性を示すと仮定できる。

　具体例5の石塚・河北（2013）は「～と定義することにする」という、より明示的な表現で「多文化社会型居場所感」の定義付けを行っている。

具体例5　石塚・河北（2013: 82）の定義

　本稿において、居場所は複数の人間関係の中で形成される場とする。（中略）　本稿では、地域の日本語教室にこの居場所の概念を採用したい。地域日本語教室では、生活習慣や言語、価値観などが異なる人々が人間関係を形成している。その場が先述したような対等な人間関係の中で、お互いを理解しながら自分らしくいられる場を形成していくプロセスが必要であ

る。多文化社会の側面をもつ居場所を「多文化社会型居場所」と呼ぶことにして、その場で個々人がどのように感じているかという感じ方を「多文化社会型居場所感」と定義することにする。

3．先行研究

　幸いにも研究の目的が決まり、研究課題を設定し、重要なキーワードを定義することができたなら、関連する文献をあつめて先行研究に取り組む段階に入る。

> 仲　間：なんとかテーマも決まって、先行研究を読んでいます。
> 建　部：それはなにより。
> 仲　間：関連文献を広げていくときりがないですね。いろんな文献を読まないといけないし。
> 建　部：確かに広がっていくけど、本当に自分と関わる論点は逆に狭くなっていくでしょ？
> 仲　間：確かにそうですね。関連分野の体系全体を把握しつつ、直接自分の研究と関わりそうな議論を絞りこんでいく作業って、矛盾しているようでおもしろいですね。
> 建　部：研究をすすめてみてもいろんな段階で、また先行研究の読み込みが必要になってくるよ。
> 仲　間：今のうちに読んでおけば、それでおしまいってわけじゃないんですね。

　自分の問題意識に関連する文献をあつめて先行研究をまとめる過程を通じて、研究者の視野を広げると同時に、研究課題を絞っていくこともできる。一見、矛盾しているようだが、この「広げる」「絞る」工程はどちらも必要だ。よって、文献研究は研究をすすめていくあいだに何度も繰り返して行う。研究の目的を決めるとき、研究課題を絞り込むとき、方法を選択するとき、結果を考察するとき等、さまざまな局面において、徹底的か

つ体系的に文献を検討し、研究の目的の理論的枠組みを明確にしておく必要がある。

Column 3　指導教員からのアドバイス

　筆者が行った論文執筆のワークショップ（第32回社会言語科学会研究大会）で得られたアイデアの一部を紹介しよう（岩田・義永・本田・渡部 2013）。国内でも研究グループ、研究会、学会主催の論文執筆ワークショップが実施され始めている。こうしたワークショップに積極的に参加してアイデアを共有し、論文執筆という重荷を少しでも軽減してはいかがだろうか。

1. 興味だけで始めてしまう、分野が定まらない、国だけ変えて使いまわし（深みがない）、先行研究の情報がありすぎて取捨選択ができないケース。→　研究テーマを20個用意して、そこから取捨選択してみてはどうだろう。
2. 研究テーマの絞り方がわからないので先行研究が選べないケース。→　質の高い10本の先行研究を読むことも大事だが、批判的に読みやすい先行研究を選び、批判的な読みを練習することも必要なのではないか。
3. 論文の構造が作れない、見取り図がない（章レベル・節レベル）、因子分析しただけ研究（考察まで至らない）等のケース。→　研究計画の時点で図式化してみてはどうだろうか。
4. 2つの説があるときに、どの程度、引用するかがわからないケース。→　どちらか1つを選んだ理由を自分の課題を踏まえた上で書ける（読者を説得できる）ことが必要。

文献研究を手際よくすすめていくには、いくつかのコツがある。これからさらに詳しく文献研究の過程について考えてみよう。

3.1 文献の検索

インターネットの発達により、多くの文献を簡単に収集することが可能となった。日本語で書かれた文献を探すなら、国立国語研究所の日本語研究・日本語教育文献データベース（http://bibdb.ninjal.ac.jp/bunken/）をおすすめする。「日本語研究・日本語教育文献データベース」には、以下の 2 つのデータベースが含まれている。

　①雑誌論文データベース（学術雑誌、大学紀要掲載論文：2025 年 2 月現在約 20 万 8 千件）
　②論文集データベース（論文集などの単行本に掲載された論文：2025 年 2 月現在約 3 万 4 千件）

データは、①②それぞれ、もしくは両方をまとめて検索し、CSV ファイル等でダウンロードすることができる。また、詳細検索では、著者名等の書誌情報のほか、キーワードや章タイトル、分野からも検索可能である。

英語で書かれた文献を探すなら ERIC（Educational Resource Information Center）と LLBA（Linguistics and Language Behavior Abstracts[3]）をすすめたい。1966 年から現在までの海外の教育関係の論文（研究報告、雑誌掲載論文等）約 120 万件を検索することができ、そのうち約 11 万件については全文を閲覧することが可能だ。海外の教育関係論文を調べる際、まず当たるべき検索サイトといえる。AI による論文検索も日々精度が上がっているが、検索結果の論文の出版社を確認するなど、活用するには注意が必要だろう。

また、多くの学会や出版社のウェブサイトにおいては、学術誌や学会発

---

3) LLBA とは、言語学に関する国際的な文献および言語科学関連分野の抄録と索引を収録するデータベースである。このデータベースは音声学、音韻論、形態論、統語論、意味論といった言語研究のあらゆる側面を網羅している。LLBA と ERIC による具体的な検索方法については所属大学の付属図書館に問い合わせてほしい。

第2部　日本語教育研究マニュアル

表資料のデータベースが公開されている。

　㈳日本語教育学会（http://www.nkg.or.jp/）
　WILEY ONLINE LIBRARY（http://onlinelibrary.wiley.com/）

　他にも論文検索サイトは、国立研究開発法人科学技術振興機構による「J-STAGE」（https://www.jstage.jst.go.jp/）や国立国語情報学研究所による「CiNii」（http://ci.nii.ac.jp/）や「Google Scholar」（http://scholar.google.co.jp/）などがある。Google Scholar は英語論文の引用リスト作成に便利だ。Google Scholar で論文のタイトルや著者で検索すると、論文タイトルと要旨の下に、「引用元（他の論文に引用されている数）」、「関連記事」、「引用」、「その他」というリンク先が表示される。この中の「引用」をクリックすると、書式設定した引用をコピー＆ペーストすることができる。
　一方、日本語学の分野はまだまだ紙媒体も重要である。例として、『国語学研究事典』（佐藤喜代治編）、『国語学大辞典』（国語学会編）、『言語学大辞典』（三省堂）、『日本文法大辞典』（明治書院）、『日本語学研究事典』（明治書院）、『国語年鑑』（秀英出版）、『国語学論説資料集』（論説資料保存会）、『現代日本語文法』1～7（くろしお出版）などがあげられる。
　ところが、これだけ恵まれた環境にあっても、管見の限り先行研究が見当たらないというケースはままある。

> 福　本：日本語のプレースメント・テストに関する先行研究を集めてるんですけど、あんまり無いんですよね。
> キ　ム：うーん、たくさんありそうだけど。どうやって調べたの？
> 福　本：CiNii です。
> キ　ム：じゃあ、検索する時、どうやって入力した？
> 福　本：え？「プレースメント・テスト」ですよ。あたりまえでしょう。
> キ　ム：あまいあまい、「プレースメントテスト」「プレイスメントテスト」「クラス分けテスト」「placement test」

> でも調べてみないと。同じキーワードでも書き方によってヒットする文献が違うんだよ。
>
> 福　本：　えー！！そんなの知りませんでした。

　福本さんのように文献が少ないと嘆く前に、その検索ワードが適切かどうかを検討してほしい。検索ワードが思い浮かばないならば、学術論文にはたいていキーワードが5つ前後ほど掲載されているので、それらを手がかりにしてもいいだろう。もしくは、当該の研究分野で多くの論文を書いている著者に焦点をあて、著者名で検索してもよい。このように検索の方法にもコツがある。検索サイトには必ずといっていいほど検索方法のヘルプページがあるので、面倒がらずに読むことをおすすめする。

　検索リストができあがったら、まずは所属大学附属の図書館で入手可能かを調べ、難しければ図書館を通じて文献複写を利用しよう。

3.2　文献の読み方

　文献を入手したら、自分の研究の目的に関連したものかを検討する必要がある。どの文献がより重要かを選別し、内容を体系立て、まとめていかなくてはならない。たいていの場合、多くの先行研究が見つかるだろう。そのため、どういった観点に注目して読むかを読む前に定めるのは難しい。「集めてはみたものの迷子になった」「どこまで集めて終わりにすればいいか分からない」というのはよく聞く悩みである。集めた文献の範囲が広すぎても狭すぎてもよくないが、どこかで「ここまで」と線引きすることが大切だ。研究をすすめていく中で、何度も収集しなおして読むわけだから、最初からあまり深刻にならないほうがいい。

　まずは、読んでいる文献の内容が現在設定している研究の目的に関連しているかを検討しなければならない。最も有効な方法は、要約（アブストラクト）から読むことである。文献の新しさ、何に掲載された論文なのかという情報も判断材料となりうる。前者については、最新のものから読み始め、過去にさかのぼるとよいだろう。しかし、中には古くとも一読すべ

き教科書のような文献もある。複数の論文で何度も引用されている文献は古くても読んでおいたほうがいい。後者の文献の出所については注意が必要だ。一般的に、学術誌の論文は質が高いものが多い。査読者による審査を通過して掲載されるからだ。一方で、学会発表や教育機関の紀要などに掲載されている文献は、研究の中間報告や萌芽的な研究であることが多く、審査が無いことも多いため、玉石混淆である。しかもこれらの文献はPDFで簡単にダウンロードできることが多い。文献リストに「紀要」という文字がならんでいるならば、PDFでは入手できない学術論文が不足しているかもしれないと疑ってみよう。

3.3　文献のまとめ方

　研究の目的に関連する文献を選んだら、それぞれを体系立てて整理しなくてはならない。整理したものは、簡潔で、後で論文の先行研究の章を書くときにできるだけ利用しやすい体裁であったほうがよい。色々なまとめかたがあるだろうが、ここでは1つの論文の先行研究の章を出発点に、表5-2のような表を作成することをすすめたい。

　このように1つの表にまとめると、その筆者がどのような観点で先行研究を整理し、研究課題に導いているのかが一目瞭然となる。栁田（2010）は、表の4つの文献を「母語話者の接触経験と共生言語に関する研究」として縦にまとめている。栁田は他にも、「情報やり場面に関する研究」「母語話者の情報やり方略に関する研究」という合計3つの軸で文献研究を行っている。そして、従来の研究では、教育経験のない母語話者のコミュニケーション方略が十分にあつかわれていない（＝穴）と指摘し、研究課題「母語話者のコミュニケーション方略に接触経験はどのような影響を及ぼすか」へ導いている。つまり、栁田が見つけた「穴」は調査の対象者と言語行動（情報やり方略）ということになる。この表をさらに発展させていくのであれば、研究方法の欄をいくつかの列（調査対象者、対象とした言語行動、など）に分け、重要な観点として加えてもいいだろう。

　試しに、いくつかの文献をこの表に加えて整理してみてほしい。縦のつ

第 5 章 目的と先行研究

表 5-2 柳田 (2010) の先行研究の例

先行研究 筆者名(出版年)	研究の目的 研究課題 仮説	研究の背景	研究方法	研究結果	筆者の研究課題	コメント
	研究の目的 研究課題 仮説	これまでの研究結果 理論的根拠 研究の重要性	主要な変数とその定義 データ収集方法と分析方法	主要な結果と結論 研究の背景との関わり 教育的示唆	筆者が導きたい研究課題	
大槻 (2006)	接触経験と排外意識との関係	これまで扱われてこなかった接触経験4種を取り上げた	4種類の接触経験 個人的属性 日本人対象	学歴が高い人、能動的な接触経験がある人ほど、排外意識が低い	個人の意識に社会的要因が関わっていることを示唆	
岡崎 (1994)	接触経験が言語に及ぼす影響	言語内共生化という過程に言及	記述無し	母語話者も共生言語を学習すると指摘	接触経験の多寡によってコミュニケーション方略に違いがあるのではないか	
村上 (1997)	接触経験が言語行動に与える影響	記述無し	接触経験が異なる4グループ 意味交渉の方法と頻度	接触頻度が高いグループが積極的かつ強力的	接触経験の違いによって母語話者の言語行動に差がある	
増井 (2005)	接触経験を通じた母語話者の修復的調整の変化	記述無し	接触経験 修復的調整の頻度、方法、表現	接触経験によって修復的調整の頻度、方法、表現に変化があった	接触経験の違いによって母語話者の言語行動に差がある	

ながりで、文献を縦にまとめてグループにできるかもしれない。横のつながりに一貫性がない文献もあるかもしれない。先行研究同士の共通点や違いを見つけ、それらをグルーピングしたり、比較したりして、まだあつかわれていない「穴」を探し、最後にその「穴」たちを1つの研究課題につなげていくのが理想である。くれぐれも、ただならべただけで満足しないことが大切だ。

　このように複数の文献を記述しまとめることは、研究の理論的根拠を最終的に提示していくことにつながる。理論的根拠は研究の正当化と言い換えてもよい。文献研究を通して、自分の研究はなぜ行われる必要があるのか、意義のある重要な新しい発見を導くことができるのかを読者にアピールすることを目指してほしい。

3.4 「先行研究」の章を書く

　文献研究がすすんだら、卒業・修士・博士論文や投稿論文の「先行研究」の章を書くことになる。過去の研究の中で自分の研究がどう位置づけられるのか、なぜ自分の研究（の研究課題）が重要なのかを、論文の読者や指導教員に納得させるためだ。学部生や修士課程の院生ならば、データを収集する前に「先行研究」の章を書いておくことをおすすめする。先行研究のまとめを形にせずデータを収集してしまうと、どんなデータが得られたとしても、考察に何を書いていいか分からないという恐ろしいことが起こる。そもそも分析結果の解釈ができない、そもそもデータ収集の方法が間違っていた、そもそも何年も前に他の人が取り組んでいた、という事態も少なくない。こうした事態が、なぜ起こってしまうのか。それは、なぜ自分の研究が重要なのかが自分でわかっていないからだ。もしくは、先行研究を読んでいないために、研究領域の知識、資料の集め方や論点の整理の仕方、研究をすすめるために必要な技術等が身についていないからだ。こうした研究能力を身につけるためにも、早い段階で「先行研究」の章を書いておいたほうがよい。ただし、大量の先行研究におぼれてしまってはならない（第7章参照）。

第5章　目的と先行研究

　博士課程の院生ならば、「先行研究」の章を発展させて、レビュー論文（review articles、総説、展望論文、ナラティブ・レビュー）として雑誌等に発表することをおすすめする。レビュー論文とは、先行研究の動向を整理することを目的とした論文のことで、メタ分析[4]も含む。レビュー論文には以下の3点が含まれる。独自の視点で先行研究の内容をまとめ、研究の進展状況を提示すること、先行研究それぞれの関連性、整合性、矛盾点、相違点などを確認すること、問題解決に向けての具体案を示すことである。レビュー論文を書き、複数の文献を読んでそれを総括する技術を身につけることは研究分野の専門家（博士）になるためには避けて通れない。残念ながら日本語教育研究では、『日本語教育』をはじめ定期的にレビュー論文が掲載される雑誌がない。日本語学の分野では、雑誌『国語学』の展望号が毎年刊行され、レビュー論文が掲載されている。第二言語習得研究や応用言語学の分野では、雑誌『第二言語習得の最前線』や『Annual Review of Applied Linguistics』に掲載されるレビュー論文をおすすめしたい。

　先行研究との「おつきあい」は研究課題を設定する時から始まる。研究課題が決まった後も、リサーチデザインをする際、データを解釈する際、考察する際など、何度も先行研究に立ち返ることになる。その度に「先行研究」の章を改訂していくことで、研究課題の意義がよりわかりやすくなる。

大　平：　いろいろ悩んだけど、「接触経験が言語行動に違いを及ぼすか」っていうテーマに決めたんですよ。

織　田：　よかったですね。それならまずは同じテーマの論文で、全国区の学会誌に載った栁田（2010）がおすすめよ。

大　平：　ああ、お名前は知っています。

織　田：　先行研究のまとめかたを見習ってみたら？表5-2のようにまとめると、空欄がちらほらでてくるでしょ？そこを原典にあたって埋めていけばいいよ。

---

[4] メタ分析とは、統計分析を用いた複数の研究を統合したり比較したりする手法や統計解析をさす（山田・井上編2012）。メタ分析については第5章コラム4「メタ分析」を参照されたい。

> 大　平：　ああ、これはいいですね。
> 織　田：　桺田（2010）自体も追加しないとだめね。
>
> 大　平：　確かにそうですね。
> 織　田：　論文をただ読むだけじゃなくて、批判的に読むことも必要。表 5-3 を参考にしてみて。

　ただし、これら全てを批判する必要は無い。複数の先行研究に共通して批判できる点を見つけたら、それを軸として先行研究をまとめ、最終的には「今後も研究が必要か（＝自分の研究課題に意義があるか）」に二重丸が付けばいいのだ。そのためには、繰り返すようだが、先行研究のまとめ

表 5-3　先行研究の批判的検討リスト

要検討	批判内容
	筆者が語る研究の意義に納得できるか
	筆者が設定した研究課題に意義があるか
	用語の定義に一貫性があるか
	研究領域のこれまでの経緯が書かれているか
	筆者のこれまでの研究との位置づけが書かれているか
	研究領域の隣接領域や他の分野との関係について書かれているか（社会心理学、文化人類学など）
	筆者がまとめた先行研究に足りない文献（新しいものなど）はないか
	筆者とは違う先行研究のまとめ方（枠組み）はないか
	筆者のリサーチデザインは適切か
	十分なデータが提示してあるか
	筆者のデータの解釈に矛盾や飛躍はないか
	筆者のデータの解釈は可能か（他の解釈の可能性はないか）
	筆者が設定した研究課題は全て明らかになったか
	先行研究とは異なる結果（新たな知見）が提示されているか
	結論は応用可能か（教育的示唆やその他の研究など）
	筆者の今後の課題は解決する見込みがあるか
	今後も研究が必要か（＝自分の研究課題に意義があるか）

方(軸、独自の視点)を絞ることが重要である。柳田の先行研究の軸は調査の対象者と言語行動の1つ(情報やり方略)であった。他にも、研究者別、研究年代別、問題領域別(排外意識、意味交渉、コミュニケーション方略など)、研究対象者の特性別(母語、年齢、接触経験など)、研究方法別(量的か質的か、実験か調査か、横断か縦断か、など)といった軸が考えられる。しかし、これらの全ての軸についてまとめるのは事実上不可能だ。そこで、自分の研究課題の重要性を説くために必要な軸に絞ることになる。絞ったものの中から、先行研究を配列し(節ごとにグルーピングし)、それぞれを解説し、これまでに何がわかったのか/何がわかっていないのかを明確に書く。これまた繰り返しになるが、絶対に「ただ並べただけ」で満足してはいけない。具体例として武村(2011)の「先行研究」の章をあげる。

具体例6　武村(2011)の「先行研究」の節

　武村の題目は「中国人日本語学習者の授受動詞文理解に影響を及ぼす要因—視点制約と方向性に着目して—」である。先行研究の節題は、「2.先行研究と問題の所在」となっており、節は立てられていない。そこで、ここではあえて下位の節を立てて見出しを作ることで、先行研究の軸を明示する。

2-1　授受動詞の習得順序
2-2　授受動詞の習得に影響を与える要因(視点制約と方向性)
2-3　学習者のレベルによる授受動詞文生成テスト成績の違い
2-4　中国語の授受動詞体系の転移
2-5　残された課題(産出データではなく実験による要因の特定、授受動詞文生成テスト実施時における時間制限の重要性)

　このように節の見出しを見れば、先行研究が研究の目的(題目)に対応する形でグルーピングされ、研究課題に向かってスムーズにストーリーを形作っていることがわかる。
　試しに、武村のストーリーを読み手の立場に立って追ってみよう。題目を読んだとき、単純な疑問が浮かぶ。「なぜ中国人学習者に着目したのか、

なぜ授受動詞文なのか、文理解とは何か、視点制御とは何か、方向性とは何か、視点制御と方向性以外に要因はあるのか……」こういった読者の疑問を解消するための論拠、自分の研究に価値があると読者に納得してもらうための論拠が「先行研究」の章となる。

ともかく、最初は支離滅裂なストーリーでも構わないから、「先行研究」の章を書き始めてみよう。書き手と読み手の立場を行ったり来たりしながら、内容を何度も検討し、ストーリーを磨いていこう。

Column 4　メタ分析（meta-analysis）

　メタ分析は、関連する研究を系統的に集め、その知見を統計的に統合する分析方法である（In'nami & Koizumi 2010）。一般的に、メタ分析は(1)研究課題を決める、(2)先行研究の検索を徹底的に行い、それらの中から対象となる文献を精選する、(3)統計分析の報告部分からデータ（サンプルサイズ、平均値、標準偏差、結果に影響しそうな被験者の特性など）を抽出する（＝コーディング）、(4)コーディングした情報を統計的に統合し、分析と解釈を行う、という流れで行う（Cooper 1989）。外国語教育学の分野においては、メタ分析をあつかう研究が増加しつつあるが（Ellis & Sagarra 2011; In'nami & Koizumi 2010; Masgoret & Gardner 2003; Norris & Ortega 2000; Zhao 2003; Oswald & Plonsky 2010）、日本語教育学においては見られない。メタ分析を実施するには統計に関する専門的な知識を要するが、メタ分析そのものが研究論文となるので、これから増えて行ってほしい分析である。メタ分析の具体的な方法については、平井（2012）、In'nami & Koizumi（2010）が詳しい。

第 5 章　目的と先行研究

▎課題

1　本文中にあった、「私のまわりの日本人は何年も英語を勉強しているのに全く上手にならない。日本の英語の教え方は文法中心だ。だから文法中心の教え方はよくない」という論から、「日本語を教える際にはコミュニケーションを中心にすべきだ」という答えを出したレポートは、なぜ問題があるのか考えましょう。
2　手元にある論文のアウトラインを複数確認し、構成を比較しましょう。すでに公表済みの論文の場合、章や節の番号が付いている、見出しにあたる部分を順にとりだしていくとアウトラインができあがります。
3　2.であつかった論文の研究課題は仮説探索型か仮説検証型か考えましょう。
4　2.であつかった論文の先行研究の章を読み、どのような節（見出し）で構成されているか箇条書きにしてください。そのリストと、先行研究の題目、先行研究の研究課題を並べて、一貫性があるか考えましょう。

▎参考文献

石塚昌保・河北裕子（2013）「地域の日本語教室で居場所感を得るために必要なこと―『文化社会型居場所感尺度』の活用―」『日本語教育』155 号，81-94.

岩田一成・義永美央子・本田弘之・渡部倫子（2013）「論文執筆における失敗例の類型論―効果的な論文作成指導に向けて―」『社会言語科学会第 32 回大会発表論文集』，193-197.

ヴィゴツキー，L. S.（柴田義松訳）（2001）『思考と言語』新読書社

大槻茂実（2006）「外国人接触と外国人意識― JGSS-2003 データによる接触仮説の再検討―」『JGSS で見た日本人の意識と行動：日本版 General Social Surveys 研究論文集』5（JGSS Research Series No.2），149-159.

岡崎敏雄（1994）「コミュニティにおける言語的共生化の一環としての日本語の国際化」『日本語学』13，60-73.

岡本夏木（1985）『ことばと発達』岩波新書

菊岡由夏・神吉宇一（2010）「就労現場の言語活動を通した第二言語習得過程の研究―『一次的ことばと二次的ことば』の観点による言語発達の限界と可能性―」『日本語教育』146 号，129-143.

倉田久美子・松見法男（2010）「日本語シャドーイングの認知メカニズムに関する基礎研究―文の音韻・意味処理に及ぼす学習者の記憶容量，文の種類，文脈性の影響―」『日本語教育』147 号，37-51.

国立国語研究所「日本語研究・日本語教育文献データベース」〈https://bibdb.ninjal.ac.jp/bunken/〉（2025年3月1日）

国立情報学研究所「CiNii」〈http://ci.nii.ac.jp/〉（2025年3月1日）

西條剛央（2007）『ライブ講義・質的研究とは何か（SCQRMベーシック編）』新曜社

㈳日本語教育学会〈http://www.nkg.or.jp/〉（2025年3月1日）

朱桂栄・砂川有里子（2010）「ジグソー学習法を活用した大学院授業における学生の意識変容について」『日本語教育』145号，25-36.

武村美和（2011）「中国人日本語学習者の授受動詞文理解に影響を及ぼす要因―視点制約と方向性に着目して―」『日本語教育』148号，129-142.

平井明代編著（2012）『教育・心理系研究のためのデータ分析入門』東京図書

増井展子（2005）「接触経験によって日本語母語話者の修復的調整に生じる変化：共生言語学習の視点から」『筑波大学地域研究』25，1-17.

村上かおり（1997）「日本語母語話者の「意味交渉」に非母語話者との接触経験が及ぼす影響」『世界の日本語教育』7，137-155.

柳田直美（2010）「非母語話者との接触場面において母語話者の情報やり方略に接触経験が及ぼす影響―母語話者への日本語教育支援を目指して―」『日本語教育』145号，13-24.

山田剛史・井上俊哉編（2012）『メタ分析入門―心理・教育研究の系統的レビューのために―』東京大学出版会

渡部倫子（2005）「日本語学習者の発話に対する日本語母語話者の評価―共分散構造分析による評価基準の解明―」『日本語教育』125号，57-75.

Cooper, H. M.（1989）*Integrating research: A guide for literature reviews*（2nd ed.）. Thousand Oaks, CA, US: Sage Publications, Inc.

Ellis, N. C. & Sagarra, N.（2011）Learned attention in adult language acquisition. *Studies in Second Language Acquisition*, 33(04), 589-624.

Google Scholar〈http://scholar.google.co.jp/〉（2025年3月1日）

In'nami, Y. & Koizumi, R.（2010）Database selection guidelines for meta-analysis in applied linguistics, *TESOL Quarterly*, 44(1), 169-184.

Masgoret, A. M. & Gardner, R. C.（2003）Attitudes, motivation, and second language learning: A meta-analysis of studies conducted by Gardner and associates. *Language Learning*, 53(1), 123-163.

Norris, J. M.& Ortega, L.（2000）Effectiveness of L2 instruction: A research synthesis and quantitative meta-analysis. *Language Learning*, 50(3), 417-

528.

Oswald, F. L.& Plonsky, L. (2010) Meta-analysis in second language research: Choices and challenges. *Annual Review of Applied Linguistics*, 30, 85-110.

Seliger, H. W. and Shohamy, E. (1990) *Second Language Research Methods*. Oxford Univ Press.

WILEY ONLINE LIBRARY 〈http://onlinelibrary.wiley.com/〉(2025年3月1日)

Zhao, Y. (2003) Recent developments in technology and language learning: A literature review and meta-analysis. *CALICO journal*, 21(1), 7-27.

第6章
研究計画

1. はじめに

> キ　ム： 博士論文では、外国人配偶者の日本語習得の縦断研究をしようと思ってるんですよ。
> 飯　野： 縦断研究って、調査期間はどれぐらい？
> キ　ム： うーん、3年ぐらいかな？博士って3年ですもんね。
> 飯　野： 3年っていっても、博論提出の締め切りは10月だし、データをまとめて分析したり論文にまとめたりする時間もいるから注意。
> キ　ム： 3年全部調査にかけるっていうのは無理なんですね。
> 飯　野： そもそも、調査に協力してくれそうな人はいるの？
> キ　ム： いや、わたしがこれからステキな日本人の彼をみつけて結婚して、自分を分析するつもりです！
> 飯　野： 壮大な計画だね〜。

　研究を実施するためには、その全体像をあらかじめデザインしておくことが重要である。例えば料理をする時のことを考えてみよう。「冷蔵庫にたまたま入っていた材料を適当にあわせてみたら、こんなにおいしい料理になりました！」というのは熟練した達人の技であり、初心者にできることではない。まずは、何を作るかを決めて（＝目的と課題）、同じようなレシピを探し（＝先行研究）、材料（＝データ）と調理のしかた（＝リサーチデザイン）を決めなければならない。また、いくらおいしくできあがっても、腹ぺこのゲストを3時間も待たせるのでは意味がない（＝研究のスケジュール）。本節では、研究を始める前

にどのような点について計画を練っておくべきかについて検討する。

2．研究のスケジュール

どんな研究にも「締め切り」が存在する。大学教員などのプロの研究者でも、学術誌の投稿や学会発表のエントリーの期限、研究助成を受けた場合の報告書の提出期限など、いつも締め切りに追われているといっても過言ではない。しかし逆にいえば、締め切りがあるからこそ、終わりのない過程である研究活動に1つの区切りがつけられるという面もある。

> 福　本：　あ、先輩、先日修士論文を提出しようとしたら印刷に手間取って、締め切りぎりぎりになっちゃって……。
> 堀　田：　それで間に合ったのかな？
> 福　本：　ゼミのみんなに手伝ってもらってなんとか。
> 堀　田：　ラッキーだったね。
> 福　本：　もちろん後で謝ってまわりましたし、林先輩にすごく怒られました。
> 堀　田：　もし間に合わなかったら、受け取ってもらえないよ。
> 福　本：　でもあの先輩、私にバカっていったんですよ〜親にもいわれたことないのに！

大学・大学院で研究に取り掛かった場合、まず大きな壁として立ちはだかるのが卒業論文・修士論文の締め切りであろう。世の中には比較的融通のきく締め切りもあるが、卒業論文・修士論文の締め切りは、1分の遅れも許されない厳密なものであることがほとんどである。長い人生、1年や2年の回り道は人間を豊かにするという考え方もあるが、できれば最初は、当初の予定の中で論文が提出できるように計画をしておこう。例えば、修士課程（博士前期課程）で修士論文を仕上げることを考えた場合のスケジュールの一例が表6-1である。これはあくまでモデルなので、具体的な状況や研究テーマにあわせて、オリジナルのスケジュールを作成してほしい。

第6章　研究計画

表6-1　修士論文のモデルスケジュール

学年	学　　期	やっておくべきこと
M1	前期／1セメスター	大まかなテーマの決定
		先行研究の収集と検討
	後期／2セメスター	（引き続き）先行研究の収集と検討
		暫定の研究課題・研究計画の設定
		パイロットスタディ
M2	前期／3セメスター	研究課題の確定
		データ収集・整理
		データ分析
	後期／4セメスター	（引き続き）データ分析
		論文執筆・提出
		報告会準備・発表

※これは横断研究を実施する場合の例なので、縦断研究を行う場合は、もっと早く（遅くともM1の後期（2セメスター）頃には）データ収集を開始しておく必要がある。

3．リサーチデザイン

林　　：ようやく調査に協力してくれる学校ができて、来月、読みに関する教授法の効果の検証ができるようになったんだ。準備が忙しい～。

堀　田：どんな準備がいるの？

林　　：グループをどうやって分けるかとか、授業の手順とか、いろいろ準備しておかなくちゃ。

堀　田：林さんのような研究は、データ収集に取り掛かるまでの準備や計画が勝負だもんね。

林　　：そうそう。一度調査を始めてしまうと、もう後戻りはできないからね。協力者の人に、今回は失敗だったからもう一度お願いします、なんていえないし。

堀　田：文法研究の場合は、計画なんて立てにくいなあ。先行研究を調べつつ、あとはひたすら例文探し！

> 林　　：　へ〜。
> 堀　田：　何かひらめいて形にできるようになるまで考え続けるんよ。
> 林　　：　まじで！？何もひらめかなかったらどうするの？
> 堀　田：　神様に祈るんよ。虫とか小動物を愛してみたり…。
> 林　　：　日頃の行いを改めるってことね。
> 堀　田：　電車に乗っても、テレビを見ても、いつも例文を探している感じ。
> 林　　：　そうか、お互い日本語教育のための研究といっても、あつかう対象によって研究方法がずいぶん違うんだ。

　日本語教育に関わる研究には、いくつかのタイプがある。第5章であげた仮説検証型と仮説探索型もその1つであるが、他にも下のような分類方法が考えられる。
　(1)　研究対象による分類
　(2)　時間軸による分類
　(3)　介入や統制の有無による分類
　(4)　対象の数や研究者の立ち位置による分類
以下、順に説明していこう。

(1)　研究対象による分類

　本書の第2〜4章は、これまでに行われてきた日本語教育研究の動向を、対象ごとに分けて（日本語・学習者・教育・社会）紹介してきた。詳細は第2〜4章を参照いただくとして、ここでは対象の違いがリサーチデザインにどのように影響するのかについて考えてみる。
　日本語に関する伝統的な研究は、上の林さんと堀田さんの会話でも紹介したように、あらかじめリサーチデザインを考えるのが非常に困難な分野である。絶えず例文を収集しながら、論の展開を考え、また収集した例文の検討に戻ったり、足りない例文の収集に戻ったりという繰り返しである。線上にすすんでいくのではなく、ぐるぐるスパイラルに研究がすすんでい

く。つまり、研究の初期段階で最後までの見通しを立てるのは困難であり、ある程度「神待ち」の時間が生じることを覚悟しておく必要がある。

　社会に関する研究では、まず研究対象を何にするかを決めてから、リサーチデザインを決めていくケースが多い。どのような調査ができるかという条件が、対象によりさまざまに異なっているからだ（第12章参照）。

　学習者に関する研究と教育に関する研究は、リサーチデザインの点では共通する部分が多い。これらの研究の場合、デザインの詳細を決めるのは対象というよりも、研究の目的、すなわち、仮説探索型か仮説検証型かということであろう。仮説探索型研究ではデータ収集と分析が同時並行的（もしくは循環的）にすすむことが多い（この点では、上記の日本語に関する研究と似ている）のに対し、仮説検証型研究の場合、変数（独立変数・従属変数）や要因数、そして調査の手順をデータ収集に先立って詳細にデザインしておくことが重要である（第10章も参照）。

(2)　時間軸による分類

　ある時点、もしくは短い期間内にまとめて共時的に調査を行う研究は、横断研究（cross-sectional study）と呼ばれる。例えば日本語学習者の指示詞の使用実態を調べるために、初級・中級・上級の各グループから対象者を集めて一度にテストを行う、という形の研究をデザインすれば、それは横断研究となる。収集した3グループの結果を比較し、そこに違いがあれば、それがレベルによる使用実態の変化、すなわち発達過程を示すという考え方である。一方、特定の個人または集団に対し、時間の経過に沿って通時的に調査を行う研究は、縦断研究（longitudinal study）という。縦断研究で指示詞の使用実態を見る場合には、対象者に対して定期的にテスト（または作文やインタビューなど、指示詞を含む文や発話が収集できる活動）を実施し、その変化の過程を分析していくことになる。縦断研究の場合、時間がかかる、協力者に求められる負担が大きくなる、などの点が課題となる一方で、対象をよりきめ細かく分析することが可能になる。

(3) 介入や統制の有無による分類

　介入（intervention）とは、研究者が自分の研究の目的に応じ、協力者に対して何らかの働きかけを行うことを指す。仮説検証型研究の場合は、介入が必須である。例えばある教授法の効果を検証する場合、当該の教授法で行われる授業に参加するグループ（実験群：experimental group）と、実験群とは異なる教授法の授業に参加するグループ（統制群：control group）の少なくとも2つのグループを作り、それぞれに一定期間授業を行う。その授業の前後にテスト（事前テスト・事後テスト；プリテスト・ポストテストともいう）を実施し、点数の変化を2つのグループで比較する、といったデザインが考えられる。

　また、協力者の属性などの変数を、研究の目的に応じて設定・統制（コントロール）することもしばしば行われる（本章4.2節参照）。もしも、初めて仮説検証型研究に取り組むのであれば、まずは極めてシンプルな変数を設定してみることをお勧めする。1つの独立変数（independent variable）と1つの従属変数（dependent variable）である。研究者は、独立変数を操作して、その変化がもたらす結果（＝従属変数の変化）を測定する。独立変数の変化によって従属変数の変化を予測すると言い換えてもよい。

> 織　田：　今ね、「漢字の練習方法（書く／読む）という独立変数を変化させることによって、漢字テストの成績（従属変数）が変化するか」っていうことに興味があるんだけど…。
> キ　ム：　おもしろそうですね。学習者の漢字指導に生かせそうだし。
> 織　田：　そうね。でも練習方法以外に、学習者の属性とか教師の質とか指導法とか学習時間とか、いろんな要因が関わってくるでしょ？
> キ　ム：　なるべく他の要因は統制しておかないといけませんね。
> 織　田：　そうそう。何の調査かわからなくなってしまうから。

(4) 対象の数や研究者の立ち位置による分類

　仮説検証型研究では、母集団を代表するにふさわしい数の対象を集めて量的・統計的に分析することが必要となる（本章4.2節参照）。しかし日本語教育研究では、ある事例（ケース）に関わる情報を収集し、その特徴の記述を行うタイプの研究（事例研究・ケーススタディ）もしばしば行われる。事例が単一またはごく少数であるため、結果の一般化には慎重になる必要があるが、複雑な事象や個人の内面を詳細に、また時間の経過に沿って記述できるなどのメリットもある。ただし、研究の一般性や普遍的価値を重視する研究者の中には、ケーススタディをあまり高く評価しない人がいることも否定できない。とくに学位論文でケーススタディを行いたい場合は、指導教員の意向を早めに確認しておいた方がよいだろう。

　また従来の教育研究では、教育の実践者（教師）と、その観察や分析を行う研究者は別の立場とされることが多かったが、近年、実践者と研究者が協働して行う研究や、実践者自身が自らの実践を対象として行う研究が試みられている。（横溝 2000；春原・横溝 2006；第12章のコラム13「アクション・リサーチは研究になるか？」も参照）。

　このように、一言で研究といってもいろいろなタイプがあるので、自分の研究目的に応じて、また実現可能性も考慮しながら、どのようなタイプの研究を行うのかを検討してほしい。また、よりよいリサーチデザインのために指摘しておきたいのが、パイロットスタディ（予備調査）の重要性である。パイロットスタディとは、本調査に入る前により小さい規模で同様の調査を行い、研究が計画通りに実行可能かどうかを確認することである。いくら綿密な計画を立てたとしても、実際に調査を実施してみると、予想できなかった不備が生じる事が多々ある。これまでに述べたように従属変数に影響を与えうる調査・実験中の変数を操作・管理するためにもパイロットスタディは有効である。

林　　　：まいったよ、取ったデータが全く使えない！
仲　間　：テーマを変えて、「日本語学習者の依頼に対する断り」

> にしたんですよね。
> 林　　：そうそう。相手の人に依頼をしてもらって、自由に話してくださいって頼んだら、みんな断らないで引き受けちゃったのよね。
> 仲　間：依頼の内容がよくなかったのかもしれませんね。
> 林　　：予備調査をちゃんとやっておけばよかった。
> 仲　間：ええ！ぶっつけ本番だったんですか？そりゃダメでしょー。
> 林　　：俺、計画立てるの嫌いなんだよ。

4．データ収集

4.1　データの種類と特徴

　日本語教育学という学際的な研究分野では、あつかわれる対象やデータも多岐にわたるが、第1章でも示したように、研究対象と必要となるデータにはある程度の相関が見られることも確かである。日本語に関する研究（ここでは理論的な研究ではなく言語の記述を目指すものについて述べる）では収集すべきデータは例文であり、古くは小説や新聞などを読んで付箋を貼り、例文カードを作って整理するという方法が取られてきた。今もその重要性は変わらないが、今後はコーパスの利用が増えていくであろう。
　学習者や教育・社会に関する仮説検証型の量的研究では、研究者が計画・統制したテストやアンケートなど、研究者が計画・統制した条件のもとで、ある程度大量にデータを集められる方法が多用される。仮説探索型、あるいは質的研究では、学校をはじめ、さまざまな教育組織やコミュニティに長期間入りこんでの「観察記録」（ふつう観察者自身も観察結果に投影されるので「参与観察」と呼ぶ）や関係者からの聞き取り調査（非構造化インタビュー・半構造化インタビュー）など、研究者による現地調査（フィールドワーク）によって得られるデータが採用されることが多い。また、社会に関する研究では、官公庁が発表した文書、自治体やNPOなどの広

報誌や新聞、雑誌の記事、そして専門書、さらに最近ではウェブ上に公開される記事など、さまざまな文献（記述された）資料を精査して得られるデータを用いることもある。

次ページの表6-2は、日本語教育学関連の先行研究で多く用いられているデータについて、それぞれの利点（どのような分析に適しているか）と収集時の注意点をまとめたものである。これらを踏まえながら、あなたが選んだ研究対象の分析にはどのようなデータが必要となるのか検討してみよう。

表6-2にあげた特徴やテーマはあくまで一例なので、それぞれの詳細については本書の第9〜12章や、それぞれの方法を個別にあつかった入門書等を参照してほしい。また、ここでは便宜上、一つ一つのデータを分けて説明しているが、実際には、複数のデータ収集方法を組み合わせて研究を実施する（トライアンギュレーション）ことも多い。例えば、アンケートで集団全体の傾向を確認した上で、その中の何人かにインタビューを行い、アンケートでは拾いきれない個別の状況を探るような場合である。

4.2　データ収集のための注意点

研究課題と収集すべきデータが決まれば、次はそれをどのように集めるかを考える段階である。大学院に入ったばかりの学生は、しばしば「日本語学習者300人にアンケートを取る」「2つのクラスに協力を依頼して、別々の教授法を用いてその効果を検証する」といった研究計画をたてることがある。しかし、調査協力者の選定には細心の注意が必要であるし、データ収集には思ったよりもずっと手間がかかるということを肝に銘じてほしい。例えば、日本語学習者を対象とした調査の場合、ざっと考えただけでも以下のような項目について、どうするか一つ一つ決定しなければならない。そして、それぞれについて記述し、読者を納得させることで、研究の妥当性が高まるのである。

(1)　日本語学習者の属性をコントロールするか、するとすればどの程度コントロールするか。

表6-2　各種データの比較

データの種類	データの特徴	大まかな研究テーマの例	収集時に注意すべきこと
作例・先行研究の例文・用例辞典の例文	・研究者個人が思いついた例文、もしくは、先行研究で使用された例文。収集が容易。	・文法研究全般	・ある例文が正用／誤用とみなせるかどうか、人によって揺れがある場合もある。
小説・エッセイ・新聞・HPからの例文収集コーパス	・印刷して、またはウェブ上で公表されている言語資料の中から、研究テーマに沿った用例を探し出したもの。・データベース化されたコーパスも複数存在する（第9章参照）。	・文法研究全般・言語変異（レジスター、スタイル、ジャンル）・言語使用の経年変化・コロケーション	・膨大なデータの中から自分の研究テーマに必要な用例を探し出す根気が必要。・コーパスを使用する場合は探し出す負担は劇的に軽減されるが、言語情報処理に関する知識が求められる。
会話の録音・録画	・一対一、もしくは多数で行われた会話を録音・録画したもの。自然場面の会話と、録音場面（参与者の関係や話題など、何らかの要因をコントロールした場面）の会話がある。	・会話・相互行為研究全般・話者の属性による話し方の比較・相互行為におけるアイデンティティ・関係性の構築	・データの文字化やコーディングに非常に労力がかかる。・協力者の確保に時間がかかる場合もある。
フィールド（教室、職場など）での参与観察	・実際に現場に出向き、そこで行われている実践を観察し、記録したもの。集団または個の特性に関する「分厚い記述」を目指す（第11章参照）。・長期にわたる変化の過程の記述が可能。	・コミュニティとしての教室の形成過程・外国にルーツをもつ子どもたちの学校適応	・協力してくれるフィールドを見つけるには多くの場合紹介者や何らかのコネクションが必要。ゼロからフィールドを探すのは不可能ではないが、難しい。・縦断研究として行われることが多く、調査に時間がかかる。・論拠となる「分厚い記述」のための記述力が求められる。
実験	・統制群と実験群を定め、群（グループ）間の相違の有無を確認するもの、ある言語データを提示した場合の反応を測定するもの等。	・指導法・学習法の効果の検証・学習者のインプット処理過程	・統計処理の知識と技術が求められる。やり直しが困難なので、調査実施前に入念な計画が必要。

第6章 研究計画

テスト	・注目したい言語項目について、正しく認識／産出できるかを測定するもの。 ・実験におけるグループ統制にも用いられる。	・ある言語項目（指示詞・形容詞過去形等）の習得 ・読解における語彙（漢字）の閾値探索	・テスト作成、テスト項目分析の知識と技術が求められる。 ・やり直しが困難なので、調査実施前に念な計画が必要。
アンケート	・研究者があらかじめ作成した質問紙への回答を求める。言語産出、多肢選択、評価尺度などの形式がある。	・ある言語形式に関する語感・使用実態 ・言語や言語学習・指導法に関するビリーフ	・アンケート作成、データ処理の知識と技術が求められる。 ・協力を依頼した人が全員回答してくれるとは限らないことに注意が必要。 ・多変量解析（因子分析、重回帰分析など）をする際は、実験と比べて多くの協力者数が必要（第10章参照）。
インタビュー	・研究者が協力者に口頭で質問し、話してもらうもの。個人に注目した分析が可能となる。他の調査のフォローアップとして行われる場合と、インタビューそのものがデータとなる場合がある。	・教師／学習者のライフストーリー ・言語学習の動機づけ ・言語学習不安	・個々のケースを深く扱える反面、結果の一般化に課題がある。 ・量的な比較には向いていない。 ・質問の仕方によって検索の離易度が大きく異なる可能性がある。
文献	・書籍の他、雑誌、新聞など、全ての記述され、かつ公刊（公表）された（電子版を含む。ただし、そこから文例などのサンプルを取るものではなく、記述された情報そのものが、研究のデータとして使用されるもの。	・日本語教育史 ・日本事情 ・教材による教授法や教育思想の調査・分析 （文献を使った先行研究の調査・分析は全ての研究に共通して必要）	・直接、原著にあたること（孫引きは厳禁）。 ・母校の図書館（と、そのサービス体制）の充実度によって検索の難易度が大きく変わる。 ・論文執筆に絶対に必要な書籍は、なるべく購入して手元におくこと。

109

母語／出身／日本語レベル／居住地（外国語として日本語を学んでいるのか、第二言語としてか）／年齢／職業／性別等、検討すべき変数は多い。会話データの場合は、対話者との関係性（親しさ／目上・目下／年齢差／性差等）も考慮する必要がある。また、これらを元にグループ間の比較をする場合は、無作為抽出により「代表」となるサンプルを選ばなければならないし、グループ内のばらつきをコントロールしなければならない。例えば、上級中国語母語話者と中級中国語母語話者を比較する場合、上級中国語母語話者のグループは、全ての上級中国語母語話者（母集団１）を「代表」するサンプルであり、中級中国語母語話者のグループ（母集団２）と区別するのは「日本語レベル」という属性だけであることが求められる。上級中国語母語話者が日本在住の会社員ばかりで、中級中国語母語話者が中国在住の学生ばかりで構成されていた場合、「日本語レベル」だけではなく「居住地」「職業」という変数が影響してしまう。さらに、学習者は人間であるから、時間とともに変化する。時間をかけて縦断的にデータを収集する場合は、学習者の日本語レベルや学習者をとりまく環境が変容することを念頭に置くべきである。

(2) サンプルの大きさ

　研究においてサンプルの大きさ（サンプルサイズ、調査対象者や被験者の数）が小さすぎると、個人のばらつきの影響が大きくなる恐れがある。仮説探索型の研究においては、最適なサンプルの大きさについての絶対的なルールはないといわれている。むしろ、研究目的が個人のばらつきに焦点化されているからだ。しかし、仮説検証型の研究においては、サンプルを増やすことで個人のばらつきの影響をある程度解消できる。例えば、全ての上級中国語母語話者（母集団）を「代表」するサンプルが２の場合と１５の場合、どちらがよりよいかは明らかだ。ただし、サンプルが多くなればなるほど統計的な検定力

（power）[1]は大きくなるので、どんな小さな差でもサンプルさえ増やせば帰無仮説（差が無いという仮説。第5章コラム2「仮説の立て方」参照）を棄却できる。そのため、サンプルが大きすぎると、差が無いという仮説が正しいのに有意差があるとしてしまう危険性（第一種の誤り）が生じる。一方、サンプルが小さすぎると、差が無いという仮説が間違っているのに、有意差がないと判断してしまう危険性（第二種の誤り）が生じる。つまり、できるだけ小さいサンプルで検定力を大きくすること（＝第一種の誤りの危険性を小さくすること）が理想的[2]なのである（豊田 2009: 35）。自分の研究において、どのくらいのサンプルが必要かという疑問は、検定力分析（power analysis）で解決できる。検定力分析はフリーソフトの「G*Power 3」を用いるとよい。G*Power 3 の使い方については水本・竹内（2011）が詳しい。

(3) 調査・実験をいつ、どこで実施するのか。

　誰かに調査協力を依頼する場合、調査のスケジュールはあくまで協力者次第である。例えば学生に調査を依頼する場合、テスト期間中や夏休みに協力してくれる人は少ない。また学校やクラス単位で協力を依頼する際には、ほとんどの場合事前の審査や承認が必要であるため、かなり時間に余裕をもってお願いする必要がある。場所についても、空き教室等を借りるのか、協力者の指定した場所に行くのか、その場所は調査に必要なスペースや静穏さが確保できるのか、必要な機器が使用できるのか等、確認しておこう。

(4) 調査・実験をどのように実施するのか。

　日本語の習得には時間がかかるので、日本語学習者の変化は短期間では非常に少ない場合が多い。指導法や学習法の効果を証明したくて

---

1) 検定力とは、有意差を正しく検出できる確率のことである。この確率（検定力）が 0.80 以下の場合は第二種の誤りを犯す可能性が高くなる（Cohen 1992）。
2) とはいえ、サンプルサイズの目安が知りたいという方は、本書の第10章コラム12「サンプルサイズの目安」を参照されたい。

Column 5　被験者はコリゴリです

　筆者は大学院生時代、マンモス大学院で学んでいたため、他の院生から嫌というほど被験者をさせられました。まず頭に思い浮かぶのは、マンツーマン形式で、A4サイズ50枚にも及ぶ全記述式のアンケートを書かされたことです。「マンツーマンなんやからインタビューしろよ！」と思ったのですが初対面だったのと、何か謝礼が出るかもとスケベ心があったのとで頑張って答えました。はじめたはいいものの、全記述式なので全くすすみません。不思議なもので、嫌な思い出は完全に消去されるらしく、私の記憶からアンケート内容は完全に消えていますが、2時間近くかかったのは覚えています。そして期待していた謝礼は、相手の笑顔のみ。「お前はマクドか！？」といったかどうかは……秘密。

　次に思い出すのは、人間同士の距離を聞かれたアンケート。「お父さんと話す時の距離は何メートル？」てな質問が、「おかあさん、おじいさん、おばあさん、おとうと、いもうと、となりのひと、かいしゃのひと、どうきゅうせい」などなどえんえんと続くのです。一通りいろんな関係者が出終わったと思ったら、「お父さんとけんかする時の距離は何メートル？」、次は「お父さんと相談する時の距離は何メートル？」と続き、どの設問にも「おかあさん、おじいさん、おばあさん、おとうと、いもうと、となりのひと、かいしゃのひと、どうきゅうせい」ときます。みなさん、お察しの通り、途中から私は全て適当に書きました。確か15センチって書いた気がします。調査を混乱させてやろうなどという悪い心があったのかもしれません。

　調査をするときはまず、自分で答えてみましょう。そして、自分に聞いてください。「気持ちよく質問に答えられましたか？」ってね。

も、その効果を表すのにどのくらい時間がいるかという判断は難しい。データ収集や実験にかける時間についての明らかなルールは無い。データ収集の状況やデータ収集にかかる時間などさまざまな要因が関係してくるからである。現実的に研究者にできることといえば、「時間」を軽んじず、リサーチデザインやデータを解釈する際はさまざまな要因を必ず念頭においておくことだろう。

　また、先に述べたとおり、学習者は変容する。短い調査・実験期間の間にも変容しうるため、調査・実験をどのような手順で実施するかが重要になる。もっともよく起こりうる事例としては、練習効果がある。練習効果とは、被験者や調査協力者が何度も実験・調査に参加しているうちに、それに慣れてしまうことをさす。例えば、学習ストラテジーの利用を促す授業がテスト得点を上げるかどうかを検討する場合を考えてみよう。起こりうる課題として、事前テストに比べて事後テストの成績がよくなったのは、学習ストラテジーの授業の効果なのか、事前テストによる練習効果なのかが判別しにくくなることがあげられる。また、学習ストラテジーについてアンケート調査を行う場合も、アンケートに回答する中で、今まで学習ストラテジーをあまり使用してこなかった調査協力者が、学習ストラテジーを意識するようになってしまう、という事態も想定される。それぞれ学習上いいことではあるのだが、研究の妥当性を高めるには、調査・実験の手順によって、本来見たい要因が見られないという事態は避けたいものである。

(5)　調査・実験を実施する知識と技術があるか。
　初級〜中級程度の日本語学習者を対象とする場合、調査の依頼や説明は何語で行うかも意外な落とし穴だ。ポルトガル語が全くできない調査者が、日本語とポルトガル語の対照研究や、ポルトガル語母語話者に対するインタビュー調査を実施するのは、ほぼ不可能だといってよい。

5．研究計画書を書いてみる

　本章で検討したリサーチデザインの課題についてある程度考えたら、それを実際に書き出してみよう。116ページの表6-3は、ある大学院生が書いた研究計画書の例である。左の列が研究計画に関わる各項目、真ん中の列が現時点でこの院生が考えている計画の内容、右の列が自分で感じている問題点や、他の人に指摘してもらったポイントである。ここでは便宜上表にしているが、レジュメのような形でも、文章でもかまわない。とにかく、考えを他の人にもわかるように言語化していくことが重要である。そして、このような研究計画書ができあがれば、それを指導教員や、大学・大学院の友人に見せてアドバイスをしてもらおう。計画の段階で複数の人にチェックしてもらい、自分だけでは見つけられない穴や問題点を指摘してもらうことで、調査が実際にすすんでから頭を抱える危険性はずいぶん少なくなるはずである。また、研究がすすむにつれて、計画に変更が生じることも少なくない。研究計画を一度書いたら終わり、というのではなく、研究の1つの段階が終わるごと、あるいは学年や学期の節目ごとに計画を見直し、そのときの状況にあわせてどんどん書き直していこう。

第6章　研究計画

Column 6　批判を前向きにとらえよう

　自分の研究や研究計画の発表をしてくださいというと尻込みする人は多い。確かに、一生懸命考えた計画を根本的に否定されたらどうしよう、考えたこともなかった問題を指摘されたらどうしよう。そんな状況をイメージして、最初はどうしても気おくれしてしまうだろう。筆者自身も、修士のときに研究テーマの絞り込みがなかなかできずに指導の先生に相談に行ったところ、「そんなことが自分で考えられないようでは研究者としては落伍者です」と一喝され、すごすごと退散した日のことをまるで昨日のことのように覚えている。しかし立場を変えてみると、「批判する」というのは、なかなか気を遣う、骨の折れることなのである。それでもあえて先生がいろいろな批判やコメントをするのは、多くの場合、期待の裏返しだと考えてほしい。上述の筆者の場合も、数週間必死で考え、それなりの研究テーマと計画を携えて改めて相談に行くと、なんとか認めてもらえ、それ以降はいろいろなアドバイスを頂くことができた。振り返ってみれば、このしんどい時期こそが自分の成長のチャンスだったのである。

　しかし、先生のコメントが厳しすぎて立ち直れない、結局どういう点を改善したらよいのかわからない、といったときは、気軽に話し合える仲間に話を聞いてもらおう。第三者の客観的な目で見てもらうと、意外とあっさり解決の糸口がみつかることもあるだろう。また仲間同士で小さな研究会をつくって、一緒に論文を読んだり、研究発表をしあったりするのもおすすめだ。そういう場では、お互いのよい点を評価しつつ、率直なコメントを出し合い、win-winの関係を築いてほしい。そうして築いたネットワークは、きっと5年後、10年後のあなたの財産になっているはずだ。

第2部 日本語教育研究マニュアル

表6-3 研究計画の例

	現在の計画	検討・改善が必要な点
研究題目	接触場面の意見対立に対する日本語母語話者の言語行動	
研究の背景・先行研究	(第5章の説明や表5-2、表5-3を参考に整理する)	
研究目的	日本語母語話者と非母語話者が接触場面でうまくコミュニケーションするために、母語話者が学ぶべきことについて検討する。先行研究は情報提供場面や修復に注目しているものが多いが、本研究では少し視点をかえ、意見が対立する場面でどのように対処するかをポライトネスと絡めて分析する。また、対処方法が接触経験と関連するのかもあわせて検討する。	・「うまい」コミュニケーションとは何を指すのか。 ・意見対立場面の定義？ ・ポライトネスについてさらに検討が必要。(他に利用可能な概念/フレームワークは？)
研究課題	日本語による接触場面で意見の対立が生じた場合、日本語母語話者は自らの意見の表明および参与者間の意見の調整をどのように行うか。また、その行い方について、外国人との接触経験の多寡による差が認められるか。	・意見対立・意見表明・意見調整にどのような言語行動が関わるのか、さらに検討が必要。 ・全く意見対立場面が出てこない会話ではどうするか。
研究デザイン	横断研究。参与者の属性と話題については統制するが、会話のすすめ方については統制や介入は行わない。	・接触経験の多さをどのように定義するか。 ・日本語教師とそれ以外の人を区別するか。 ・接触経験、性別、対話者との関係以外に統制すべき変数はないか。
対象者	協力者は、外国人との接触経験が多い日本語母語話者20人と、接触経験が全くまたはほとんどない日本語母語話者20人。対話者として、日本語能力が中級レベルの日本語非母語話者20人に協力を依頼する(非母語話者は母語話者2人と会話する)。対話者の関係は、同性・初対面で統制する予定。	・対話者の日本語レベルは中級でよいか。レベル判定の根拠は？ ・そもそも、これだけの人を集められるか。集められても、ペアの設定や時間調整等をよく考えなければならなそう。
データの種類	母語話者と非母語話者の会話を録音・録画し、文字化する。	・データの文字化にかなり時間がかかりそう。

116

第6章　研究計画

データの集め方	日本語母語話者と、日本語非母語話者をランダムにペアリングする。2人を引き合わせ、最初10分程度はアイスブレーキングを兼ねて、自由に話してもらう。その後、意見の対立が起こりそうな話題について、15分程度話してもらう。会話終了後にフォローアップインタビューを実施して、会話の感想や対話者への印象等を尋ねる。	・意見の対立が起こりそうな話題とは何か。 ・本当は意見が違っていても、（初対面だし調査なので）適当に合わせておく人もいるかもしれない。 ・フォローアップインタビューで尋ねる内容を具体的に。
データの分析方法	1) 意見の対立が起こった場面をピックアップして、意見表明に用いられた表現やポライトネスストラテジーを抽出する。(仮説探索型/質的分析) 2) 表現やストラテジーを分類し、カテゴリーごとに頻度を数え、経験が多いグループと少ないグループで比較する。(仮説検証型/量的分析) 独立変数：接触経験、従属変数：ポライトネスストラテジーの使用頻度	・対立の内容面に注目する必要があるか。 ・非言語行動も分析の対象に入れるか。 ・言語行動の頻度の数え方はどうするか。 ・分析方法は妥当か。
予備調査	友人の日本語教師Aさん、大学院生Bさん、留学生のCさんに協力してもらい、予備調査を行う。	
その他、注意すべきこと	場所は大学の空き教室を利用する予定だが、協力者の都合によっては、協力者の指定した場所に行く可能性もある。録音には、自分のICレコーダーを用いる。録画は、大学のビデオカメラを借りる予定。	

117

第2部　日本語教育研究マニュアル

課題
1　以下の内容について、研究計画を書いてください。できあがったら、同じような分野に関心をもっている仲間と共有し、お互いにコメントやアドバイスをしてみましょう。
  (1)　問題意識・研究の背景・研究テーマ
  (2)　先行研究
  (3)　研究目的／研究課題（仮説検証型の研究の場合は仮説も）
  (4)　研究方法（対象／データの種類／データをどのように集めるか）
  (5)　スケジュール

参考文献
豊田秀樹（2009）『検定力分析入門—Rで学ぶ最新データ解析—』東京図書

ハインリッヒ・ハイネ大学デュッセルドルフ校の実験心理学研究所「G*Power3」〈http://www.gpower.hhu.de/〉（2025年3月1日）

春原憲一郎・横溝紳一郎（2006）『日本語教師の成長と自己研修—新たな教師研修ストラテジーの可能性をめざして—（日本語教師のための知識本シリーズ5）』凡人社

水本篤・竹内理（2011）「効果量と検定力分析入門—統計的検定を正しく使うために—」『2010年度部会報告論集　より良い外国語教育のための方法』，外国語教育メディア学会（LET）関西支部メソドロジー研究部会，47-73.

横溝紳一郎（著）・日本語教育学会（編）（2000）『日本語教師のためのアクション・リサーチ』凡人社

Cohen, J.（1992）Statistical power analysis. *Current directions in psychological science*, 1(3), 98-101.

第7章
論文の構成と研究成果の公表

1．はじめに

　ここまで目的、先行研究、研究計画といった論文の内容に関して論じてきたが、本章では具体的に論文を投稿する場面を想定したい。

　大学院に提出した修士論文は、他の大学の図書館に保管されたり、読みたい人が自由に読んだりすることができない。つまり、修士論文を書いただけでは、成果を公表したことにはならない。そのため、修士論文が完成して博士後期課程に進学した人は（早い人は修士／博士前期課程の在学中に）、研究成果を公開する必要がある。学会は大学を超えて研究を発表するための場を提供してくれる。学会で成果を公開して初めて研究者の卵として人に知られることになり、他の人に自分の論文を引用してもらえるチャンスを得ることになる。本章では、研究成果の公表について紹介したい。そのためには、論文の構成についても解説が必要になるであろう。以下、成果公表の方法・種類、論文の構成と執筆中に陥りやすい穴、投稿前の注意事項の順で紹介する。

2．成果公表の方法・種類

　成果公表の大まかな区分として大会発表と論文投稿がある。大会発表は学会や研究会で成果を公表することであるが、論文投稿に比べて採択率は高い。よって、まずは大会発表でデビューするパターンが一般的である。一言で学会や研究会といっても、大学の単位を超えて広く発表の場を与えている組織と学内で運営されている学会（研究会）は区別せねばならない。ここでは前者について紹介する（全国大会と地方大会という区別も重要で、

表7-1 大会発表の形態（日本語教育学会の場合）

	形　態	特　徴	時　間
1	口頭発表	研究内容を聴衆にわかりやすく伝える→質疑応答	発表20分 質疑10分
2	ポスター発表	ポスターを媒介として質疑応答、意見交換を行う	90分
3	パネルセッション	同一テーマに沿って、複数名が発表する	発表65分以内 討論25分以上

当然全国大会の方が評価は高くなる）。日本語教育学会を例にいうと、大会発表は、口頭発表、ポスター発表、パネルセッションに区分される。

詳細は大会研究発表規定を見るとよいが、ここでは口頭発表とポスター発表について紹介する。口頭発表は、比較的多くの人に自分の専門や名前を知ってもらえるというメリットがあるが、会場との交流は難しいというデメリットがある（もちろん口頭発表の終了後に発表会場や懇親会で意見交換を行うことはできる）。表7-1を見てわかるように、口頭発表は20分程度である。自分がこれまで研究してきた成果を20分にまとめて発表しなければならない。

林　　　：先輩、この前学会で発表してきたんですよ。
建　部　：あ〜、学会行くっていってたね。どうだった？
林　　　：好きな先生を生で見られたし、興味が似ている院生とも知り合えたし、夜行バスで行った甲斐がありましたよ。
建　部　：いろんなネットワークを作る上で、学会って大事やね。発表は？
林　　　：ちょっと内容を詰め込み過ぎて、かなり早口でやってしまったんですが、QAのときに質問した人が延々と自分の論文の話をしてきたんですよ……
建　部　：はは、そういうの見たことあるわ。
林　　　：僕が何も答えないうちに10分経って、チ〜ンですわ。
建　部　：あははは、口頭発表のQAって難しいね。

一方、ポスター発表は直接意見をもらってコミュニケーションが取れるというメリットがある。ダイアログ形式でやり取りができるので緊張感も比較的少なく初心者が最初のステップとして利用することが増えているが、一度に大勢の人に聞いてもらうことはできない。

機材やツールに関して言うと、口頭発表は予稿集をワードで書いて準備し、発表当日はパワーポイントのスライドショーで行うため、比較的一般的な技術で対応できる。一方ポスターは、きれいなものをA0版印刷で作ろうとすると、パワーポイントなどのソフトによるポスター制作技術や、自分の発表内容を一面で分かりやすく整理して並べる能力も必要になる（整理して伝える能力は口頭発表も同じではあるが…）。加えて、A0というサイズは家庭用印刷設備では対応できないため、所属機関の設備が整っていない場合は業者に頼むことになる。両者の長所短所をよく考えながら発表形態を選ぶべきである。

続いて論文投稿について述べる。これも日本語教育学会の例をあげると、投稿するには4つのカテゴリーがある。研究論文、実践報告、調査報告、研究ノートである。

詳細は、『日本語教育』投稿規定を参照されたい。自分の研究成果がどういったカテゴリーに当てはまるのかを考えるのは重要である。ここではそれぞれのカテゴリーにあてはまる論文を紹介する。比較的タイトルから内容が想像しやすいものを選んでいる。

表7-2　論文投稿のカテゴリー（日本語教育学会の場合）

	カテゴリー	特徴	ページ数
1	研究論文	オリジナリティのある研究成果がデータを用いて明確に述べられているもの	40字×39行で14ページ以内
2	実践報告	教育現場における実践の内容が具体的、明示的に述べられているもの	40字×39行で14ページ以内
3	調査報告	日本語教育にとって資料的価値が認められる報告	40字×39行で14ページ以内
4	研究ノート	基礎研究、中間報告として将来の研究につながる可能性のある内容	40字×39行で7ページ以内

具体例1　研究論文　菅谷（2010）
「日本語学習者による動詞活用の習得について―造語動詞と実在動詞による調査結果から―」
　日本語学習者が動詞の活用を習得する際、項目学習（item learning）であるのか規則学習（rule learning）であるのかを検討するためにテストを行っている。テストは実在動詞と造語動詞を用いており、その正答率の違いを分析している。結論としては、項目学習、規則学習の両者が関わっているとしている。2つの仮説から妥当な方を選ぶという仮説検証型の論文である。

具体例2　実践報告　椿（2010）
「コミュニケーション・ストラテジーとしての『聞き返し』教育―実践場面で使用できる『聞き返し』を目指して―」
　「聞き返し」の教育を中級会話のクラスで実践し、その結果を報告している。教育効果を測るために、教育前と後に母語話者と会話をしている。教育前に「聞き返し」ができなかった半数の学生は、教育後できるようになったと報告している。質的にも望ましい「聞き返し」ができていると述べている。

具体例3　調査報告　中川（2010）
「介護福祉士候補者が国家試験を受験する上で必要な漢字知識の検証」
　過去8回の国家試験を分析し、そこで用いられている漢字を調査している。まず、出現漢字の約90％をカバーするには漢字497字が必要であることを指摘している。続いて、介護分野に特化した既存の日本語教材を集め、それらで用いられている漢字では国家試験の50％未満しかカバーできないことも明らかにしている。

具体例4　研究ノート　宮永・大浜（2011）
「道教え談話におけるフィラーの働き―『あの』に注目して―」
　道を教えるという状況の談話に焦点をあてて、「あの」がもつ機能を検証している。道教え談話は、道順説明を行う「現行部分」とコミュニケーション上の問題への対処に関わる「副次部分」からなるとした上で、「あの」は「副次部分」の導入と関係が深いことなどを指摘し、話し手が聞き手の

理解に気を配る箇所で使用されていることを明らかにしている。

　成果の公表の中でも、論文を書く行為は研究者として非常に重要である。とくに査読付き論文を公表することは研究業績としての評価を高めることになる。次節からは論文の執筆という行為に特化して話をすすめたい。

3．論文の構成と執筆中に陥りやすい穴

　ここでは実際に論文を書くという状況を想定して、論文の構成を詳しく説明する。それから大学院生が犯しがちなミスについて紹介したい。

3.1　論文の構成

　投稿論文に限らず学位論文・一般的な研究論文に共通する論文の構成をここで確認しておく。これは、研究を論文として書く際の章立ての一例である。

表7-3　論文の構成の一例

	題目	論文のタイトル
	要旨・キーワード	論文全体の概要。日本語・英語など、複数言語での記載が求められる場合も多い。キーワードは、論文検索の際に非常に重要である。
序論	1.　はじめに	研究の目的・意義・研究課題
序論	2.　先行研究と研究の枠組み	先行研究の批判的検討・理論的枠組の説明・重要概念の定義・研究課題の設定
本論	3.　調査	調査・実験の方法
本論	4.　結果	調査・実験により明らかになったこと
本論	5.　考察	結果から考えられること
結論	6.　おわりに	研究全体のまとめ・今後の課題
結論	参考文献	原則として本文で取り上げたもののみ
結論	付録資料	文字化データ、テスト、アンケートなどの実例、調査協力者への依頼書など

(1) 題目

　論文の「顔」とでもいうべき、重要な部分である。内容がどんなに魅力的でも、読み手をひきつける題目がなければ、なかなか手に取ってもらえない。内容を明確に伝える簡潔な題目を考えたい。下記は、学会誌『日本語教育』に最近掲載された研究論文の題目の抜粋である。

① 日本語における動作主認識の副詞的成分の特徴
　　―「＊映画を怖く見ている」とはなぜ言えないのか―
② 継続的な文字チャットによる日本語学習者の終助詞「ね」の使用の変化―必須要素／任意要素の観点から―
③ 中級日本語学習者の読解における要点と構造の気づき
　　―要点探索活動と構造探索活動の統合と順序の影響を考慮して―

　これらを見ると、大きな研究の目的やテーマ・対象をメインタイトルに掲げ、具体的な分析の観点や研究課題を副題にあげることが多いとわかる。日本語の題目の場合、名詞が続くことが多いが、①のように研究内容がイメージしやすい具体的な疑問文を副題に含めるのも、読み手の興味をひくよい工夫である。一方、初心者が陥りやすい問題を含んだ例としては、以下のようなものが考えられる。どこが問題なのか少し考えてほしい。

④ 日本語学習者の談話能力の発達―中国語母語話者を対象として―
⑤ 電子メールによる依頼に対する日本語の「断り」
　　―対面的相互行為との比較―
⑥ 日本語教育のためのマルチメディア教材のあり方に関する一考察
　　―韓国人学習者教材を中心に―

　④はタイトルが大きすぎる。談話能力のどのような側面に注意するのかをはっきりさせたほうがよい。⑤は複合助詞が重複しているため冗長な印象を与える。⑥は「〜のあり方に関する一考察」が何を指すのか不明でどんな教材なのかもイメージしにくい。

(2) 要旨・キーワード

　要旨には、研究の背景・目的・方法・結果・結論をわかりやすく記述しておこう。制限字数にもよるが、上記の5つを1：1：2：2：1ぐらいの割合で書いていくとバランスのよい要旨が仕上がるだろう。キーワードでは、いくら重要でも意味が重複している用語（例えば学習ストラテジーとメタ認知ストラテジー）を両方あげるのは避けて、なるべく多くの読者の網にひっかかりそうな用語を選択するとよい（コラム7「投稿論文のフォーマット」参照）。要旨やキーワードは英語版も求められることが多いので、必ず早めに書いて、ネイティブチェックを受けておかねばならない。

(3) 序論

　序論は、その研究で何を明らかにするのか（研究の目的）、それがなぜ重要なのか（研究の意義）を、読者に伝える部分である。研究を行う原動力となるのは、研究者自身のそれまでの経験に基づく問題意識だろう。しかし、単に「面白そうだから」「気になるから」といった個人的な興味だけでは、読者を惹きつけることはできない。また、自分にとっては目新しいトピックであっても、同じ問題をあつかう研究がすでに存在するのなら、わざわざ時間と労力をかけて研究を行う意味がない。自分自身の問題意識とその研究の新規性をわかりやすく書かねばならない。

　もう一つ、序論で重要なのが研究全体の枠組みと重要な用語の定義を示すことである。例えば「第二言語の学習」といっても、個人の頭の中での認知過程ととらえるのか、周囲の環境との相互作用の過程ととらえるのかによって、分析の対象や方法は随分異なってくる。どの先行研究の枠組みや定義を援用するのか、あるいは先行研究を踏まえながら独自の定義づけを行うのかを明らかにしておこう。このように、あなたの研究における操作的定義（operational definition）を明確にしておくことによって、その研究の射程（何をあつかい、何をあつかわないのか）もより具体的になる（定義については、第5章2.4節参照）。

　また実践に基づく学際的な研究分野である日本語教育学の場合、社会背景を視野に入れておくことも重要である。第1章で示したように、日本社

会の変化に伴い、日本語を学習する人々の背景も大きく異なってきている。日本国外での日本語教育の場合は、当該国・地域の情勢に影響される部分も大きい。日本語教育関係者の間でどのような問題意識が共有され、何が喫緊の課題とされるのかは、社会のダイナミズムの中で変化していく。こうした時代の流れにも留意しながら、自分の研究が社会のニーズにどのような示唆を与えられるのかも考えておくとよい。

(4) 本論Ａ：調査・実験

「論文」と「作文」の最も大きな違いは、根拠が求められるかどうかであろう。作文なら「私はこう思う」「私はこれが好きだ」だけで十分なところが、論文では筆者個人の主観だけでなく、その具体的な根拠となるデータを提示する必要がある。例えば「近年、多文化共生が重要といわれている」とだけ書いた場合、あなたの指導教員はきっと「その根拠は？出典は？」と赤でコメントを入れてくるだろう。英語でいう"They say…"ではなく、誰がどこでそういっているのかを、明らかにしなければならない。

また、序論で述べた研究課題の答えを見つけ、研究の目的を達成するためには、ほとんどの場合独自の調査を実施し、新たにデータ収集を行う必要がある。コーパスなどのすでに公開されているデータを用いる場合も、分析の視点や方法についてはオリジナリティが求められる。本論では、まずこうしたデータの収集方法、分析方法について具体的に説明する（データの収集方法・分析方法の詳細については第三部参照）。

堀田：　あいづちに興味があって、先行研究を読んでいます。
織田：　なんかおもしろいのあった？
堀田：　それが、筆者はあいづちとは何かをはっきり定義していないので、同じ調査をしても追試ができないんですよ。
織田：　それはダメね。信頼性（reliability）がないもん。第三者が同じ調査をやっても同じ結果が出るようにはっきり書かないと。

第 7 章　論文の構成と研究成果の公表

> 堀　田： しかも、あいづちの研究といいながら、話し手のフィラーとかもカウントしているみたいなんすよ。
> 織　田： 妥当性（validity）もあやしいね。自分が調べたいことと分析内容がずれてたら話にならないなあ。それ、誰の論文？
> 堀　田： 織田先輩の卒業論文です。
> 織　田： うそ！！
> 堀　田： 冗談です。ははは。

　調査方法に関する情報は、研究の信頼性・妥当性を判断するために非常に重要である。信頼性（reliability）とは、「同じ研究や調査・実験を誰が何度行っても同じ結果が得られるか」を指す。一方、妥当性（validity）とは、「調査・実験や観察の視点が、自分の調べたいことを含んでいるか」を指す。

　また、日本語教育学が人をあつかう研究分野である以上、調査協力者のプライバシーを必要以上に公開しないなど、倫理的側面への配慮も必須である（詳細は第 8 章参照）。近年の論文では、調査の対象者を「被験者」ではなく「調査協力者」「参加者」などと呼ぶ例が増えているのも、こうした配慮の 1 つといえる。

(5)　本論 B：結果と考察
　調査方法の次には、その調査で得られた結果を説明する。結果の示し方は、量的分析を主に用いる仮説検証型の研究と、質的分析を主に用いる仮説探索型の研究とで、かなり異なることが多い。仮説検証型の研究の場合、しっかり練られた研究計画のもとで調査を行えば、基本的には誰が行っても同じ結果が得られるはずである（そうでなければ、研究の信頼性は保てない）。つまり、研究計画を立てる段階で、さまざまな側面から綿密に準備をしておく必要があるが、いったんデータが集まれば、その分析は比較的スムーズにすすむことが多く、結果の記述方法にもある程度決まったフォーマットがある。一方、仮説探索型の研究の場合は、膨大なデータ群

から自分で何らかの規則性を抽出し、その結果を説得力をもって読者に伝えなければならず、結果の記述方法にも、一定のフォーマットは（少なくとも今のところ）存在しない。難解な専門用語や統計手法を駆使して量的分析を行う仮説検証型の研究に比べ、一見敷居の低そうな仮説探索型研究の落とし穴がここにある。「インタビューなら私にもできそう」「とりあえず会話を録音してみたら、何か面白いことがわかるかもしれない」といった理由で仮説探索型の研究を始めた人は、分析の段階で頭を抱えてしまうかもしれない。

　結果の次には、考察を書く。両者は分けて示すべきである。なぜなら、同じ1つの事実（結果）でも、それをどのように解釈（考察）するかは研究者の立場によって異なるからである。土屋・齊藤（2011）は、考察で述べる内容を表7-4のようにまとめているので参考にしていただきたい。

　考察では、先行研究の指摘を踏まえて議論がなされることが多いが、考察になって突然新しい先行研究を出してくることのないよう、予め先行研究のところで紹介しておくべきである。

　ところで、期待通りの結果が得られなかったらどうするのか。例えば、仮説を支持する結果が出なければ「失敗」と思いがちだが、それは早計であろう。なぜ期待した結果に至らなかったのかをさまざまな角度から検討し、次へつなげる考察ができれば、それは十分に価値のある成果といえる。また、よく似た研究課題と方法で行われた先行研究があれば、それらの結果との異同と、なぜその異同が生じたのかを検討することも重要である。

(6)　結論

　結論では、研究で明らかになったことを改めて整理する。質問として提示された研究課題への、その研究なりの答えを示すと言い換えることもできる。今回の研究ではあつかえなかった問題や、調査の過程で明らかになった今回の研究の不備も、今後の課題として明記しておく。

　1つの研究が終われば、おそらくその研究で明らかになったことの倍以上の「新しい疑問」が湧いてくるだろう。ある意味、よい研究とは今まで考えもしなかった新しい謎に気づかせてくれるものである。1つの研究を

表7-4 考察で述べる内容（土屋・齊藤 2011：132、一部改）

1．序論で述べた疑問、論点への回答としての調査結果の提示と説明
　(1)　結果のどれが疑問に対する回答となっているか
　(2)　それを裏づける結果や論理
　(3)　引用文献を示しての補足的な説明と強化
　(4)　想定される批判や矛盾への防御の記述
　(5)　この研究内で矛盾する結果がある場合の説明
2．他の研究や報告との整合性、矛盾はあるか
　(1)　先行研究結果を簡潔に引用しつつ同様あるいは異なる結果の提示
　(2)　これらの解釈と矛盾する場合は考えられる理由
3．この調査研究での方法上、解釈上の限界は何か
　(1)　計画できなかった、あるいは実際に実施できなかった方法
　(2)　そこから想定される結果の解釈と適用、活用上の限界と注意点
　(3)　仮定や条件設定の正当性あるいは不確実性
　(4)　今後どのような研究を行えばその解決が望めるか
4．この研究の新規性、位置づけと展望
　(1)　この研究の独創的な点
　(2)　予想外の発見があればその内容と今後の扱い
　(3)　この研究のこの分野での位置づけと貢献
　(4)　この結果から今後行うべき研究の提言

実施する過程でのさまざまな試行錯誤や他者との対話によって、あなたの思考は前よりもずっと広く、深くなっているに違いない。

3.2　陥りやすい穴

飯　野：　論文の執筆はすすんでる？
林　　：　なんとかがんばっています。先行研究、実験説明、結果まではすらすらと書いて来られたんですが、考察になってちょっといいことを思いついたんですよ。
飯　野：　想定していなかった展開ってこと？
林　　：　はい。でも、それを書くと一貫性がなくなり、先行研究のところから書き直すはめになるんですよね〜。
飯　野：　よくある話ね。

先行研究大好き頭でっかち型

　研究には新規性やオリジナリティが必要であり、それを真面目に考えようとすればするほど、先行研究の読み込みが不可欠になってくる（第5章参照）。しかし、論文にまとめる際は、取り上げる先行研究を精選しなければならない。例えば文法の分野では、それぞれの文法項目に対して膨大な先行研究が存在し、それらを調べつくした上で新規性を確立しようとするのは大変なことである。この調べつくすというプロセスの途中で自分のやってきたことに満足してしまい、新規性を放り出して先行研究の総まとめになってしまうことがある。たくさん関連論文を収集すると、論文収集に費やした自分の努力をわかってほしいという人間の性がむくむくと湧いてくるものである。そこをぐっと堪えて、必要最低限のものだけを提示するというのは、大変忍耐のいるものであるといえる。

　投稿論文には、前節で述べたとおりページ制限がある。限られたページの中で先行研究を書くには、自分の主張と関連のある部分だけを圧縮して述べなければならない。14ページの投稿論文で、先行研究が4ページ、5ページとかさみ出したら要注意である（分野によっては先行研究が大きなウェイトを占めることもある）。いったん執筆計画を練り直した方がよい。

先行研究大嫌い唯我独尊型

　先行研究大好きな人もいれば、嫌いな人もいる。「嫌い」と簡単にいっていいのかわからないが、先行研究にしっかり触れていない研究を見かけることがある。うっかり見逃していることもあれば、読んだけれども不要だと判断した場合もあるであろう。ある研究を行う際、全く同じ対象を全く同じ方法であつかっている先行研究はないかもしれないが、少し範囲を広げればいろいろ見つかるはずである。「○○をあつかっている先行研究はあるが、○○はない」というような書き方で、自分の研究の立ち位置を厳密に知らせることは非常に重要である。意図的に先行研究に触れないのは論外であるが、うっかり忘れていると、査読者から「しっかり準備ができていない」という印象をもたれてしまう。

最初から順に書かないと気が済まない型

　表7-3を振り返って見て、自分なら「この中のどこから書き始めるのか？」を考えてほしい。

A：まず先行研究をたくさん集めたから、そのまとめかな？
B：いやいや、やっぱり最初からでしょ！
C：意外と、結論から書いたらよかったりして…

　上記3つの答えは、実はいずれも不正解である。論文を書く際に最初に取り掛かるのは特定の章ではなく「アウトライン」、すなわち、論文全体の構成である。まずは目次を書かせる指導教員もいるくらいで、全体としてどのようなストーリーにまとめられるのか、一貫性や整合性を検討することが重要である。

　しかし何かを行う時に、最初から順番にすすめるというのは抑えがたい人間の欲望のようである。論文を執筆する際も同じで、最初から順番にすすめていくことを好む人がいる。このタイプの問題点は、最初のうち力が入って先行研究が充実しているにもかかわらず、途中で力尽きてしまうことが多く先行研究大好き頭でっかち型と重なりあう。また、他の問題点としては、考察を書いていると最初考えていた研究課題以外のものが頭に浮かんだり、予定とは違う議論の流れを立ててみたくなる衝動にかられたりすることがある。こういった場合、最初から順に書いていては、全体の一貫性が失われてしまう。

調べただけ研究

　研究成果を出す前には、実験を行ったり、アンケートなどの調査を行ったり、コーパス分析から必要なデータを抽出したりと、データを収集するプロセスを経る。日本語教育関連の論文は、さまざまな分野があるため一概にはいえないが、多くの分野でこのデータを収集するというプロセスが非常に重要である。ここで重要になってくるのは、このデータのあつかいである。例えばここでは岩田（2013）からコーパス分析の結果を提示し

たい。名大会話コーパス[1]から、日本語の助数詞出現数を紹介している。

このデータだけ提示して、順位を説明して終わってしまったらそれは研究とはいえない。考察がないからである。「へ〜"人"が多いんだ〜」というのは雑学レベルである。コーパス研究の広がりとともに、「調べただけ研究」という呼び方が定着しつつあるが、結果を提示しただけで終わってしまう研究を揶揄して呼ぶときの言い方である。

大事なのは、結果からどういったことがわかるかという考察である。例えば、日本語の初級教材と比べながら、出現頻度が少ないにもかかわらず指導項目に入っている助数詞を選定するとか、書き言葉のデータと比べてそもそも話し言葉にはどういった特徴があるのかを助数詞から分析するといった考察は可能であろう。岩田（2013）では、出現する助数詞にバリエーションが少ないことを示した上で、助数詞"人""つ"だけに絞って次の分析を行うという前作業に使っているだけである。

表7-5　各助数詞の出現数と割合（%）

人	898	52.2%	軒	17	1.0%
つ	393	22.8%	機	0	0.0%
本	42	2.4%	名	11	0.6%
匹	6	0.3%	食	6	0.3%
枚	105	6.1%	足	0	0.0%
台	9	0.5%	艘	0	0.0%
個	167	9.7%	粒	4	0.2%
冊	28	1.6%	通	10	0.6%
隻	0	0.0%	杯	10	0.6%
棟	1	0.1%	部	6	0.3%
頭	6	0.3%	羽	1	0.1%
株	0	0.0%	錠	0	0.0%
			合計	1720	100.0%

---

1) 科研プロジェクトで作成されたコーパス（平成13-15年度「日本語学習辞書編纂に向けた電子化コーパス利用によるコロケーション研究」研究代表者：大曾美惠子）。約100時間の雑談会話をコーパスにしている（第9章2節参照）。

引用／主張混乱型

　他者の主張を引用しているのか、自分の主張を行っているのかあいまいなまま議論がすすんでいく論文を見かけることがある。論文指導の際、学生にどうしてこういう書き方をするのか聞いてみると、ただ意識をしていないだけで悪意があるわけではない。しかし、このタイプは剽窃と紙一重であり、研究者生命を断たれてしまうくらい大きな問題へと発展しうる（詳細はコラム8「論文を盗用するとどうなるか」参照）。

　論文の新規性、オリジナリティということについてその重要性を再確認してほしい。当該の論文で、何か新規性のある主張を行うということは、それまでに行われてきた主張を整理して、差別化しなければならない。これが論文の一番大事な部分といってもいいであろう。この差別化を明確に述べるためには、先行研究の引用と自分の主張を明確に意識していることが大前提であり、それを明示的に論じなければならない。

4．投稿前の注意事項

　実際に論文を投稿しよう。その前に、どういった注意点があるのかここで紹介したい。なぜなら、論文を投稿するための事務的な手続きの段階で失敗してしまう人が意外に多いからである。

> 林　　：先輩、この前投稿した論文が、やっと戻ってきました。
> 織　田：ほう、結果はどうだったの？
> 林　　：修正再査読でした。2人はオッケーなんですが、1人が厳しいコメントを書いています。
> 織　田：がんばって直さないと。
> 林　　：これから直して再投稿していたら、博士論文執筆審査にはとても間に合わないんですよ～。
> 織　田：ちょっと動き出すのが遅かったんじゃない。

　具体的な諸注意に入る前に、論文を公表する媒体のパターンを紹介した

い。大学などが出している紀要類、学会誌、商業出版されている論文集、商業出版されている雑誌（例 『日本語学』明治書院）などがあげられる。この中で、後者の2種類は編集者から依頼がなければ執筆のチャンスがないものであり、大学院生のうちはほとんどチャンスが巡ってこない。よってここでは前2種類について述べる。大学が定期的に出している紀要の類は、所属学生や勤務している非常勤講師でも投稿できるものが多く、査読も厳密にはやらないことが多い。それゆえに比較的気軽に投稿ができる。ただ、こういった論文は、研究者の業績としては評価が低くなされることが多いため、学会誌に投稿することを第一目標にすべきである。学会誌の査読付き論文は、研究者のキャリアにおいて必ず必要になってくるからである。表7-6にいくつかの場面を紹介する。

以降では学会誌論文に投稿するという前提で、注意事項を述べたい。注意事項というタイトルからもちょっとお説教じみた文章になってしまうことをお許し願いたい。

表7-6　研究者人生で査読付き論文が必要になってくる場面の例

1	博士論文審査	現在、多くの大学院で学会誌への掲載が博士論文学位請求または審査の条件となっている。
2	就職活動	一般に、履歴書と共に出す業績は、査読付き論文とそれ以外を分けて記入するようになっている。
3	昇任人事	
4	研究費申請	

4.1　投稿は計画的に

最初に伝えたいのは、時間に余裕をもって計画を立ててほしいということである。投稿までの流れを把握しておかないと、ぎりぎりになって時間が足りなくなってしまう。要旨やキーワードの追加など、後回しにしておくと投稿直前に慌てることになる。

また、審査が非常に早い学会誌でも、刊行までに最低半年はかかる。1年、2年かかる雑誌もあるため、査読付き論文の採用が博士学位請求の条件と

なっているような大学院では、後期課程の1年からすぐに動き出さねばならない。学会事務局に「結果を早く教えてほしい」という連絡をしてくる投稿者がいるが、事務局（多くは若手研究者やポスドクの学生が担当）も査読を行っている委員（多くは著名な研究者が担当）もボランティアで働いていることが多く、事務局が「早く結果を出せ」と査読者のお尻をたたくことは難しいし、事務局に与える印象もよくない。その辺も理解した上で、早めの行動が必要となる。

4.2　学会誌分析の必要性

　学会誌はよく研究してほしい。手元に何か学会誌があるなら、まず会費と年間刊行数、そして採択率くらいは知っておくことだ。

　会費は少しくらい高くても、年間に3回、4回刊行するものなら投稿チャンスは増えるわけである。また、採択本数を知っておくことは重要で、雑誌の巻末に書いてある場合は採択率も確認しておくとよい。これらは学会誌によってかなり幅がある。表7-7を見ると『日本語教育』は非常に狭き門であることがわかる。査読制度と一言でいっても、完全多数決型の学会もあれば、主査独断型、全員一致型とさまざまな形態がある。多数決型であれば、査読者1人が反対しても論文は掲載されるわけであり、採択数は当然高くなる。一方全員一致型なら当然採択数は少なくなる。どの学会がどういった査読制度を取っているかは公開されないことが多いため、指導教員や先輩の噂を聞いて自分で判断するしかない。また、『日本語／日本語教育』（日本語／日本語教育研究会）や『KLS』（関西言語学会）など、なるべく投稿者の論文をたくさん載せる方針で動いている研究会誌もあるが、そういった論文がどう評価されるかは大学によって異なるため、指導教員に早めに聞いておく必要がある。大学院によっては博士学位請求のための条件として認めてもらえないこともある。

表 7-7　日本語教育関係の学術誌一覧（2018 年 9 月現在）

	学会誌名	学会名	入会金、会費（学生会員）	年刊行数	掲載本数／採択率
1	日本語教育	日本語教育学会	5,000 円、1 万円（学生も同じ）	3 回	2～8 本／10～22％：166～168 号［2017 年］
2	日本語の研究	日本語学会	なし、1 万円（5,000 円）	2018 年度より 3 回	2～5 本／投稿数非表示：第十三巻 1～4 号［2017 年］
3	社会言語科学	社会言語科学会	なし、7,000 円（4,000 円）	2 回	0 本、13 本／投稿数非表示：第 20 巻 1 号、2 号［2017-18 年］
4	日本語文法	日本語文法学会	なし、6,500 円（4,000 円）	2 回	5 本、6 本／20.8％、18.8％：17 巻 1、2 号［2017 年］
5	異文化間教育	異文化間教育学会	3,000 円、1 万円（入会金なしで 8,000 円）	2 回	2 本、2 本／20％、40％：47、48 号［2018］
6	第二言語としての日本語の習得研究	第二言語習得研究会	なし：大会参加費 4,000 円（学生 3,000 円）	1 回	4 本／22％：20 号［2017］
7	言語政策	言語政策学会	なし、6,000 円（常勤をもたない一般会員および学生会員 3,000 円）	1 回	2 本（研究論文）／15％：14 号［2018］
8	文体論研究	日本文体論学会	なし、6,000 円（学生も同じ）	1 回	2 本／投稿数非表示：第 64 号［2018］
9	留学生教育	留学生教育学会	2,000 円、7,000 円（1,000 円、4,000 円）	1 回	7 本／29％：22 号［2017］
10	リテラシーズ	「リテラシーズ」編集委員会	会費はなし	1 回（ウェブ公開）	1 本／投稿数非表示：21 巻［2017］

| 11 | 専門日本語教育研究 | 専門日本語教育学会 | なし、4,000円（学生も同じ） | 1回 | 7本／33.3％：第19号［2017］ |
| 12 | 言語文化教育研究 | 言語文化教育研究学会 | なし、3,000円（学生も同じ） | 1回（ウェブ公開） | 8本／34.8％：第15巻［2017］ |

4.3　執筆要項を熟読しよう

　学会誌が決まったら、執筆要項をよく読んで欲しい。例えば投稿資格は、当然会員に限られるわけだが、近年投稿直前に駆け込み入会する学生が多く、ギリギリの場合、入会手続きが終わらずに投稿できないことがある。学会は入会や退会をあつかう総務委員（いわゆる事務局）と学会誌を担当する学会誌委員が独立しており、かつ、金銭をあつかう部門を外部委託している場合もあるため、入会から投稿資格の授与まで時間がかかる。ここに2週間は見ておかねばならない。学会への参加は、その分野の研究者として社会的に認知してもらうための第一歩であるから、2週間前といわずに年度が始まる春に入会しておくことをおすすめする。

　次に、執筆要項を見る際のポイントを少し紹介したい。まずよく見て欲しいのは文字数とページ数である。査読する際の公平性という観点からも、制限ページ内に収まっていることは重要である。学会によっては、ページオーバーは投稿の受け取りを拒否するところもある。現在、ほとんどの学会がワード形式（.docx）のファイルを受けつけているが、ワードでレイアウトが34字×30行、フォントのサイズが11ポイントに指定されていたとしても、実際の文字数が39字になっていたり、フォントのサイズが10.5ポイントになっていたりと、さまざまなミスが見受けられる。文字数やページ数にはかなり神経をとがらせて欲しい。一般に学会誌は、投稿された原稿をそのまま印刷するわけではなく、組版といって、投稿された原稿を出版用のレイアウトに流し込むプロセスがある。行をこっそり詰めておいたり、フォントを小さめにして文字数を稼いでいたりすると、組版段階になってページをオーバーしてしまうことになる。注があまりに多い

論文も、組版過程で文字数がオーバーする危険性があるため要注意である。組版段階でトラブルが起こると、公開直前に掲載を延期されたり、大きな書き換えを要求されたりする場合がある。

　図・表の書き方に指定がある学会誌もある。図表のタイトルを上に付けるのか下に付けるのかといった位置の問題もあるが、その際のフォントをゴシックにしておくこととといったフォント指定もある。また、表の文字が小さくなりすぎるのを防ぐため、フォントの大きさを〇ポイント以上という形で指定している場合が多い。これは上で述べた文字数制限とも関わることである。さらに、特定のファイル形式で描いた図表を別に添付し、ワードなどの原稿には、その挿入位置のみを明示するように指定している学会もある。また、参考文献の付け方も、学会誌によってかなりバリエーションがある。アルファベット順なのか五十音順なのかといったならび方の問題、カギ括弧を使用するか否か、順番にナンバリングするか否かなどチェックが必要である。注についても脚注なのか文末注なのかといったバリエーションがある。以上のような執筆条件を軽視すると、論文の内容以前に査読者からも編集委員からも、厳しい評価を受ける。とにかく早めに執筆要項を読んで、それを必ず守ることが重要である。大学や指導教員からの指定がとくにないなら、修士論文の体裁を好きな学会の執筆要領に合わせておくといい。

4.4　査読者のコメントから意図を読み取ろう

　最後に伝えたいのは、査読者からのコメントをしっかり読むということである。1回目の審査から修正採用や採用という評価がもらえる人は一握りである。不採用を除くと、ほとんどの人は修正再査読という、「書きなおしてきたらもう一度審査しますよ」という判定をもらう。修正再査読という判定が下った場合、それぞれのコメントに対応しさえすれば修正採用もしくは採用にしてくれるはずである（少なくとも建前上は）。複数の人間からさまざまな立場でもらうコメントは、簡単に対応できないものも多い。しかし、最大公約数の対応策をじっくり考えてなるべく査読者の意図

第 7 章　論文の構成と研究成果の公表

を理解すること、そして柔軟に対応する技術を磨くことが査読付き論文を掲載してもらうための必須条件であろう。なお、修正報告書（どこをどの

Column 7　投稿論文のキーワード

　修士論文の際に要求されることはあまりないが、投稿論文にはキーワード（日本語・英語）、要旨（日本語・英語）を追加せねばならない。非漢字圏からの大学院留学生などは、日本語の論文を大量に読むことはできないため、英語のキーワードと要旨だけを読み漁っている場合がある。英文で自分のテーマに関わると判断した場合、日本語の本文を読むことにしているわけだ。つまり、キーワードや要旨の意義は、「こういうテーマで研究している人は、ぜひ私の論文を読んでください」というメッセージを伝えることである。

　そう考えると、キーワード（数に制限がある）では大事な用語を網羅して全て提示する必要はなく、さまざまな読者を想定し広く網を張る工夫が必要である。

　例えば、「自動詞・他動詞の区別が、使役や使役受身でどのように現れるかというヴォイス研究をテーマに、実例をコーパスで収集し、初級教科書の提示方法と比較することで教室活動への提案を行う」という研究があったとする。「自動詞、他動詞、使役、使役受身、ヴォイス」といった概念は近接概念であるため、全てをキーワードに抽出する必要はなく、「コーパス、初級教科書、教室活動」といった用語を優先的にキーワードとすべきである。自分の論文をできるだけ多くの人に読んでもらうための努力はおこたってはいけない。

ように修正したのかをまとめたもの）を添付しておくと、査読者は簡単にポイントが理解できる。学会誌によっては修正報告書を義務付けているが、要求されていなくても出すに越したことはない。

▌課題

1　いくつかの学会誌を取り上げて、最新版の採択率を比べてみましょう（採択率がわからない場合は、先輩や先生に「採用されやすい／にくい学会誌」を聞いてみましょう）。
2　学会誌の執筆要項を2種類取り上げて、相違点をあげましょう。
3　何人かの先輩にインタビューをし、論文執筆の失敗談を聞いてみましょう。

▌参考文献

岩田一成（2013）『日本語数量詞の諸相』くろしお出版
菅谷奈津恵（2010）「日本語学習者による動詞活用の習得について―造語動詞と実在動詞による調査結果から―」『日本語教育』145号，37-48.
土屋雅子・齋藤友博（2011）『看護・医療系研究のためのアンケート・面接調査ガイド』診断と治療社
椿由紀子（2010）「コミュニケーション・ストラテジーとしての『聞き返し』教育―実際場面で使用できる『聞き返し』をめざして―」『日本語教育』147号，97-111.
中川健司（2010）「介護福祉士候補者が国家試験を受験する上で必要な漢字知識の検証」『日本語教育』147号，67-81.
宮永愛子・大浜るい子（2011）「道教え談話におけるフィラーの働き―『あの』に注目して―」『日本語教育』149号，31-38.

第 8 章
日本語教育研究の倫理と社会的責任

1．はじめに

　この章では、研究者が守らなければならない研究上のもっとも基本的なルールについて述べておきたい。

　「研究者の倫理と社会的責任」などというと、大量破壊兵器を発明してはならぬ、とか、病原体をバイオハザードの外にもちだしてはならぬ、といった、いわゆる「マッド・サイエンティスト」的な行為を想像してしまう人が多いのではないだろうか。そして、日本語教育というものは、そのような恐ろしい行為とは無縁であるから、倫理や社会的責任などということを、それほど深く考える必要はないと思ってしまう人も多いだろう。

　事実、過去の日本語教育研究では、研究者の倫理や社会的責任といったことが、あまり意識されていなかった。しかし、近年、日本語教育のような人文・社会系の研究であっても、研究機関（大学など）ごとに倫理規定を設定し、それを遵守することが要求されるようになってきた。そして、その規定を守っていない研究は、その成果を論文の形であれ、他の形であれ発表することが許されなくなってきている。

　したがって、研究者は、その研究計画をたてる当初から、自らの所属する機関、あるいは研究を発表する媒体の倫理規定に抵触することのないように注意しなければならない。そして、倫理審査が必要な場合は、その手続きを終えた後、研究に着手しなければならない。そのためには、日本語教育の研究をこころざし、研究生活の第一歩を踏みだしたそのときから、自分の研究の倫理と社会的責任を常に意識することが要求される。

2．「剽窃」や「盗用」は決して許されない

> 飯　野：　仲間さん、この発表レジュメ、自分の意見なのか他の論文からの引用なのか、はっきり区別がつかないんだけど。
> 仲　間：　なんか、いろいろなところからたくさん引用したら、どこから引用したのかわからなくなっちゃったのがあって…。
> 飯　野：　そんな調子で論文を書いて発表したら、大変なことになるよ。
> 仲　間：　すいません。気をつけます。でも、別に法律で決まってる、ってわけじゃないんだから、そんなに大げさにさわがなくても。
> 飯　野：　なにいってるの。引用のしかたは、著作権法っていう法律できちんと決められているのよ！
> 仲　間：　それにしたがわないと盗用ってことになるんですか！？

　研究者の「倫理と社会的責任」という話の前に、大変レベルの低い話になってしまうが、「いうまでもなくあたりまえ」のことについて述べておこう。それは、他人の書いた論文の内容・表現を剽窃したり盗用したりすることは、いかなる形であれ、絶対に許されない、ということである[1]。

　「他人の研究を盗むな」などということを、大学院生向けの本にわざわざ書かなければならない、ということ自体が非常に情けないことだ。しかし、現実に大学院修士課程の学生が書く論文には、しばしば盗用があり、しかも、その数はしだいに増加傾向にあると思われる。それを指導教員も

---

1)「剽窃」は「他人の詩歌・文章などの文句または説をぬすみ取って、自分のものとして発表すること」（『広辞苑・第五版』(1998) 岩波書店・電子版）であり、「盗用」も同じ意味であるが、文章以外のもの（デザインなど）にも使われる。

完全に把握し、排除することができないというのが現実ではないだろうか。おそらくそのために、2000年ごろから、ほとんどの大学で、提出された修士論文を公開しないという現象が顕著になってきている。ウェブサイトでの公開はもちろん、図書館に収蔵された原本も、学外者へは見せない大学が増えているのである。学内者への閲覧を許可している大学は、まだ相当残っているが、その場合も、書庫内での閲覧のみとし、コピーを禁止しているところが少なくない。各大学とも「修士論文の著作権保護のため」などの理由をあげているが、本来、論文など研究成果は公開されなければ意味のないものであるから、この理由はどう考えてもおかしい。論文の質の問題などもあるのだろうが、盗用を指摘される可能性を恐れて非公開と決めている学校もあるようである。

「論文の盗用」でも、近年、とくに多いのが先行論文の文章表現（の一部）をそのまま自分の論文に取りこんでしまうという行為、すなわち剽窃である。それには、ウェブサイト上で公開される研究論文が増え、検索サイトを使って容易に先行論文が入手できるようになったこと、しかも、その先行論文の一部をコピー＆ペーストで自分の論文に取りこんでしまうことに、全く手間がかからなくなったことがその背景にある。

しかし、いくら大学院生のモラルが低下したとしても、他人の論文を「コピペ」（という名の犯罪を）してはいけないことぐらいは全ての人が知っていると思う。では、どのぐらいの分量を盗むと罪に問われるのだろうか？この点が、研究になれていない若い学生がカンちがいしやすいところであると思われる。

何人かの学生に質問すると、多くの学生が「3ページぐらい」「1ページ以上はダメ」などと答えることが多い。つまり「数行ならば許容範囲だ」と軽い気持ちでペーストしてしまうことが多いのである。また、文体や表現を書きかえれば、つまり完全な「コピペ」ではなく、それなりの手間をかけ「加工」をすればOKなどと考えている学生もいる。しかし、正解は「分量にかかわらず」「原著者のオリジナルな思考が明確に表現されて」いる文章あるいは文あるいは「内容」を、引用の形式をふまずに使えば、それは「盗用」なのである。

例えば、この本の第1章の冒頭に「野田（2012）は『日本語教育学が日本語学や言語学の植民地になっていた』と表現している。」という引用がある。この中で、野田尚史氏が書いた部分は「日本語教育学が日本語学や言語学の植民地になっていた」という一文であり、字数にすればわずか25字にすぎない。しかし、この文は、野田氏が『コミュニケーションのための日本語教育文法』という概念を提唱するにいたった理由を象徴的に述べているものであり、たった25文字の中に野田氏のオリジナルな思想が明確に述べられている。しかも、その表現に「日本語教育は植民地」という、オリジナルなレトリックを使っている。したがって、この文を引用の形式（「引用」であることを明示し、著者・著書名・発表年を注記する）をふまずに、この本に書き込んだとしたら、盗用であると指摘されてもおかしくない。

それに対して、次のような文はどうだろうか「日本語教育の世界でも、かなり前から『コミュニケーションのため』ということが叫ばれ、さまざまな工夫が行われてきた。」（56字）これは、同じ野田氏の別の編著書（野田 2005）にある文であるが、この文のみを引用の形式をとらず、そのまま自分の論文中に書き込んでも「盗用」というクレームがつくことは、考えにくい。なぜなら、この文は、一般的な日本語教育の動向について述べているのであって、ここに野田尚史氏のオリジナルな思想や感情が表明されているわけではなく、さらに、その表現に、オリジナリティ（巧みな比喩など）があるとはいえないからである。

このように、盗用あるいは剽窃という行為は、かなり厳密に解釈される行為なのであって、軽い気持ちで数行ペーストするとか、自分なりに「加工」してオリジナルな文章（？）にしてしまう、などということは、絶対にしてはならない。だからといって、それで論文が書けなくなるなどということはない。その文章を定められた形式で「引用」すればよいのである[2]。

---

[2] 著作権法では、著作物の「引用」と「複製」が区別されている。学術論文に他人の著作物を引用することは、決められた要件を満たしていればできる（第48条）。しかし、複製には、事前に著作権者の許諾が必要である。「絵画」（イラスト、マンガあるいはそれらのキャラク

Column 8　論文を盗用するとどうなるか

　論文を盗用するな、ということはわかったと思うが、では、論文を盗用するとどうなるのか？

　筆者が、博士論文を書いていたときのことである。研究理論の外枠を構築するために、ある国のある時代の学校教育の状況が具体的にどのようであったかを、客観的に描写することが必要となった。過去のことであるから、当然、筆者が調査にいくことは不可能である。したがって、すでに記録されたものを引用するしかないのだが、それは、現代史に属するにもかかわらず、非常に特殊な一時代で、客観的な新聞記事などがほとんど残っていない時代なのである。そんなとき、ある大学の紀要に、まさに筆者が探していたその時代の、しかも、研究していた地方の教育状況を記述した研究論文を見つけることができた。その論文を発表した人は、その紀要を出している大学の教員である。論文のリソースは、現地で証言を発掘したもので、同時代資料ではないものの、具体的な人名が書き込まれており、その人名は、筆者が別の資料で探し当てた人物名と一致している。つまり、その論文の内容は、筆者の論文を証拠づけるにふさわしいものだった。筆者がその先行論文を自分の論文に引用したことはいうまでもない。

　ところが、それから数か月たって、その先行論文の著者が、別の論文において先行論文の盗用をしていた、ということが明らかになった。その教員が所属していた大学は、ただちに懲戒免職処分を発表したのみならず、その教員がそれまでに発表していた全ての研究論文を「なかったものとする」という決定をしたのであ

ターを含む）や「写真」などを（スキャンして）掲載する場合、「複製」であると判断される可能性が強いので、事前に著作権者の許諾を得なければならない。

る。つまり、著者が引用した論文も、その大学の紀要のリストから削除され、「なくなって」しまったのである。この大学の判断はきわめて妥当なものだと思うが、困ったのは、まさに博士論文を提出しようとしていた筆者である。当然のことだが、「ない論文」を引用することは不可能であり、あわてて別の論拠をなんとか見つけなければならなくなったのであった。

　また、日本語教育研究ではないが、ある大学の先生からこんな話を聞いたこともある。ある学生が、すぐれた修士論文を書いた。そこで、その研究科では、本人の承諾を得てその論文をウェブサイトに公開したのである。ところが、数か月たって、ある人物から、自分の論文が盗用されているという抗議があった。調査が行われた結果、確かに盗用があったと認定され、すでに修士課程を修了していたその学生は入学時にさかのぼって除籍処分となり、その修士学位も「なかったもの」となってしまった。その大学では、大学院研究科長と教務委員長、そして指導教員が、盗用の被害にあった人物のところへいって丁重に謝罪し、なんとか事態をおさめてもらったという。

　以上のように盗用・剽窃の結果は、全てが「なかったこと」として処理される。もちろん、盗用した本人が、アカデミックな社会に「いなかった人」として取りあつかわれることはいうまでもない。しかし、そういう人がいたという事実だけは、その処理過程で多大な迷惑を受けた人々によって、ひそかに、しかし、長く語り継がれるのである。

　なお、盗用について「この論文を書いた有名な先生が、わたしの修士論文を読むことは絶対にないから大丈夫」などと考える人がたまにいるが、盗用があったことを指摘するのは、原著者ではなく、むしろ全く関係のない第三者の場合がほとんどであり、たとえ原著者が関知しようがしまいが、盗用が発見された段階でただちに処分の対象となる。

3．日本語教育研究者が考えねばならない倫理(1) 　　学習者の権利

> 堀　田：今度初級クラスを担当するんよ。
> 大　平：ゼロ初級ですか？
> 堀　田：せやねん。せっかくなんで、かねてから気になっていた教授法を実践しようと思ってる。
> 大　平：へえ、どんなのですか？
> 堀　田：先生が着物で出てきて、えんえんと落語を聞かせるの。名づけて、CL（Cultural Learning）や！
> 大　平：まじですか？
> 堀　田：ジュゲムジュゲムゴコウノスリキレ海砂利水魚がぽんぽこぴー！
> 大　平：ダメですよ〜。学習者の権利にかかわりますよ！プンスカプンスカ！
> 堀　田：あの〜。冗談やねんけど。
> 大　平：……ですよね。

「研究者の倫理」とは、どのようなことを考えればよいのであろうか。

簡単にいえば「研究者の倫理的責任」というのは、論文の盗用のように明確な「犯罪行為」とはいえないが、研究者として、あるいは人として許されない行為である。

具体的な例を考えてみよう。ある学校の教員が、画期的な（と自分では思っている）日本語教授法を考案した。そこで、その効果を実証して研究論文として発表するために、ある日本語のクラスでその教授法を試してみることにした…さて、どんなクラスで試すべきであろうか。

① 必修科目に指定されていて、学習者全員が元気に出席する午前中のクラス

② 選択科目なので履修者が少なくて、ちょいちょいサボる人もいる午後のけだるいクラス
③ 新しい教授法について説明したところ、関心をもった数名（だけ）がボランティアとして参加してくれることになった夕方の課外クラス

　ここまで読めば想像がついただろう。もちろん正しい選択は③のボランティアのクラスである。研究者としては、多くの学生が必ず出席し、必修科目だからまじめに勉強する1のクラスで試したほうがより多くの客観的なデータがとれるので、1で試行したいところである。しかし、学習者にとっては、①まだその効果が不明な新しい教授法で勉強しなければならない、②しかも、必修なので参加を拒否する権利はない、③必修科目は成績に関係するので手抜きもできない、④だからといって、学校の授業料が割引されるわけではない、という、全く何の権利も認められない状態で、被験者にされることになるのであって、これが倫理的に容認できる状態でないことは明らかである。
　すなわち、実践＝学習・教育の中で行われる研究においては、第一に学習者の学習する権利が保護されなければならない。その権利が完全に担保された状態の中で、はじめて研究することが許されるのである。
　それでは、日本語教育に関わる研究者は、学習者の権利を尊重するために、なるべく教室と関係をもたずに研究をすすめるべきなのだろうか。実際に日本語教育機関の中には、教室に研究を持ち込むことを禁じている学校がある。授業によって取得された学習者のデータは、学習者の学習のためだけに使い、研究のためにデータを持ち出すことは許さない、という規則である。しかし、このようなルールの設定は、短期的に学習者の権利を確実に擁護することができても、日本語教育そのものをしだいに衰退させていくことにつながりかねない。
　例えば、ここで「医学の進歩」について考えてみよう。医学を進歩させるためには、新たな治療法や医薬品の開発が欠かせないことは、いうまでもない。しかし、新しい治療法が世に出て、その効果が認められ、広く普

第 8 章　日本語教育研究の倫理と社会的責任

及して、最良の治療法として数多くの人の命を救うようになるまでの、どこかの段階で誰かが治験者になったからこそ、その治療法が確立・普及できたのである。つまり、医学においては、研究者が臨床（つまり患者）と密接に関係をもち、病院という現場にあって研究をすすめなければ、その発展はありえない。日本語教育も同様に、研究が教室という現場を離れ、学習者から遊離して存在することは考えられない。教室を離れた「研究のための研究」は、日本語教育研究において何の意味ももたない。教室における実践・応用と連携してこそ、日本語教育研究は意味をもつのである。したがって、教室に研究を持ち込まない、というルールを徹底させることは、日本語教育の進歩や発展の可能性を否定してしまうことと同じことなのである。だからこそ、日本語教育に関わる研究者は、その研究をすすめるにあたって、常に学習者の権利を最大限に尊重する方法を模索し、さらに第三者に再確認を求めながら、教室で研究をすすめる必要がある[3]。

　学習者の権利を最大限に尊重するために必要な原則は、やはり医学の治験と同じように考えてよいように思われる。医学の場合、臨床において試験的な治療法が実施される際に、①その治療法についての事前の説明（インフォームドコンセント）が詳細に行われている、②治験を受けるか受けないかの選択権が100％患者の意思にゆだねられている、③受けないことを選択したことがそれ以後の治療になんら影響を与えない、④以上の事項を中立な第三者機関が実施（①②）・判定（③）する、という条件が満たされていなければならない。これを日本語教育に当てはめてみよう。

　例えば、修士の学生が入学後、初めてのゼミで自分の研究計画として発表するありふれたパターンに「2つのクラスをつくって、新しい試みをAクラスで行い、従来の授業をするBクラスとの成績の差を学期末の試験

---

[3] ここでも医学の話を借りれば、医療機関には、大学病院もあるし、町の開業医もある。前者では、常に最先端の治療（とそのための研究）が行われることが、後者には安全・確実な診療が行われることが、患者から期待されている。同様に日本語教育機関にも、さまざまなタイプの学校・教室があってよい。そこで、ある学校が、その教育方針にもとづいて「教室に研究を持ち込まない」というルールを設定することに何ら問題はない。しかし、そのようなルールを定めている学校の管理者は、他の学校の学生が「被験者」となって開発された教科書・教材・教授法などに自分たちもまた支えられていることを常に念頭においておく義務がある。

で比較する」というものがある。もし、これを実行するとすれば、次のような条件を満たさなければならない。

(1) Aクラスの授業とBクラスの授業について、授業開始前に学習者に（学習者の理解可能な言語で）十分な説明が行われる。
(2) A・Bどちらのクラスを選ぶかは、学生に任されている（さらに、どちらも選択しない、という選択肢が用意されていれば完璧である）。
(3) 学期末の学生の個人評価には、A・Bクラスの成績を算入しない。
(4) 以上の条件が完全に満たされていることを判定する中立な第三者機関がある。

　この場合、重要なのは(4)という条件を満たすことである。(1)は研究者（実験者）の説明にバイアスがかかっている可能性が強い（Aクラスの授業の「よい」効果に過大な情報が与えられる）し、(2)と(3)は、学期末の評価に直接関わる立場の人が「どのクラスを選んでも、あるいは選ばなくても、学期末の評価には、全く影響を与えません」と説明しても、学習者に何らかの精神的圧力がかかり、実験への参加を志願せざるをえない状況に追い込まれる恐れがあるからである。したがって、中立公正な倫理審査委員会の存在があって、はじめて(1)〜(3)の条件は保障されるのである。
　しかし、現状では、日本の教育機関における倫理審査の制度の確立は十分であるとはいえない。書類上は「倫理規定」がつくられていても、中立な第三者機関が設置されているか否か、という点に問題があることが多い。たとえ委員会があっても、同じ学部や研究科に所属する教員ばかりが委員に名を連ねているとすれば、その審査の実効性はきわめて低いものになるといわざるを得ない。そのことから、研究計画が倫理審査委員会を通過したというだけでは、不十分な場合がある。倫理規定がきちんと守れるかどうかは、一人一人の研究者の自覚にかかっていることを忘れてはならない。

4．日本語教育研究者が考えねばならない倫理(2)　個人情報の取りあつかい

> キ　ム：　飯野先輩、実験に協力してもらう人たちのために、正式な調査協力の説明書と受諾書を書いてみたんですけど。
> 飯　野：　どれどれ…　ん～、これでいいと思うよ。
> キ　ム：　協力者の中に、入門レベルの中国人が３人いるんですが、中国語への翻訳をお願いできないでしょうか？
> 飯　野：　あ、いいよ。やってあげる。
> キ　ム：　それから、パキスタン人とブータン人がいるんです。
> 飯　野：　パキスタン？？
> キ　ム：　ウルドゥー語です。
> 飯　野：　ブータンは？
> キ　ム：　ゾンカ語っていうらしいんですけど…。
> 飯　野：　…

「学習者の権利を保障する」こととならんで、研究者が必ず守るべきことは「個人情報の取りあつかいに十分注意する」ことである。

全ての個人にはプライバシーをみだりに侵されない権利がある。つまり「他人によって、自分の情報をむやみに公開されない権利」、一般的に「個人情報の保護」と呼ばれている権利が確実に守られていなければならない。第１章で述べたとおり、日本語教育研究の対象は、「言語」と「人」およびその両者の関係であるから、研究者が調査の際に「個人情報」を取りあつかうことはかなり頻繁におこる。そのときに研究者が「自分が取りあつかっているデータの重さ」を自覚していなければならないのである。

ただし、個人情報の取りあつかいについては、量的（統計的）研究と質的研究の間に大きな差異がある。完全な量的（統計的）手法による研究の場合、そもそも「個人」が研究対象となることはない。個人の特性あるい

は個別の事象に起因する結果のばらつきを消してしまうために考案された手法がランダム・サンプリングであるからだ。実際には、個人研究者レベルで完璧なランダム・サンプリングを行うことはきわめてむずかしい。だから、ある程度、バイアスがかかったサンプリングにならざるを得ないのだが、制約のある枠組みの中でも、研究者による恣意的な人選が行われていないということを読み手に納得させることができれば、つまり、限定的であるにせよサンプリングが適正に行われていることが説明できれば、個人の特性について論及する必要はなくなる。したがって、統計的な処理を行う場合は、個人情報に関与しなくても研究が成立するようなサンプルのとり方を最初からプランニングするべきである。

　反対に個人情報について敏感にならなければならないのが、質的な研究手法を選択した場合である。談話研究や習得研究、教室での参与観察、言語変種の使用実態調査やマルチモーダルに関する研究など、個人の行動に注目してすすめられる研究は、調査対象者の個人情報を尊重することについて十分な注意を払う必要がある。なお、この場合の個人情報とは、対象者の氏名や居住地などといった具体的な属性だけではなく、個人の性格や「くせ」といったことも含まれる場合がある。とくに生の録音・録画データなどを口頭発表などで公開する場合、特定の個人が「実験動物」的に取りあつかわれるようなことがあってはならない。

　なお、質的研究の中で、もっとも個人情報に深く関わるライフストーリーやエスノグラフィといった研究手法を選んだ場合、逆説的に「個人情報の保護」という点で問題をおこすことは少ない。なぜなら、ライフストーリーを語ってもらうまでに「語り手」である調査協力者は、調査の目的や意義、その方法について十分な説明を「聞き手」となる研究者から受けているはずだからである。同時に「語り手」は、自分が語ったことが、どのように研究に使われるのかも理解しているはずである。そのような手順をふまずに、自分の人生をむやみに他人に語る人は、おそらくいないだろう。同時に、聞き手である調査・研究者も、調査をはじめるまでの交渉の中で「これから語られる情報」の重さを実感するはずであり、それを本来の調査目的以外にむやみに使用するような精神状態にはなりにくい。

また、きわめて例外的なケースであるが、日本語教育史に関わるような研究で、語り手（被調査者）の方が主役、聞き手である研究者がそのまとめ役になるような研究では、語り手の氏名を公開することが原則であり、語り手の積極的な自己開示なしには、研究そのものが成立しない。

　このように、一言で「個人情報の保護」といっても、研究手法によって、さまざまなケースが考えられる。したがって、研究者としては、個人情報の取りあつかいについて、①研究プランを立てるときから検討しておき、不必要な情報は、はじめから収集しない、②調査協力者（被調査者）と率直に話し合い、合意した結果（契約）を書面にして双方が保管する、③所属する機関（学校など）に個人情報の保護に関する倫理規定がある場合は、所定の手続きをおこたらない、同時に研究成果を発表するときには、学会・研究会などの倫理規定を遵守することが必要である。

　中でも重要なのは、①研究プランを立てる時点で、個人情報の取りあつかいをどのようにするか、調査協力者への説明をどのように行うか、ということを具体的に考えておくことである。実は、これを考えてみることによって、若い研究者にありがちな「実現がむずかしい仮想の研究計画」が「実現可能な具体性のある研究計画」へと変化していくことは少なくない。

　次に、②調査協力者への詳細な説明については、口頭で行う他に、具体的な内容を書き記した文書を準備したほうがよい。次ページに「調査協力のお願い」と「調査協力受諾書」の見本を掲げておいたので、参考にしていただきたい。なお、この見本は日本語で書かれているが、調査協力者の日本語理解力によっては、他の言語（原則として協力者の母語）に翻訳した文書も用意しなければならない。

　なお、たとえ、語り手（被調査者）が、ある範囲内で個人情報の公開に同意したような場合でも、論文をまとめる際に、当初の同意よりも狭い範囲での公開にとどめるように注意しなければならない場合もある。例えば、日本を含め欧米先進国ではあまり考えられないが、世界には、思想信条の自由が保障されていない、あるいは制度上は保障されていても実質的に守られていない国家が非常に多く存在しているのである。そのような地域の出身者で、本人あるいは親族に対する危険がいささかでも考えられるよう

なケースでは、研究者は研究協力者の心身の安全を第一に優先する義務がある。

調査協力のお願い

　私は、○○大学院の○○○○と申します。私の専門は日本語教育で、日本人と外国人のコミュニケーションに関する調査を行っています。その調査にぜひご協力ください。

- 調査の具体的な方法
  1：外国人留学生の方から、あるテーマについて日本人の方にインタビューしていただきます。インタビューのテーマは、実際にインタビューされる外国人の方に決めていただきます。日本人の方には、インタビューのテーマを前もってお伝えします。インタビューの過程は、録音・録画させていただきます。ただし、録画されるのはいやだ、という人には、録音だけをお願いします。
  2：インタビュー終了後に、普段の生活の様子や、データ収集時の感想などについて質問する場合があります。
  3：データ収集後、会話は文字化されます。もし、ご希望があれば、その文字化資料をさしあげます。また、調査の結果についても、ご希望があれば調査終了後にお伝えします。

- 調査の日時
  皆さんの予定を聞いてから調整し、ご連絡します。

- 調査協力の謝礼
  謝礼として、外国人留学生の方にはxxxx円、日本人の方にはyyyy円をさしあげます（金額が異なるのは、時給計算で、留学生の方により多くの時間を割いていただくためです）。

- 調査データの使用方法
  1：会話データ（インタビューの過程を録音または録画したもの）は、研究以外の目的では決して使用しません。私は現在、博士論文を執筆中であり、また、文部科学省から科学研究費を受給しています。来年度中に、博士論文と文部科学省への報告書を提出します。今回

調査させていただく会話データは、主にこれらの研究で使用します。
２：論文中に、この調査の会話データを例として示す場合がありますが、固有名詞等、個人が特定できる箇所は全て仮名を使いますので、プライバシーは保たれます。また、調査はあくまでコミュニケーションを記述するためのもので、論文中において日本語の文法や表現の間違いを指摘したり、留学生・日本人の言語能力を評価したりすることはありません。

- 私は、以上の約束を誠実に守ることを誓います。また、調査協力者の人権を保障するため、調査の前に「調査協力承諾書」にサインしていただき、相互に保管します。

- ご不明な点は、いつでもお問い合わせください。

　　　　　　　　　　　　　　　　　　　○○○○（氏名）
　　　　　　　　　　　　　　　　　　　電話番号　01-234-5678
　　　　　　　　　　　　　　　　　　　電子メール　××@××

「調査協力のお願い」見本

調査協力受諾書

　○○○○氏は異文化間コミュニケーションに関する調査を実施しており、その一環として、日本人と外国人の間の会話の記録を行っています。私も、この調査に協力する１人です。この調査の結果は○○氏の研究論文・報告書として公表されますが、その中で、プライバシーが保たれることを条件として、私の話したことが引用されたり、記述されたり、分析されたりすることを認めます。調査はあくまで学術的に日本人と外国人との会話を記述することであり、評価を目的としたものではありません。

　この受諾書への署名によって、○○氏の調査計画が十分に説明されたことを認めます。また下記の方法で調査に参加することを受諾します。

　　　　　　　　　　　　　　　　　　　　年　　　月　　　日

　　　　　　　　　　　　　　氏名_____（自署）

以下の各項目について、いずれかに○印をお付けください。
　(1)　会話を録音し、その後文字化する。　　　…承諾する　承諾しない
　(2)　会話を録画する。　　　　　　　　　　　…承諾する　承諾しない
　(3)　調査後の都合のよい日時に、調査者から会話の感想や
　　　 日常生活についてのインタビューをうける。
　　　　　　　　　　　　　　　　　　　　　　　…承諾する　承諾しない
　(4)　今回だけでなく、継続して調査に協力する。
　　　　　　　　　　　　　　　　　　　　　　　…承諾する　承諾しない
　　　 ただし、都合が悪くなった場合には、いつでも中止できる権利を保留する。
　(5)　会話データの文字化資料のコピー配布を　…希望する　希望しない
　(6)　学会等での発表の際に、データの例として
　　　 録音（の一部）を公開する。　　　　　　…承諾する　承諾しない
　(7)　学会等での発表の際に、データの例として
　　　 録画（の一部）を公開する。　　　　　　…承諾する　承諾しない
　(8)　調査結果の報告を　　　　　　　　　　　…希望する　希望しない
　(9)　○○以外の研究者が、直接連絡をとって研究の目的を
　　　 示した上で、自分の研究のために今回のデータを使用する。
　　　　　　　　　　　　　　　…研究内容によっては認める　認めない

＊この「調査協力受諾書」は同じものを2通作成し、○○○○氏と私が1通ずつ保管します。

「調査協力受諾書」見本

第 8 章　日本語教育研究の倫理と社会的責任

Column 9　「匿名」のデータの信頼性

　「個人情報の保護」のために匿名を使用することは、1つ困った問題を生むことになる。それは「データのねつ造疑惑」である。
　筆者は、博士前期課程で文化人類学を専攻した経験があった。その経験を生かし、日本語教育の博士論文もフィールドワーク（インタビューとエスノグラフィ）でデータを集めて完成させた。6年もかかったその過程には、語りつくせぬさまざまな苦労があったのだが、もっとも苦労したのは、フィールドでのデータ収集ではなく、また、収集したデータの分析でもなく、そのデータが真実であることを査読委員の先生方に納得してもらうことだった。
　しかし、それは査読委員の問題であるとはいえない。個人を特定できなくするためとはいえ、「誰かわからない人がどこかわからない場所でこのようにいいましたから、この仮説は正しいのです。信じてください」といっても、「じゃあ信じましょう」と素直に信じる人がいないのは当然である。これが裁判ならば、絶対に証拠として取り上げてもらうことはできない。その不可能なことをやらなければならなかったのだから、その苦労は並大抵のものではなかった。わずかでも関係した記述がある公刊された資料を山のように集め、筆者がとったインタビュー記録が、それらの資料と矛盾しないことを示してなんとか納得してもらう、という作戦をとるしかなかった。つまり、状況証拠を積み重ねて無罪（有罪？）を勝ちとったようなものである。
　そもそも日本語教育や外国語学習という活動は、とても人間的な活動だから、直接、人と人が対峙することによってすすめられるタイプの研究が日本語教育研究にもっとたくさんあってもいいと思うのだが、インタビューやライフストーリー、教室内外での参与観察といった、純粋に質的な研究がほとんど現れないのは、

> このようなデータの「ねつ造」や「恣意的な選択」疑惑を乗り越えることがむずかしいためだろうと思う。これが文化人類学、ことに未開（無文字）社会の研究ならば、参与観察とインタビュー以外の研究方法がほぼないので、研究者がフィールドノートに記録したことを、わりと素直に信じてもらえるのだが、純粋な文献研究として成立した「国語学」をルーツの１つにもつ日本語教育の研究では、いまのところ、「誰が、いつ、どこで、それを書きのこしているのか？」という質問から逃れられない。したがって、フィールドワークによって得たデータを信じてもらうために、データを収集する以上のエネルギーが要求されてしまうのである。

5．研究者の社会的責任

　この章を読んできて、どのような感想をもっただろうか？　「思っていたより日本語教育の研究って大変なんだー」ということにあらためて気づいた人が少なくないのではないかと思う。

　ここで「日本語教育研究は誰のものか？」ということをもう一度考えてみたい。現在、あなたは、誰のために、何のために、研究している（しようとしている）のだろうか？

　よほどの人格者でない限り、あなたが日本語教育を研究しているのは、あなた自身のため、ではないかと思う。学位を取得するため、職業を得るため、あるいは職位を上げるため、といった具体的な理由があるのではないだろうか。しかし、日本語教育研究は「教育」という人間の活動をテーマにしているので、研究をすすめるために、あなた以外の人の協力が不可欠である。つまり、あなたの学歴・就職・昇任のために、他の人の協力を仰がなければならない、という構図がそこにある。だから、あなたのために協力してくれる人たちが、わずかでもその研究のために不幸になるようなことがあってはならないし、彼らの負担が最小限で済むように、研究者

は最大限の努力をしなければならない。それが、この章で述べてきたことの本質なのである。

　その一方、日本語教育（外国語教育学あるいは応用言語学）が、数多くの研究の積み重ねによって発展してきたことも確かである。2節で医学の臨床研究と日本語教育を比較したが、科学（的）研究には、数学や物理学のように純理論的に真理を探究するタイプの研究と、医学の臨床研究に代表される即効性のある実践方法を追求するタイプの研究がある。日本語教育が後者に属することはいうまでもないが、このような実践研究は、研究成果が実践の現場にフィードバックされることによって、初めて研究が完了したといえるのである。つまり、現在のあなたのために行われている研究は、近い将来の学習者のために行われる研究でもなければならない。そのためには、あなた自身が、研究を続けながら、何らかの形で実践の現場に関わり続ける義務があり、また、研究成果を何らかの形で公開し、将来の学習者がその受益者となることができるように努力しなければならない。それが、日本語教育を研究する者の社会的責任である。

課題

1. 新聞データベースを使って、「論文　不正」などのキーワードで検索し、どんなニュースが話題になっているか話し合いましょう。
2. あなたが計画している研究に倫理的課題があるかないか考え、友人と話し合ってみよう。「ある」場合には「調査協力のお願い」を書いてみましょう。
3. 著作物の論文への引用と、教育活動（教室）での著作権のあつかいについて、下記のサイトを調べて、よく理解しておきましょう。
   ①　文化庁『学校における教育活動と著作権』（令和5年度改正版）
   〈https://www.bunka.go.jp/seisaku/chosakuken/seidokaisetsu/pdf/93874501_01.pdf〉（2025年4月16日）
   ②　文化庁『著作権テキスト』（令和6年度版）特に73〜78ページに学校教育に関する情報があります。
   〈https://www.bunka.go.jp/seisaku/chosakuken/textbook/pdf/94141901_01.pdf〉（2025年4月16日）
   （最新の改正版を見てください。文化庁「著作権」
   〈https://www.bunka.go.jp/seisaku/chosakuken/〉）

第 2 部　日本語教育研究マニュアル

▍参考文献

野田尚史（2005）「この本の目的と構成」『コミュニケーションのための日本語教育文法』くろしお出版, v.

野田尚史（2012）「あとがき」『日本語教育研究のためのコミュニケーション研究』くろしお出版, 207.

第3部 日本語教育研究ガイド

マップ

　本書の第1部では日本語教育研究の概要（日本語教育研究レビュー）、第2部では、研究のすすめ方・まとめ方（日本語教育研究マニュアル）について検討してきた。第3部ではこれらを踏まえた上で、具体的な研究方法について検討したい。

　第1部の各章からもわかるように、日本語教育学は非常に広範な対象をあつかう学際的な研究分野であり、研究の方法論についても、言語学、心理学、社会学などさまざまな理論的背景をもつ。第3部では、日本語教育学で多く用いられる研究方法をまず「量的研究」と「質的研究」に大別し、それぞれを「数量化ができるデータを用いて行われる研究」「数量化ができないデータを用いて行われる研究」と大まかに定義した上で、コーパスを中心とした量的研究の方法（第9章）、学習者や教育実践に関する研究における統計処理を用いた量的研究の方法（第10章）、日本語話者（日本語母語話者、非母語話者）の意識やミクロな相互行為をあつかう質的研究の方法（第11章）、日本語教育と社会を結ぶマクロな視点からの質的研究の方法（第12章）について順に紹介する。

　下の表に示す通り、「量的研究」「質的研究」には研究の焦点から調査結果の記述に至るまで、いろいろな点で対照的な特徴が見られる。しかし、両者の正否や優劣を論じるのは本書の目的ではない。あくまで、研究の目的や研究課題に応じた適切な方法を選択することが重要なのだ。量的分析・質的分析のいずれかに特化した研究を行うにせよ、両者をミックスさせた研究を行うにせよ、両者の特徴を理解した上で、自分にとってベストな方法を選ぶ目をもってほしい。第3部の各章がそのための手引きになれば幸いである。

表　質的調査法と量的調査法の特徴

比較の ポイント	質的調査法	量的調査法
研究の焦点	質（特性、本質）	量（どのくらいの量や数か）
哲学的ルーツ	現象学、象徴的相互作用論	実証主義、論理的経験主義
関連用語	フィールドワーク、エスノグラフィック、自然主義的、グラウンデッド、構築主義的	実験主義的、経験主義的、統計的
調査の目標	理解、記述、発見、意味づけ、仮説生成	予測、統制、記述、確証、仮説検証
デザインの特性	柔軟的、発展的、創出的	事前に決定された、構造化された
サンプル	小集団、ノンランダム、目的的、理論的	大集団、ランダム、代表的
データ収集	調査の主たる道具としての調査者、インタビュー、観察、文献	無機的な道具（尺度、テスト、サーベイ、質問紙、コンピュータなど）
分析のモード	帰納的（調査者による）	演繹的（統計的手法による）
調査結果	理解的、全体論的、拡張的、分厚い記述	正確、数字を用いる

（メリアム，S. B.（堀薫夫・久保真人・成島美弥訳）（2004）『質的調査法入門―教育における調査法とケーススタディ』ミネルヴァ書房，12）

第 9 章
量的研究の方法(1)

1．はじめに

　本章は、第 2 章で紹介した日本語教育学〔日本語に関する研究〕の方法論を紹介したい。教育貢献を目指して言語研究を行うとどうしても量的研究になる傾向がある。それが本章のタイトルになった所以である。第 9 章、10 章では、量的研究（quantitative research）を「数量化ができるデータをあつかう研究」とシンプルに定義し、その方法論を紹介する。数量化ができないデータをあつかう質的研究の具体的な方法は第 11 章と第 12 章であつかう。本章では研究例を紹介しながら、その目的達成のために必要なツールとは何か？という手順で見ていく[1]。

　日本語教育文法の一連の書籍の中で方法論に特化したものが森・庵編（2011）であることを第 2 章で述べたが、本章前半は同書籍の中から以下の 3 編の論文を紹介しつつ、それらが用いているツールを紹介する。中俣尚己氏による「コーパス・ドライブン・アプローチによる日本語教育文法研究─『てある』と『ておく』を例として─」、岩田一成の「数量表現における初級教材の『傾き』と使用実態」、森篤嗣氏による「着点を表す助詞『に』と『へ』における日本語母語話者の言語使用について」である。方法論・使用ツールのバリエーションを考慮してこの 3 編を選んでいるため、論文集の中でこれらがとくに優れていると主張するものではない。

　また、本章後半では、形態素解析を中心に語彙や文法を整理するためのツールを紹介する。日本語学習者の多様化を背景に、個別の語彙シラバスや文法シラバスを作成する必要性が高まっている。そういったニーズに欠

---

[1] 本章で紹介するツールは、本章参考文献の後にまとめて提示する。

かせないのが形態素解析である。

2．ある文法形式の使用状況を細かく見る

　森・庵編（2011）の中俣論文「コーパス・ドライブン・アプローチによる日本語教育文法研究―『てある』と『ておく』を例として―」では、「てある／ておく」をテーマとして、その使用実態が詳細に述べられている。具体的には、どんなジャンルに現れるのか、どんな動詞と共起するのか、学習者はどのように使っているのか、といった情報を各種コーパスから抜き出している。例えば、話し言葉の「てある」で50％以上は「書いてある」であるというような指摘は、そのまま教案作成に生かせる事実である。ここでは、中俣氏が論文で利用していたコーパスを紹介する。中俣論文のように、ある文法形式の使用状況（ジャンルや出現頻度、共起表現など）を詳細に記述する際、コーパスの使用は非常に有効である。コーパスの使用は大雑把な使用傾向をとらえることができ、教育貢献との相性がよい。

　なお、ここで紹介する以外にもコーパスはさまざまなものがあり、荻野・田野村編（2011）の第2章や李在鎬氏のホームページ（http://jhlee.sakura.ne.jp/）が参考になる。体系的な理解には石川（2012）を参照されたい。

堀　田：　最近、コーパスってよく耳にしますね。
建　部：　そうやね、研究方法が広がってきてるんやろな。
堀　田：　コツコツ例文カードを作るんも大事やと思いますよ。
建　部：　それはその通り。ただ、言語の使用状況を数字で提示できるのはコーパスの大きな強みやで。
堀　田：　確かにそうですね。「この例は12000あります」いうたら、「わわわ～っ」てなりますね。
建　部：　「この文型の大部分はこういう使い方です」っていうのは学習者にとって有り難い情報になるしね。

2.1 母語話者コーパス：書き言葉

　最初に紹介するのは、国立国語研究所が作成した『現代日本語書き言葉均衡コーパス』である（以後、BCCWJ と呼ぶ）。BCCWJ は、現代日本語の書き言葉の全体像を把握するために構築されたコーパスであり、日本語では唯一の均衡コーパスである。均衡コーパスとは、言語資料の偏りをなるべくなくせるようにバランスを取っているコーパスのことで、BCCWJ のジャンルは、書籍全般、雑誌全般、新聞、白書、ブログ、ネット掲示板、教科書、法律などに分かれている。つまり、各種ジャンルで検索することにより、日本語書き言葉のジャンル内での代表性がある程度担保されているのである。1 億 430 万語のデータを格納しており、それらは形態素解析（5.1 節参照）されて格納されている。よって、例えば「語彙素」で「食べる」を指定すれば、「食べる、食べない、食べた」という全ての活用形が一括検索できるようになっている（中納言〔後述〕を使用すれば可能）。

　検索アプリケーションとしては、少納言と中納言がネット上で稼働しており、現在どちらも無料で公開されている（2025 年 3 月現在）。少納言は誰でも使えるが、語彙素検索ができず用例も 500 例しか表示できないという限界がある。一方、中納言は、使用に際して国立国語研究所との契約手続きが必要であるが、検索結果が全てダウンロードできるという大きなメリットがある。中納言は、検索のとき、長単位・短単位という聞きなれな

図 9-1　少納言：検索文字列のところに調べたい語彙を入れて検索を押すだけ

い選択を迫られる。形態素の単位を2つ用意しているのだが、これに慣れるまで少し時間がかかるであろう。「たことがある」という形式を検索したいなら、短単位は「た｜こと｜が｜ある」、長単位は「た｜ことがある」で区切られる。文字列検索にいろんな形式を入力してみて、結果表示単位を短単位・長単位と選べばだんだん単位の違いが理解できるようになるが、少し時間がかかるかもしれない。また、膨大なデータをあつかうため、あまりに指令を細かく出し過ぎるとフリーズすることがある。

2.2 母語話者コーパス：話し言葉

中俣論文中、話し言葉のコーパスとしては、国立国語研究所・情報通信研究所・東京工業大学が作成した『日本語話し言葉コーパス』（以後、CSJと呼ぶ）、科研プロジェクト（代表：大曾美惠子氏）で作成された『名大会話コーパス』（以後、名大会話と呼ぶ）が使われている。

CSJは話し言葉コーパスという名前であるが、講演や模擬講演が半々で入っており独話が中心である。対話などもあるがほんの少ししか入っていない。全データに音声がついているのが特徴である。文字化されたデータには、言い間違い、フィラー、ささやき声などのタグが付与されており、音声研究にも使えるようになっている。ただし、CSJ USB版の使用には料金が必要で、学生25,000円、研究機関・個人研究者50,000円、一般企業250,000円となっている。

名大会話は、100時間分の雑談を文字化したもので、雑談参加者の属性（年齢や出身地域）がわかるようになっている。20代の学生が多いという特徴がある。国立国語研究所のウェブサイトで全データを入手できることから、話し言葉の研究に広く活用されている。CSJ、名大会話は、2025年3月現在、中納言上でも利用が可能である（6節参照）。

日本語の話し言葉コーパスは他にもあるが、均衡コーパスがないという決定的な問題を抱えている。つまり、講演であったり、雑談であったりという日常生活の一部を取り上げたものばかりで、日本語の話し言葉を代表するようなデータを抽出することはできない。この点、英語ではBNC

（British National Corpus）がすでにその一部に話し言葉均衡コーパスを内蔵しており、その日本語版の作成が要望されている。

2.3　学習者コーパス

中俣論文で学習者のデータを見るに当たり、科研プロジェクト（代表：カッケンブッシュ寛子氏）による『KYコーパス』、国立国語研究所の『日本語学習者会話データベース』（以後、学習者会話と呼ぶ）、『学習者による作文とその対訳データベース』（以後、対訳作文DBと呼ぶ）が用いられている。

KYコーパスは制作に関わった鎌田修氏と山内博之氏の頭文字を取ったもので、OPIという口頭試験のデータを文字化している。OPIは日常会話から始まってロールプレイを行うという一連の決まった展開を有しており、同じパターンの談話を90人分収録している。90人の被験者の母語は、中国語、英語、韓国語がそれぞれ30人ずつである。その30人のOPIの判定結果別の内訳は、それぞれ、初級5人、中級10人、上級10人、超級5人ずつとなっている。非常にバランスよくデータが収集されており、使い勝手がよい。利用手続きはシンプルで、担当の山内氏にメールを出せば無料で手続きをしてもらえる。

学習者会話もKYコーパスと同じくOPIデータを用いており、会話の文字化データ339件とその音声データ215件を公開している。KYコーパスとの違いは、レベル別・母語別データのバランスが取れていないことである。韓国語が全体の53％、中国語17％、英語8％で、韓国語話者に集中している。ただし、アラビア語話者、タイ語話者、ミャンマー語話者などさまざまな学習者を被験者にしている点、データ数が多い点で、KYコーパスと一緒に使う研究をよく見かける。名大会話同様、国立国語研究所のウェブサイトで簡単な手続きをすれば使用することができる。そこでは、学習者の日本語レベル、年齢、性別、出身国、母語、職業、日本滞在期間等からデータの検索・ダウンロードが可能である。

対訳作文DBは、名前の通り作文のデータベースである。日本語の作文

を書いてから、自分の母語で同じ内容を書くという手順を踏んでいる。そのため、対訳というよりは、「こういう意図で書きたかった内容が、日本語ではこうなっている」というデータを収集することができる。1人の学習者が1編とは限っておらず複数の作文を書いている場合もあるが、全部で1500編以上の作文が格納されている。こちらも国立国語研究所のウェブサイトから無料で使用可能である。

> 福　本：　コーパス使う人って、ワンクリックでデータが集まるんでしょ？
> 建　部：　そういうイメージある？
> 福　本：　はい、すごく楽してるイメージです。
> 建　部：　いやいや、結構大変なんよ。関係のない例が混ざってくると数千単位でゴミ取り作業をしたり…。
> 福　本：　有料のやつがあるのも嫌なんです。
> 建　部：　作るのにすごく手間がかかってるからね。むしろ無料のものがあることに感謝せな。
> 福　本：　へ〜そういうもんなんですね。
> 建　部：　使う時はみんな感謝を込めて、論文にコーパス製作者への謝辞を書いたりしてるよ。

2.4　各種コーパスを分析するには

　コーパスは膨大な言語資料であるため、何らかの方法で分析しなければならない。中納言のようにネット上で検索できるように整っている場合はいいが、それ以外のものは自分で加工するというプロセスが必要になる。例えば、名大会話の中から、動詞語彙だけを抽出したいと思ったら、まずは名大会話に品詞タグをつけていかなければならない。こういった作業が形態素解析であり、5.1節で細かくあつかう。
　ここでは形態素解析を行わずに、自分の知りたい文字列だけを抜き出す方法を紹介する。例えば、助数詞「杯」で数えることができる名詞は何か

第 9 章　量的研究の方法(1)

知りたいとする。そういう時に登場するのがエディタと呼ばれるテキスト検索ソフトである。Devas、秀丸エディタ、JGREP などで検索すると、自分が欲しい情報だけを抜き出すことが可能になる。

　上記ソフトで「1 杯」「2 杯」「3 杯」と順番に文字列を入力して検索をかければ、「杯」を含むセンテンスを抽出できるため欲しい情報は集まる。しかし、一つ一つ欲しい情報を検索して結果をつないでいくのは煩雑である（もちろん最初にそういった面倒くさい作業を一度経験することは重要であるが…）。そこで登場してくるのが正規表現である。正規表現とは一種の命令手段で、「こういう情報を一気に集めてくれ！」とコンピュータに指示するときの暗号だと考えていただきたい。上記の例でいうと助数詞「杯」と数詞のペアを抽出したいということになる。漢数字も考慮して、図 9-2 のように表示すれば欲しい情報を抜き出すことができるようになる。

図 9-2　Devas の検索画面

図 9-3　秀丸の検索画面

　［1234567890 一二三四五六七八九十百千万］［杯］という文字列の意味は、1～万までの数字全てが「杯」の前にくる文字列を全て抜き出すということである。正規表現にはさまざまなものがあるが、「サルにもわかる

正規表現入門」など便利なページがあるのでご覧いただきたい。簡単な使い方はこのホームページで十分であるが、もっと詳しい仕組みが知りたい方、研究の応用を考えたい方は大名（2012）を参照されたい。

　2.3節で紹介したKYコーパスについても少し触れておく。KYコーパスは口頭試験であるOPIデータであるため、日本人テスターの発話と学習者の発話が交互に繰り返される。ところが、研究では学習者の発話データのみをあつかうことが多いため、事前に日本人テスターの発話を削除しておく必要がある。そんな時にも正規表現が役に立つ。図9-3のように入力すれば、Tから始まるテスターの発話を全部抽出することができる。この正規表現で置換機能を利用すれば、テスターの発話を全て削除できる。

　T.*の意味は、「Tの後ろにある文字列が、1文字以上あるか全くない場合を抽出する」というものである[2]。

3．教材の中の文法形式を見る

　ここでは、森・庵編（2011）の岩田論文「数量表現における初級教材の『傾き』と使用実態」という論文から、日本語教育学〔日本語に関する研究〕の方法論を論じたい。岩田論文で提案しているのは、教材分析の必要性である。教材の中で採用されている言語形式にはある種の思い込みが混じっており（それを上記論文では「傾き」と呼んでいる）、それらの思い込みを明らかにすることで教育貢献が行えるという主張を行っている。具体的には、数量詞をテーマにし、初級教科書（多くは口頭コミュニケーションを目標にしている）は平均8種類の助数詞を教えているが、実際の母語話者会話では4つもあれば90％以上がカバーできること、教材ではNCQ型数量表現（「学生が4人来た」のような文）を採用しているが、実際には述部表現（「4人です」のような文）が会話に多いことを指摘している。

---

[2] 秀丸は、1文字以上という命令が改行スペースまでで止まるため、次の行に指令が届くことはない。ソフトによっては「.*」がテキストの終わりまで続くものもあるため注意が必要である。

3.1 どんな教材を対象にすべきか

教材を分析してみるというのは別に新しい方法ではない。よく出る質問に、「一体、どの教科書を何冊くらい分析すればよいのか？」というものがある。厳密な出荷数は企業秘密なのでわからないが、日本語学校採択率などは取次業者が公開することもある。岩田論文が用いていたのは、論文での被参照率である。初級教材をあつかう6つの先行研究から、分析に用いられている教材をランキングにしたのが表9-1である。

このように、何らかの基準で分析に用いる教材を選ぶべきである。教科書を量的にあつかうことで特定の教科書たたきにならず客観的な主張が可能になるだろう。

表9-1 論文で参照された回数

出現数	教科書名
4回以上	みんなの日本語（スリーエーネットワーク）、SITUATIONAL FUNCTIONAL JAPANESE（つくばランゲージグループ）、JAPANESE FOR BUSY PEOPLE（AJALT）、げんき（ジャパンタイムズ）、日本語初歩（国際交流基金）
3回	新文化初級日本語（文化外国語専門学校）、初級日本語（東京外国語大学留学生日本語教育センター）
2回	語学留学生のための日本語（凡人社）、新日本語の基礎（スリーエーネットワーク）、JAPANESE FOR EVERYONE（学習研究社）

3.2 教材のどこを分析すべきか

初級教材は、例文、会話例、ドリル、タスクなどさまざまなセクションからなっている。例文や会話例には、当該課で中心となる文法形式を提示していることが多く、分析対象にもなりやすい。とくに会話例では、文脈を踏まえて提示されており、実際のコミュニケーション場面と比較して検討するという作業が行いやすい。美術館でカメラを構えたお客さんに対して、警備員は本当に「写真を撮らないでください！」と禁止するのであろ

うか、などという課題が浮かぶ（野田編 2012 の中で清ルミ氏が興味深い論考を提示している）。

　岩田論文で提案しているのは、ドリルへの注目である。ある文法形式をどのように定着させようとしているのかは、ドリルを見ればよくわかる。ゆえに日本語教育関係者の思い込みがそこに反映されやすいと想定している（具体例は、森・庵編（2011）の126-127ページに紹介されている）。また、タスクに注目してみると、タスクを作りやすい文法形式（例：可能動詞）と作りにくい形式（例：命令形）があることに気付く。そういった裏事情が教育に及ぼす影響はないとはいえないだろう。

　このように、教材分析と一言でいっても、焦点を当てる場所はいろいろあり、それによって課題設定も変わっていく。意識的に自分がどこに焦点を当てて分析したいのかを考えると、研究の幅が広がるであろう。

4．日本語教育関係者の思い込みを問う

　森・庵編（2011）の森論文「着点を表す助詞「に」と「へ」における日本語母語話者の言語使用について」では、助詞「へ」は、日本語教育関係者の思い込みによって教えられているのではないかという問題設定をしている。森論文ではKYコーパス、BCCWJ、名大会話といったコーパスも使っているが、ここで取り上げたいのは、調査の概要である。言語使用調査、テスト、インタビューを組み合わせて潜在的・顕在的、書き言葉・話し言葉といった区別をしながら結果を提示している。こういった調査から日本語教育関係者のある種の思い込みを正すことができれば、当然教育貢献につながる日本語研究となるであろう。森論文は結論として、少なくとも初級のアウトプットにおいて「に」と「へ」を使い分ける必要はないであろうとしている。文法研究の手法として言語使用調査やテスト、インタビューを行うというのは決して主流ではない。ただ、それゆえにこれからの可能性を感じる研究である。多様な方法を組み合わせながら研究を行っていけばいいのではないだろうか。

> 大　平： 日本語教育関係者の思い込みって表現、ちょっときつくないですか？
> 建　部： 確かにそうかも。
> 大　平： そんな言い方、現職の人にちょっと失礼ですよ！きー！！
> 建　部： まあまあ、そこが腕の見せ所でしょ。まずは、緻密なデータを示すこと。
> 大　平： データを出すことは確かに大事ですね。
> 建　部： あとは、攻撃的な文章を書かない工夫がいるね。
> 大　平： そう！ポイントはそこです。
> 建　部： 誰かが不快になるような書き方はどの分野でもダメだろうね。

4.1　言語使用調査

　森論文では、地図を渡して、スタート地点から目的地までの説明を書いてもらうという調査をしている。この言語使用調査（道案内タスク）により、潜在的に我々が助詞をどのように使用しているかを明らかにしようとしている。調査対象も、日本語教師と一般人を10名ずつ集めて、その違いを見ようとしている。また同様に、被調査者が自宅を出てから、調査会場までどうやってきたかを質問しており、そこから潜在的な助詞の口頭使用を検証している。結果としては、どちらの調査においても「に」が圧倒的に多いという指摘をしている。

　このような日本語教育で使われているようなタスクを実際に調査として行ってみることでわかることは多い。当該文法形式が、本当にそのタスクで用いられているのか、という根本的な問題や、代わりにどんな文法形式が用いられているのかという代案の提示も重要である。森論文のように類似形式が2つある場合は、どちらがより自然に出てくるのかという課題設定も可能である。男女で違うのか、年齢で差が出るのかなど、属性を調整することで調査のバリエーションは広がるであろう。

4.2 テスト、インタビュー

　森論文では、潜在的な使用と顕在的な使用を比べるため、2種類のテストを用意している。「に」か「へ」だけが入る短文穴埋め問題と、長文の助詞の位置（「に」「へ」に限定せず設定）に空欄を設定してそこに助詞を記入させるものである。前者は「に」と「へ」が問われていることが被調査者にもわかるため、顕在的な使用を問うている問題である。一方、後者はいろんな助詞を入れる中で、「に」と「へ」どちらを入れるか、潜在的な使用を見ている。さらにテストの後で、日本語教師には「『へ』を教えるべきか？」「初級で教えるべきか？」「『に』と『へ』はどちらを先に教えるべきか？」といった質問を行い、その答えと理由を聞きだしている。

　調べてみたい文法形式についてテストをする、こういう発想は誰でも思いつきやすい。ところが、テストやアンケートというのは問い方によって出てくる結果はいろいろである。多くは顕在的な使用状況しかわからないため、実際にどうなっているかは全く別物である。そういう事実を理解した上で、どうしたら自分の知りたい情報を得ることができるか工夫を凝らさなければならない。森論文のように多様な方法を組み合わせることは1つの解決法である。

5．語彙リストを作る

　日本語学習者は多様化しているので、それぞれの学習者の目的別に語彙リストがあってもよい。これまで日本語教育は、焦点を留学生に当ててきたため、学習内容の基準として日本語能力試験基準の語彙シラバスが一般的に用いられている。そういったものの検証を含め、多様化する学習者に必要なものとは一体何かを問い直す時期に来ているのであろう。ここでは形態素解析を中心に、語彙を整理するための方法・ツールを紹介する。具体的には、看護師国家試験に合格するための語彙を分析している岩田・庵（2012）を取り上げる。

　なお、本節はさまざまなツールを広く概観するのが目的であり、ページ

第 9 章　量的研究の方法(1)

の制約もあって、詳細な操作方法には踏み込めない部分が多い。5.1 節以降に紹介する形態素解析やエクセルの使用については李他（2012）に詳しく載っているので、参照されたい。

5.1　形態素解析

あるテキストから必要な語彙や文法を抽出するには、形態素解析という操作が必要である。表 9-2 のようなイメージで理解してほしい。

これはイメージを伝えるために簡略化して例示しているが、もう少し詳細な情報が各形態素にタグ付け（ある情報を付加すること）されて出力されると考えてもらいたい。岩田・庵（2012）では看護師国家試験必修問題（94-100 回）のテキストを全て形態素解析して分析している。

形態素解析を行うには、態素解析器 MeCab（京都大学情報学研究科-日本電信電話株式会社コミュニケーション科学基礎研究所共同研究ユニットプロジェクトによる）と、形態素解析用辞書 UniDIC（国立国語研究所による）をインストールしなければならない。ともにフリーソフトである。

表 9-2　形態素解析とは？

```
入力　「あるテキストから必要な語彙や文法を抽出する」
　　↓　 形態素解析機に通す
出力　「ある　　　〔連体詞〕
　　　 テキスト　〔名詞-一般〕
　　　 から　　　〔助詞-格助詞〕
　　　 必要　　　〔名詞-形状詞可能〕
　　　 な　　　　〔助動詞-連体形〕
　　　 語彙　　　〔名詞-一般〕
　　　 や　　　　〔助詞-副助詞〕
　　　 文法　　　〔名詞-一般〕
　　　 を　　　　〔助詞-格助詞〕
　　　 抽出　　　〔名詞-サ変可能〕
　　　 する　　　〔動詞-サ変-終止形〕」
```

第3部　日本語教育研究ガイド

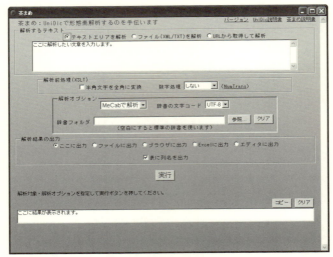

図9-4　茶まめの画面：入力は直接入力でもファイルでも可能、出力も下の空欄に出してもいいし、エクセル出力も可能。

両者をインストールするとデスクトップに茶まめ（茶マークで表示）というソフトが現れ、以後そこから形態素解析を行うことになる。直接文字列を入力してもよいし、ファイルを指定して分析することもできる。形態素解析は、2025年3月現在、ウェブサイト上でも利用可能になっており、6節で紹介する。

5.2　エクセル、リーディングチュウ太による語彙分析

岩田・庵（2012）では、看護師国家試験必修問題の語彙を分析している。そこでは同試験問題の名詞を分析し、（旧日本語能力試験）級外・1級語彙が全体の50％を超えるため、「2級を勉強すれば対応可能である」とする先行研究に疑問を提示している。こういった語彙の分析方法についてここでは見ていく。

形態素解析を行った語彙リストは、エクセルに出力ができる。そこでエクセルのフィルター機能を用いれば、動詞だけ、名詞だけといった品詞指

第9章　量的研究の方法(1)

定の語彙を抽出することが可能である。さらにその語彙の、のべ語数・異なり語数を出すには、ピボットテーブルや、関数機能を用いれば簡単にできる。フィルター、ピボットテーブル、関数という機能は特別なソフトのダウンロードも不要で非常に便利である。

　抽出した異なり語数を日本語能力試験の基準で再分析するには、リーディングチュウ太が便利である。これはホームページ上で動く日本語読解学習支援システムで、さまざまな機能を備えている（川村 2009 参照）。例えば表9-2で出力された語彙リストの名詞だけ抽出すれば、「テキスト、必要、語彙、抽出、文法」となる。それらをリーディングチュウ太に入力して、「レベル判定」の「語彙」をクリックすると、旧日本語能力試験のレベル判定

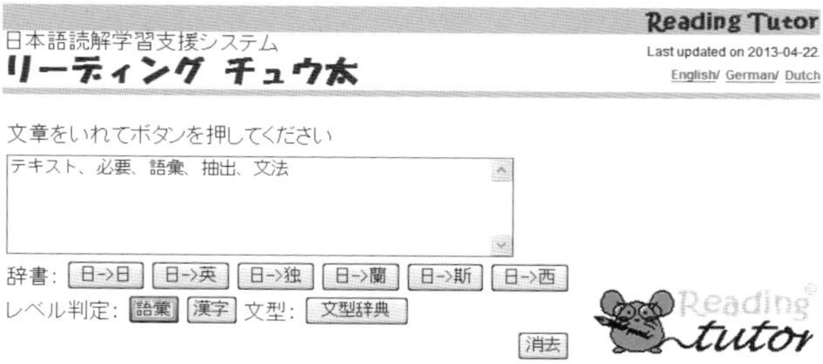

図9-5　リーディングチュウ太検索画面：調べたい語彙を空欄に入れて、語彙ボタンを押すと、語彙の級判定が出てくる

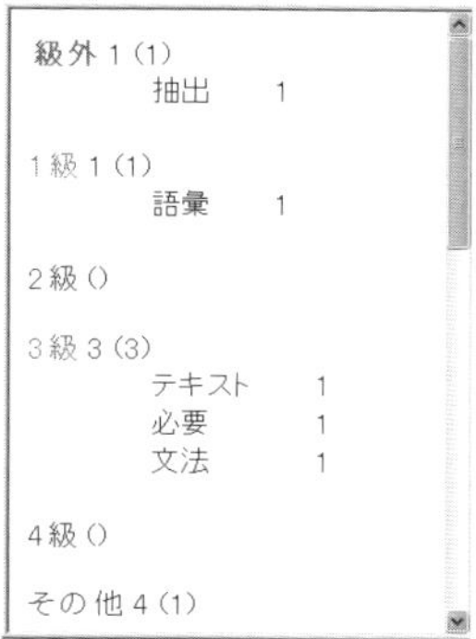

図9-6　語彙の級判定（全体画面の一部）

を瞬時に出してくれる。

　この結果からは、3級の語彙が多いということがわかる。このように、エクセルとリーディングチュウ太を組み合わせることで、抽出した語彙を分析することが可能になる。

　本章では、日本語教育学〔日本語に関する研究〕分野での方法論に特化してツールの紹介を中心に行ってきた。言語研究の方法論はさまざまな広がりを見せており、藤村・滝沢編（2011）などを見ると、本章であつかったものがほんの一部であることがおわかりいただけるであろう。まずは今用いられている方法をいろいろ検討した上で、自分に合ったものを選んでいただきたいというのが我々の願いである。

6．改訂版追記

　ここ数年で起こった環境の変化を3点紹介したい。1点目は中納言の進化である。2.2であつかったCSJや名大会話が中納言に搭載されて無料で使えるようになっている。CSJに関しては有料のUSB版と全く同じではないが、形態論情報（短単位情報）は検索ができる。名大会話も2.2にあるようにデータをダウンロードする方法はこれまで通り可能であるが、中納言に搭載されたことで、さらに使いやすくなっている。この他、中納言は格納コーパスを順次拡大しており、研究者には大変いい環境になっている。

　2点目は、2.3で紹介した学習者コーパスに書き言葉版が新たに加わったことである。書き言葉のKYコーパスとも称される『YNU書き言葉コーパス』である。日本人、並びに日本語学習者によるタスクベースの文章を集めたものである。日本人大学生30名、中国語母語話者30名、韓国語母語話者30名による12のタスクが収録されている。レイティングが付いているところがポイントで、非母語話者の作文は上位群、中位群、下位群の3グループに分けられている。YNUとはこのプロジェクトを実施した母体である横浜国立大学のことで、書籍（金澤編2014）を購入すればCDがついており利用できる。

　3点目は、5.1で形態素解析についてインストール型の茶まめを紹介し

たが、これがウェブ上で動くようになったことである。その名も『Web茶まめ』と言い、テキストを直接書き込んでもよいしテキストファイルをアップロードすることもできる。出力は、HTML形式・CSV形式・Excel形式などを選べるようになっている。

　こういったコーパスやツールの利便性が高まるにつれて、関連研究も順次出てきている。コーパスを使って初級シラバスを分析した論文集である庵・山内編（2015）や、形態素解析などによる語彙の研究を集めた森編（2016）は、まさに本章の実践例である。さらには、中納言を用いて作ったデータ準拠の日本語教育用参考書（中俣 2014）が現れたり、コーパスやツールを使用した演習ベースの日本語教育研究概説書（森編 2018）が公刊されたりと、広がりを見せている。なお、本章で紹介したコーパスやツールの使い方は森編（2018）の付録に詳しい。

課題

1　2節で紹介したコーパスをいくつか使って、好きな語彙を検索しましょう。
2　図書館にある教科書（表9-1にあるもの）を集めて、ある文法形式（例えば「〜ておく」）の使用場面を比べましょう。
3　論文や新聞記事を、実際に形態素解析機にかけてみましょう。そして、語彙リストを作ってみましょう。

参考文献

石川慎一郎（2012）『ベーシックコーパス言語学』ひつじ書房
庵功雄・山内博之編（2015）『データに基づく文法シラバス』くろしお出版
岩田一成・庵功雄（2012）「看護師国家試験のための日本語教育文法　必修問題編」『人文・自然研究』6号（一橋大学），56-71.
大名力（2012）『正規表現によるコーパス検索』ひつじ書房
荻野綱男・田野村忠温編（2011）『コーパスの作成と活用（講座ITと日本語研究5）』明治書院
金澤裕之編（2014）『日本語教育のためのタスク別書き言葉コーパス』ひつじ書房
川村よし子（2009）『チュウ太の虎の巻―日本語教育のためのインターネット活用術』くろしお出版

中俣尚己（2014）『日本語教育のための文法コロケーションハンドブック』くろしお出版

野田尚史編（2012）『日本語教育のためのコミュニケーション研究』くろしお出版

藤村逸子・滝沢直宏編（2011）『言語研究の技法──データの収集と分析』ひつじ書房

森篤嗣編（2016）『ニーズを踏まえた語彙シラバス』くろしお出版

森篤嗣編（2018）『コーパスで学ぶ日本語学　日本語教育への応用』朝倉書店

森篤嗣・庵功雄編（2011）『日本語教育文法のための多様なアプローチ』ひつじ出版書房

李在鎬・石川慎一郎・砂川有里子（2012）『日本語教育のためのコーパス調査入門』くろしお出版

▌本章で紹介したツール一覧（提示順：正式名ではなく本章での呼び方で表示）

少納言〈https://shonagon.ninjal.ac.jp/〉（2025 年 3 月 1 日）

中納言〈https://chunagon.ninjal.ac.jp/〉（2025 年 3 月 1 日）

＊CSJ と名大会話は中納言から利用可能

KY コーパス〈https://www.opi.jp/resources/corpora/〉（2025 年 3 月 1 日）

学習者会話〈https://dbms.ninjal.ac.jp/nknet/ndata/opi/〉（2018 年 9 月 12 日）

対訳作文 DB〈https://db3.ninjal.ac.jp/contr-db/〉（2018 年 9 月 12 日）

Devas〈http://www.vector.co.jp/soft/dl/win95/util/se162621.html〉（2025 年 3 月 1 日）

秀丸エディタ〈http://hide.maruo.co.jp/software/hidemaru.html〉（2025 年 3 月 1 日）

JGREP〈http://www.vector.co.jp/soft/dl/win95/util/se174779.html〉（2025 年 3 月 1 日）

サルにもわかる正規表現入門〈http://www.mnet.ne.jp/~nakama/〉（2025 年 3 月 1 日）

MeCab〈https://taku910.github.io/mecab/〉（2025 年 3 月 1 日）

UniDic〈https://clrd.ninjal.ac.jp/unidic/download.html〉（2025 年 3 月 1 日）

リーディングチュウ太〈https://chuta.cegloc.tsukuba.ac.jp/〉（2025 年 3 月 1 日）

Web 茶まめ〈http://chamame.ninjal.ac.jp/〉（2025 年 3 月 1 日）

第10章
量的研究の方法(2)

1．はじめに

　本章では、第9章同様、量的研究（quantitative research）を「数量化ができるデータをあつかう研究」と定義し、その意義と方法について述べる。第9章ではコーパスにおける語の頻度を対象とした分析方法について紹介したが、量的研究があつかうデータは頻度だけではない。量的研究にはさまざまな変数を統制して行う実験研究（experimental research）という側面がある。実験研究は実証的研究とも呼ばれ、仮説を検証することを目的としている。

> キ ム： 量的研究にするか質的研究にするか悩んだことってありますか。
> 織 田： もちろん！
> キ ム： 量的研究が好きな人は、一般化できないから質的研究はやめとけっていうし……
> 織 田： 逆に、質的研究が好きな人は、数にならされて大事なものを見落としそうな量的研究は嫌いかもね。
> キ ム： じゃあ、両方すればいいんでしょうか。

　量的研究（実験研究、実証的研究）の意義は、数量化によってサンプル（被験者・被調査者）の実態を示し、その結果を一般化することにある。また、質的研究よりも研究の再現が比較的容易にできることもあげられる。日本語教育研究においては、これまで日本語学や社会学などで記述されてきた知見や仮説探索型研究で提示された概念（モデル）を量的研究におい

て実証していくことが求められている。

　小柳（2010）は、第二言語習得の実証研究が教授法に寄与するためには、「理論に基づく仮説」から始まる実験研究が不可欠であると指摘している。未だしばしば、量的研究と質的研究が本来もっているデメリットを爪楊枝でつつくような議論が見受けられるが、まずは「量的研究 v.s. 質的研究」のように単純な二項対立と見なさないことが大切だ。例えば、学習者の認知メカニズムを解明することを目的とし、量的研究を行ったとする。実験においては要因が厳しく統制されるため、いわゆる「実験室」での結果となり、すぐに教育実践へ還元することは難しい。しかし、教育的示唆を今すぐ得られないことに対して批判するのは不毛である。と同時に、単純に併用すればいいというわけでもない。「どうやって覚えましたか」を問うインタビューを併用したところで、本来の研究目的の解明を助けるとは限らない。ほぼ一瞬のうちに無意識的に行う認知過程を口頭ですらすらと説明できる人は少ないだろう。

　量的研究か質的研究か迷うのならば、まず両者の特徴を知ることだ。そして、異なる研究の手法をどうやって選ぶか、組み合わせたほうがより効果的か、効果的ならばどう組み合わせるか、を考えることが重要だ。というわけで、質的研究に取り組んでいるみなさんも、この章を飛ばさずに読んでみてほしい。本章の目標は量的研究の論文を「読む」ときに、考察まで読み飛ばさないための知識を得ることである。各研究方法の詳細は章末に示す参考文献で勉強してもらいたい。

林　　：先生に「統計かけないのか」って聞かれたんだけど、t 検定とか分散分析しろってことですか？
織田　：t 検定や分散分析とは限らないよ。
林　　：えー他にも方法？みたいのがあるんですか？……そもそも僕、文系なんですけど。
織田　：だよねえ。
林　　：そもそも統計ってかけなきゃダメなんですかねえ。
織田　：かけなきゃいけないわけじゃないけど、かけるとどん

第 10 章　量的研究の方法(2)

なことがいえるようになるかは知っておくといいよ。

　量的研究には非常に多くの方法論がある。全てを網羅するのは不可能であるため、本書では、記述統計、t 検定、分散分析、χ^2 検定、相関、因子分析を取り上げる[1]。それらに加えて、共分散構造分析にも言及する（図 10-1）。具体的には、各分析方法にあった研究課題リスト、各分析を用いた論文題目リストをあげ、リスト中の論文を引用しつつ、その分析結果を読み解くポイントをまとめる。そうすることで、「研究者が見たいこと」と「量的研究の方法」を関連付けていく。なお、各分析をソフトウェアで実施する具体的な手順については、随時、推薦図書を紹介するという形ですすめる。また、量的研究のリサーチデザインやデータ収集の方法については第 2 部を参照してほしい。

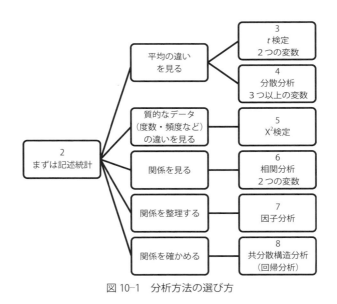

図 10-1　分析方法の選び方

1）村上（2010）がまとめた「雑誌『日本語教育』56 号〜 143 号において用いられた分析方法」を取り上げる。近年、言語テスティング研究で用いられている項目応答理論（伊東 2011；大澤 2011；大友 1996；豊田 2012；中村 2011；野口・熊谷・大隅 2007）、ラッシュモデル（靜 2007；坂野・坂井 2006）は本書ではあつかわない。ここであげた文献を参考にしてほしい。

183

2．まずは記述統計

　量的研究において仮説検証を行うためには、数量化されたデータ（サンプル、標本）を集める。集めたデータの傾向をわかりやすく表す分析を記述統計（descriptive statistics）と呼ぶ。量的研究における統計的な分析（推測統計、統計的検定、inferential statistics）の目的は、集めたデータから得られた傾向（記述統計）が母集団にも当てはまるかを推測することである。例えば、中国語を母語とする学習者全員（＝母集団）を対象として実験・調査を実施するのは不可能である。そのため、実際のデータは中国語を母語とする学習者の一部（＝サンプル、標本）をできる限りランダムに集めたものとなる。一部の学習者から中国語を母語とする学習者全員の傾向を推測しようとするのだ（図10-2）。

　もう少し噛み砕くなら、向後・冨永（2007）の例がわかりやすい。向後・冨永（2007）はハンバーガーショップを例にあげている。あるハンバーガーショップの商品であるポテトの本数の平均を知るために、「お店で作られる全てのポテト（＝母集団）」を調べるのは想像するまでもなく大変だ。そこで、「お店で作られる全てのポテト（＝母集団）」の中から、いくつかのポテト（「限られた数のデータ＝サンプル、標本」を取ってきて本数を

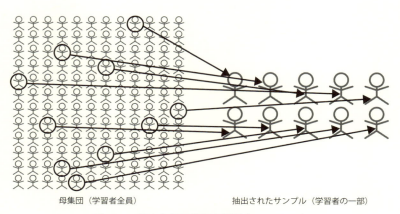

母集団（学習者全員）　　　　抽出されたサンプル（学習者の一部）

図10-2　標本から母集団を推測するイメージ

分析し、その結果を一般化するのである。

ここで述べる記述統計の目的とは、母集団から抽出した「限られた数のデータ＝サンプル、標本」そのもの傾向を知ることである。サンプルの傾向を知り、その傾向が母集団にもいえるかどうかを確かめるのだから、記述統計とは次節から紹介する統計的な分析を適切に行うための準備だといってもよい。近年では、ExcelやSPSSやRなどのソフトウェアやプログラミング言語を用いることで、複雑な統計的な分析が容易に実施できるようになった。しかし、どのような研究テーマであれ、記述統計量（記述統計によって提示する計算値）やグラフをながめ、集めたサンプルの傾向を解釈することを省略しないでほしい[2]。

記述統計量にはさまざまな種類があるが、一般的には平均値（M: mean）と標準偏差（SD: standard deviation）が多く用いられる。平均値とは集めたデータを代表する値のことであり、標準偏差とはデータがどのような範囲で散らばっているかを示す値（ばらつき、散布度）のことである。具体例として、同じ初級レベルの2つのクラス（Aクラス・Bクラス）の漢字テスト結果を紹介する（表10-1）。ほぼ同じ平均値であっても、BクラスよりもAクラスの標準偏差のほうが大きい。このことから、Bクラスのテスト得点が50点周辺にまとまっている一方で、Aクラスの得点は50点を中心にばらつきがあることが読み取れる。

平均値はともかく、筆者は標準偏差の説明を何度も求められてきた。いわゆる文系である日本語教師や日本語教師を目指す学生にとって、聞きなれない「標準偏差」という統計用語や「数式」と聞いただけで、「できない・わからない」という拒否反応を示すことが多い。読者のみなさんには、ま

表10-1　漢字テストの記述統計量

	初級Aクラス		初級Bクラス	
	平均値	標準偏差	平均値	標準偏差
漢字テスト	50.08	18.76	50.04	5.87

2）第5章コラム4「メタ分析」を行うためにも、記述統計量の報告は必須である。

ずはその拒否反応を弱めるため、統計に明るくなおかつ質問しやすい人を見つけることをおすすめする。もし、そういった人が近くにいなければ、とっつきやすいサイトや本を読むことをおすすめしたい。ハンバーガーショップの例を用いて説明した向後・冨永（2007）や、漫画で統計学を概説した高橋（2004）、ライトノベル風の小説で統計学を概説した石田（2013）や小塩（2013）は学生からの評価が高い。

　また、表 10-1 のように集めた数値が 4 〜 20 個なら表にまとめ、20 個より多ければグラフにまとめたほうが、平均と標準偏差の関係がわかりやすいだろう（アメリカ心理学会 2011）。中でも、ヒストグラム（histogram）や箱ひげ図などのグラフが作れるようになっておくと、視覚的にデータの傾向や特性を知ることができるし、日本語クラスのテスト分析にも応用できる。ヒストグラムとは、データをいくつかの範囲（階級）に分けて、その範囲の中にあるデータの個数（度数）を柱状に表示したものだ（図 10-3）。この図を見ることで、文法テストの平均値はおそらく 50 点前後で、40 〜 60 点の範囲に被験者の人数が最も多いという特徴（ばらつき）を読み取ることができる。ヒストグラムは Excel で簡単に作ることが出来る。清水（2016）の Excel を活用したフリーの統計分析ソフト「HAD」をおすすめしたい。

　一方、箱ひげ図はデータの分布に加えて、外れ値（outlier）を見つけやすいという利点がある。その名の通り、箱とその両側に出た髭（ひげ）で表現されるグラフだ。箱は全データの 50％の範囲を表しており、箱の中心が中央値となる。ひげの両端が最大値／最小値となり、ひげの先端から箱までの範囲に上位／下位 25％のデータを表している。この箱とひげから離れたデータは外れ値であり、○等で表現される。図 10-4 は 3 つのクラス別（1 中級、2 初級、3 入門）の聴解テスト結果を表している。各クラスの特徴が一目で分かると同時に、1 中級クラスと 2 初級クラスには、外れ値となった被験者がいることがわかる。被験者が少ない場合は、外れ値による代表値（平均値や中央値）への影響が大きくなるため、外れ値のあつかいには注意が必要である。箱ひげ図も清水（2016）の「HAD」で描くことができるが、できればこれを機に、R による作図に是非チャレン

第 10 章　量的研究の方法(2)

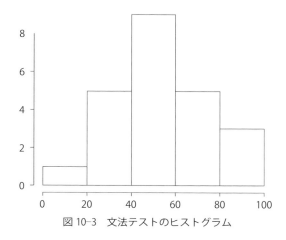

図 10-3　文法テストのヒストグラム

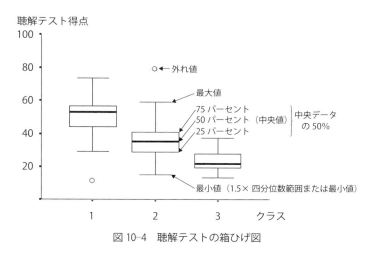

図 10-4　聴解テストの箱ひげ図

ジしてみてほしい。R とは統計計算とグラフィックスのための言語・環境である。R は無料でインストールでき[3]、初心者であっても美しいグラフを簡単に書けるという利点がある。箱ひげ図を描くコマンド（命令）はたったの数語で済む（例：boxprot(x)）。R に興味がわいたら、入門書であ

---

3) R のインストール方法は RjpWik（https://sugiura-ken.org/wiki/wiki.cgi/exp?page=RjpWiki）を参照のこと。

る山田・杉澤・村井（2008）と作図方法に詳しい久保訳（2009）を読むか、日本各地で開催されているワークショップに参加することをおすすめしたい。SPSSによるヒストグラムと箱ひげ図の作図方法、および外れ値の具体的な対処方法は平井（2012：31-32）[4]が詳しい。その他、ヒストグラムと箱ひげ図の関係を可視化できるサイト（水本篤氏開発、http://langtest.jp/shiny/bs/）もおすすめである。

3．2つの変数の平均の違いを見る：t検定

　男女の違い、授業前と後に実施したテスト得点の違いなど、2つの変数（グループや条件間）の平均を比較し、その違いを見たい場合は、t検定を用いる。まずは次ページに示したt検定に向いている研究課題例のリストとt検定を用いた日本語教育研究の論文リストを見てみよう。リスト中の①②は変数であることを表している。

　リスト中のt検定を用いた論文の中から、学習者に日本語能力の自己評価をさせた坂野・大久保（2012）を紹介する。ヨーロッパ言語共通参照枠（CEFR： Common European Framework of Reference for Languages）のスイス版自己評価チェックリスト（5段階評定）の評定値が、自己評価した時期（学期開始後と学期終了前）によって変化するかどうかを検討した研究である。

> 　初級、中級、中上級それぞれのレベルにおいて、学期開始後と終了前の変化があったかを対応のあるt検定を使い、分析した。その結果、初級レベルで$t(19)=4.50$、$p=0.0002$、$r=0.72$、中級レベルで$t(36)=6.99$、$p<0.0001$、$r=0.76$。中上級レベルで$t(28)=4.32$、$p=0.0002$、$r=0.63$となり、全てのレベルにおいて**有意差が認められた**。rは**効果量**であり、.30で中程度の効果量、.50で大きな効果量があると解釈されるが（水本・竹内2008）、全てのレベルで大きな効果量が認められ、学期開始後と終了前には学習者の自己評価

---

[4] 平井（2012）はSPSSの使い方だけでなく、統計的な分析の基本的な概念、理論の解説、各分析方法の前提条件についても詳しく提示している。

第 10 章　量的研究の方法(2)

---

t 検定

研究課題例
- ①学期開始後と②学期終了前で自己評価の評定が伸びる？
- ①漢字圏学習者より②非漢字圏学習者の方が聴解テストの成績が高い？
- ①ネイティブ教師より②ノンネイティブ教師の方が文法説明を重視する？

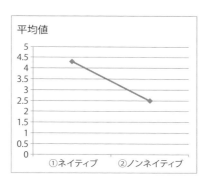

論文例
- 柏崎（2010）「文章の理解・産出の認知過程を踏まえた教育へ―伝達目的での読解と作文の実験とともに―」：
　　①小学生向けの作文評価項目　　　② 大学生向けの作文評価項目
- 張（2013）「日本語学習者の異文化態度に関する意識調査　―日本語専攻の中国人大学生を対象に―」：
　　①高学年の異文化態度　　　　　　②低学年の異文化態度
- 中上（2012）「理解中心の指導法「処理指導」と産出中心の指導との比較研究―形容詞の比較の指導を通して―」：
　　①処理指導した群　　　　　　　　②産出中心指導した群
- 坂野・大久保（2012）「CEFR チェックリストを使った日本語能力の自己評価の変化」：
　　①自己評価した時期が学期開始後　　②学期終了前

に変化が生じたことが明らかとなった（坂野・大久保 2012：186）。

　このように、論文では、一般的に t（自由度）＝ t 値、$p = p$ 値という形で結果が報告され、有意差があったかどうかが述べられる。それに加え、

坂野らは r =効果量[5]も報告している。ここでの自由度（df: degree of freedom）とは、サンプルから1を引いた値となる[6]。坂野らの各レベルのクラスの人数がわかるだろうか（答え：初級20人、中級37人、中上級29人）。

t値とは、平均の差が偶然起こる誤差よりどの程度大きいかを計算した値である。坂野らの場合、初級レベルのt値は4.50であるから、学期開始後と学期終了前という条件の効果が誤差の4.50倍あることを表している。

p値（significance probability）とは、分析によって得られた結果が偶然起こる確率のことであり、有意確率、危険率とも呼ばれる。その確率があらかじめ設定した水準（有意水準、一般的に5％）より低い場合は、偶然ではないと判断する。これを専門的な言い方で「帰無仮説が棄却される」という（第5章コラム2「仮説の立て方」）。坂野らの場合、全てのレベルにおいて、p値は極めて低い。よって、帰無仮説「学期開始後と学期終了前による差は無い」が棄却され、対立仮説「学期開始後と学期終了前による差がある」が採択される。この結果から、坂野らは「全てのレベルにおいて有意差が認められた」と報告しているのである。

効果量（effect size）とは、変数間の効果の大きさを示す値で、坂野らの例では、学期開始後と学期終了前という違いによる効果の大きさを意味する。引用中にある通り、効果量r（相関効果量指標）が全てのレベルにおいて0.50より大きかったため、学期開始後と学期終了前という変数が学習者の自己評価の変化に与える効果が大きいと解釈できる。効果量については、平井（2012）、水本・竹内（2008；2011）が詳しい。効果量の算出は、Rか水本（2009）が無料配布しているExcelシートで可能だ。

---

[5] 近年、心理学の分野では、効果量を報告することが推奨されている（大久保・岡田2012；豊田2009）。効果量は複数の論文における実験結果を比較するための指標としても使用されている（第5章コラム4「メタ分析」を参照）。

[6] 厳密にいうと、自由度は1つのパラメータ（母数、母集団の値）を推定するために1つ減る。

Column 10　準実験的なリサーチデザイン

　ここで取り上げた坂野・大久保（2012）のように、大学のクラスという既に存在するグループを活用するリサーチデザインは、準実験的（quasi-experimental）と呼ばれる。このデザインの最大の利点は、教育機関で最も実行しやすい調査・実験であるということだ。しかし一方で、比較の対象となる複数のグループが等質かどうかは保証できないという問題点がある。この問題は、プレースメントテストやティームティーチングなどによって出来るだけグループ内のサンプルを等質にしておいたり、各クラスの情報を出来るだけ詳細に記述したりといった方法で回避することが出来る。坂野らの場合は、プレースメントテストでグループの等質性を保障しているのである。

　もしも研究者が1クラスしかあつかえない場合にも打開策はある。ある指導法（例えば多読授業）の効果を検証する場合、1週目と3週目と6週目の多読授業の前後に異なる事前・事後テストを計6回（それぞれのテストは等質であるという仮定のもと）を行い、それぞれの週のデータを3つのグループのデータとしてあつかうというデザインである。このデザインならば、時間による学習者の変容が統制できるし、3回とも事前テストよりも事後テストの成績のほうがよければ、多読授業以外の変数による影響が1学期の間に生じた結果だとは考えにくい。3週目と6週目の事前・事後テストを比較し、事後テストの得点の方が高いという結果が得られれば、実験の開始時には全てのグループは同じレベルであるといえるし（1つのクラスだから）、その変化は実施した指導法によるものだという解釈がしやすい。

　他にも、事前・事後テストに複数の言語能力テストを用いることで、統制群がなくても指導法・学習法の効果を実証することが

可能である。例えば、事前・事後テストとして、それぞれ4種類（4技能）のテストを実施する方法である。また、事前・事後テスト後、指導を中断し、改めて事前テスト・指導・事後テストを行う方法（ABABデザイン）もよい。事後テストに効果が見られ、かつ指導を中断した場合に効果が消え、再度、指導した場合に効果が見られた場合には、指導の効果があったといえる。

最も注意しなければならないのは、事前・事後テスト（ABデザイン）は指導以外の要因が結果に影響を与えていたとしても確認できず、単純な時間経過による発達や習得と区別できないという点である。

4．3つ以上の変数の平均の違いを見る：分散分析

量的研究では2つの変数（グループ、条件）だけでなく、3つ以上の変数の平均を比較することが多い。3つの変数の平均を比較し、その違いを見たい場合は、分散分析を用いる。分散分析の目的は、3つ以上のサンプルの平均の違いが母集団の平均でも起こり得るのかを推測することである。

分散分析が可能なデータに t 検定を繰り返し行うと、本当は平均に差がないのに差があるとしてしまう可能性があるので注意してほしい。また、t 検定よりもあつかう変数が多くなるので、変数の操作が複雑になる。研究者は、独立変数（independent variable）を操作して、その変化がもたらす従属変数（dependent variable）の変化を測定する。独立変数の変化によって従属変数の変化を予測すると言い換えてもよい（第6章3．リサーチデザイン参照）。

仲　間：　先輩〜！3つ以上の変数なのに2要因分散分析ってどういうことですか？
織　田：　お、がんばって勉強してるのね。

仲　間：はい。そもそも変数って何？要因って何？って感じで疑問ばかりなんです。僕アニメと文法用語以外はからっきしなんです。

織　田：変数かあ。簡単にいうと「変化する値」なんだけど……とりあえず、独立変数と従属変数から説明しよっかな。まず、独立変数は私たちが設定する条件とかグループのこと。

仲　間：ふんふん。

織　田：で、従属変数は独立変数の影響で変化するもの。テストの得点とか、アンケートの結果よ。で、独立変数が1つのときは1要因で、2つのときは2要因。

仲　間：1要因の分散分析はあるんですか。

織　田：あるよ〜。1つの独立変数（=要因）の中に3つ以上の種類（=水準）があればね。例えば、日本語レベルという要因に初級・中級・上級の3種類を設定した時ね。

仲　間：じゃあ、2要因分散分析は……

織　田：日本語レベル（初級・中級・上級）の3種類と学習者の母語（中国語・英語）の2種類みたいな場合ね。さあ、比較できる平均値はいくつでしょう？

仲　間：3×2だから6つです！もし日本語レベルが初級・上級の2種類なら、4つですね。あ、これが変数か！

織　田：正解！2要因ってことは少なくとも4つ変数（=比較する平均値）があるんだよね。独立変数と従属変数は研究者が設定する枠組だと思った方がいいかも。

　独立変数と従属変数を設定し、実際に調査・実験（とくに回数）をデザインしていくプロセスは要因配置（要因計画）ともいわれる。要因配置の方法については、後藤・大野木・中澤（2000）が詳しい。もしも、初めて分散分析に取り組むのであれば、まずは1つの独立変数（要因）をあつ

分散分析

※文中の下線は要因、①～⑤は水準を表す。要因は研究者があらかじめ設定する条件のこと。水準はその条件の種類を意味する。分析のために必要な平均値の数は折れ線上の点を数えればわかる。

研究課題例
- 時期［1要因］によって自己評価は変容する？①学期開始後、②学期終了前で自己評価の評定は伸びるが、③入試前には再度下がる？→1要因分散分析

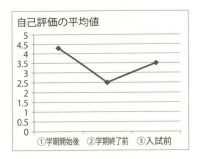

- 読解活動［1要因］によってテスト結果が異なる？5種類の読解活動（①～⑤）のうち、一番テスト得点の高い活動はどれ？→1要因分散分析

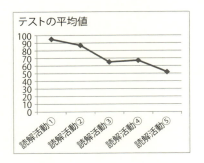

- 読解活動と要点を書くかどうか［2要因］によってテスト結果が異なる？5種類の読解活動（①～⑤）と要点・要点以外を書くこと（①～②）が成績に影響を与える？一番成績がいいのは、どの組み合わせ？→2要因分散分析

第 10 章　量的研究の方法(2)

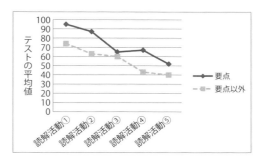

- 学習者のモチベーションによって学習方法［2要因］を変えたほうがいい？モチベーションの高低（①～②）とコンピュータ学習の有無（①～②）がテスト成績に影響を与える？モチベーションの低い学習者にはコンピュータ学習はおすすめできない？→2要因分散分析

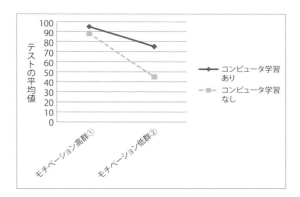

論文例
- 倉田・松見（2010）「日本語シャドーイングの認知メカニズムに関する基礎研究―文の音韻・意味処理に及ぼす学習者の記憶容量、文の種類、文脈性の影響―」：
ワーキングメモリ容量（①大②小）×文の種類（①有意味語文②無意味語文）［2要因］
- 菅谷（2010）「日本語学習者による動詞活用の習得について―造語動詞と実在動詞による調査結果から―」：
日本語レベル（①上位②中位③下位）×動詞テスト（①実在語②造語）［2要因］
- 田川（2012）「中級日本語学習者の読解における要点と構造の気づき―要

点探索活動と構造探索活動の統合と順序の影響を考慮して—」：
読み条件（①要点探索②構造探索③要点構造探索④構造要点探索⑤統制）×問題の種類（①要点②詳細［2要因］

- 中上（2012）「理解中心の指導法「処理指導」と産出中心の指導との比較研究—形容詞の比較の指導を通して—」：
指導法（①処理指導②産出中心指導）×テスト時期（①事前②直後③遅延④遅延）［2要因］
- 武村（2011）「中国人日本語学習者の授受動詞文理解に影響を及ぼす要因—視点制約と方向性に着目して—」：
レベル（①上位②下位）×視点（①プラス視点②マイナス視点）×方向性（①プラス方向②マイナス方向）［3要因］

かった1要因分散分析（one-way ANOVA）をおすすめするが、ここでは論文でよく採用されている2要因分散分析（two-way ANOVA）を用いた田川（2012）を具体例としてあげる。

田川（2012）の研究の目的は、読解における4種類の活動が学習者の文章理解に及ぼす影響を検証することである。独立変数（要因）は以下のとおりである。

> 材料文の要点を探して印をつける「要点探索群」、材料文の全体構造を考えて4つの型（列挙・対比・因果・時系列）から1つ選ぶ「構造探索群」、要点探索と構造探索の順序で両方を行う「要点構造探索群」、構造探索と要点探索の順序で両方を行う「構造要点探索群」、材料文を所定時間内に読む「統制群」の5つの読み条件[7]を設定した（田川 2012：36）

次の引用部分は、分散分析の要因配置ついての記述である。要因配置については、表10-2にまとめた。田川は「読解における活動」と「筆記再生文に現れた情報の種類」という2つの独立変数が、従属変数「筆記再生文と材料文の一致率（アイデアユニット単位）」に影響を与えるという仮

7）この5つの読み条件を5水準と呼ぶ。水準とは要因に設定する条件グループを意味する。

説をたてている。

　　読解後課題の1つである筆記再生課題の再生率について、読み条件5（要点探索群・構造探索群・要点構造探索群・構造要点探索群・統制群）×再生された情報の種類2（要点アイデアユニット[8]・詳細アイデアユニット）の二要因分散分析を行った。読み条件は被験者間要因、情報の種類は被験者内要因だった。

　表10-2から、田川の要因配置では、A1B1、A1B2……A5B1、A5B2という10種類のデータを得なければならないことが分かる。ただし、データの取り方には2種類ある。被験者をランダムに5つの条件に振り分け、実験を行い、得点を比較する方法（対応なし、被験者間要因）と全被験者に対して5つの異なる条件を実施し、テストの結果を比較する方法（対応あり、被験者内要因）である。サンプルは被験者間要因より被験者内要因の方が少なくて済むが、後者の場合は同一人物に5種類の活動をさせることになるので時間がかかる。それぞれのメリット・デメリットを踏まえ、

表10-2　田川（2012）の二要因分散分析（5×2）

被験者 計86名	要因A 読み活動	要因B　情報の種類	
		要因B 水準1 要点	要因B 水準2 詳細
1〜18	要因A 水準1 要点探索群	A1B1	A1B2
19〜32	要因A 水準2 構造探索群	A2B1	A2B2
33〜50	要因A 水準3 要点構造探索群	A3B1	A3B2
51〜68	要因A 水準4 構造要点探索群	A4B1	A4B2
69〜86	要因A 水準5 統制群	A5B1	A5B2

8）1アイデアユニットとは1主語+1述語をもつ。

データの取り方を決める必要がある。

　田川の研究は前者の被験者間要因（要因A読み活動）と被験者内要因（要因B情報の種類）で構成された混合計画であった。要因Aについては、1人の被験者が5つの活動をするのではなく、1つの活動のみをすることになる。よって、5つのグループの日本語読解力が同等であることを確認しなければならない。そもそも読解力に差があると、活動の種類の影響だと断言できなくなるからだ。そのため、田川は事前読解力判定を実施し、5つのグループが等質であることを確認している。

　次に田川の分散分析の結果を見てみよう。

　　（2要因分散分析）の結果、読み条件と情報の種類に**交互作用**（interaction）がみられた（$F(4, 81) = 3.30, p < .05$）。**単純主効果**を分析した結果、要点で構造要点探索群が構造探索群（5%水準）、要点構造探索群（1%水準）、統制群（5%水準）より有意に多く再生していた。（中略）構造要点探索群が要点アイデアユニットを多く保持していたといえるだろう（田川 2012：40-41に一部加筆）。

　交互作用とは、2つの要因（要因A読み活動・要因B情報の種類）のうち、どちらかだけで説明できる影響ではない場合に起こる。交互作用が無かった場合は主効果（main effect）も報告される。主効果とは、それぞれの独立変数が従属変数に与える影響で、独立変数の数だけ主効果があることになる。つまり、交互作用が見られたということは、要因A読み活動の主効果と要因B情報の種類の主効果だけでは説明できない、2つの要因の組み合わせ特有の効果が見られたということになる。

　以上の説明では、なかなかわかりにくいと思うので、身近な例として広島のお好み焼きで再度説明を試みる（図10-5）。アイデアは日本経済新聞Web版（2013）からいただいた。データは自作である。4種類のお好み焼きを被験者60人に食べてもらった後、100点満点で美味しさに点数をつけてもらった。つまり、2（食感：ふわふわ、パリパリ）×2（味付け：

素材重視、ソース）の2要因分散分析である。図10-5から、食感にも味付けにも主効果があるが、パリパリ食感では味付けの効果が無く、ふわふわ食感において効果があることが予想できる。パリパリ食感のお好み焼きの味付けはどちらでもよく、ふわふわ食感のお好み焼きの味付けは、断然、

Column 11　交絡変数

　田川の例について、もし読みの活動を被験者の自主的な選択にしたら、どのような問題が生じるか考えてみよう。「楽な方がいいから統制群にしよう」「いろいろできて面白そうだから要点構造探索群に入る」など、読み条件の違い以外に、被験者の好みや経験やモチベーションといった実験で見たい要因以外の他の変数（外部変数）が影響してしまう。この外部変数は交絡変数（交絡因子、疑似相関）とも呼ばれ、外部変数による影響を交絡という。では、どうすれば交絡を回避することができるだろうか。

　その方法の1つがカウンターバランスをとることである。カウンターバランスとは、交絡を取り除くために被験者を無作為に割り振ることを意味する。例えば、田川が要因Aについて、被験者間計画ではなく、被験者内計画を採用したとしよう。1人の被験者が5つの活動をする場合、活動の順序が影響してしまう可能性がある。活動の順序の効果を相殺するため、被験者によって5つの指導を行う順序を変えれば、カウンターバランスをとることができる。

　しかし、実はカウンターバランスを取るまでもなく、よく交絡変数になっているものがある。それは、学習者特性だ。学習者のレベル、国籍、滞日歴などが外部変数として影響していないか、よく考えてほしい。

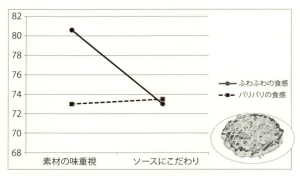

図 10-5　お好み焼きの味付けと食感による交互作用

素材の味を重視したほうがいいという交互作用がでているのだ。

さて、田川論文に戻ろう。研究論文において、主効果、交互作用は、一般的に F（2つの自由度）= F 値、$p = p$ 値という形で結果が報告される。2つの自由度とはグループ間の自由度とグループ内の自由度を意味する。F 値とは t 値と同様に、平均の差が偶然起こる誤差よりどの程度大きいかを計算した値である。また、p 値の解釈も t 検定と同様に行う。田川論文には無いが、分散分析で使用される効果量（effect size）を報告するとよりよいだろう（平井 2012：66-71）。

交互作用が見られたら、次に単純主効果という下位検定を行う。下位検定とはどの平均値間に差があるのかを検討する分析である。図 10-5 のお好み焼きのケースでは、以下のような手順で分析を行う。なお、有意差がないところは論文に記載されないことが多い。

(1) 2要因分散分析を行う。
(2) 1次の交互作用（要因 A 食感×要因 B 味付け）が有意だったので、単純主効果の検定を行う。
　① A のある水準における B の単純主効果の検定を行う。パリパリとふわふわの2回。
　② B のある水準における A の単純主効果の検定を行う。素材の味重視とソースにこだわりの2回。

③　単純主効果が有意な場合、多重比較[9]を行う。2水準の場合は不要なので、行わないが、もし食感が3つ以上あった場合（パリパリ、ふわふわ、パリふわ）、多重比較が必要となる。

　田川論文では、要因Bの「水準1要点」における要因A読み活動の単純主効果が有意となったため、要因Bの「水準1要点」における要因Aの5つの水準について多重比較を行っている。その結果、構造要点探索群が構造探索群（5%水準）、要点構造探索群（1%水準）、統制群（5%水準）より有意に多く再生していた、と報告している。この部分で理解できなくなった場合は、論文に記述統計量（平均値、標準偏差など）が報告されていることが多いので、それを元にグラフにしてみよう（図10-6）。図10-6の「要点（再生された情報の種類＝要点アイデアユニット）」を見ると、構造要点探索群の「筆記再生文と材料文の一致率」が全ての群の中で最も高いことがわかる。以上の結果を受け、田川は「構造要点探索群が要点アイデアユニットを多く保持していた」と解釈しているのである。

　本書であつかえなかった3要因分散分析（three-way ANOVA）や分

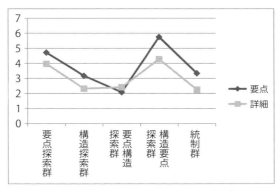

図10-6　各読み条件の自由筆記再生課題の平均得点
（田川2012：41の表3から作成）

9）多重比較にはさまざまな方法がある。森・吉田（1990）、平井（2012）等で確認されたい。

散分析を応用した共分散分析（analysis of covariance: ANCOVA）[10]と多変量分散分析（multivariate analysis of variance: MANOVA）[11]については、平井（2012）を参照してほしい。

5．質的なデータの違いを見る：χ^2（カイ二乗）検定

　度数、人数、頻度（％）、順位などのデータは、数量化されたものではあるが、統計では質的なデータ（名義尺度・順序尺度）としてあつかわれる。ここで「あれ？質的データって、質的研究であつかう数量化ができないデータなんじゃなかったっけ？」というツッコミが聞こえてくるが、実は数量化ができるデータは、さらに量的データと質的データに分類されており、その分類によって統計手法も変わってくるのである。ここでいう質的データとは、かけ算・わり算・足し算・引き算といった、いわゆる四則演算をしても意味がないものをさす。逆に、四則演算ができるものは量的データとなる。これまで紹介してきた t 検定と分散分析であつかうのは量的データである。度数、人数、頻度（％）、順位といった質的なデータに対し、t 検定と分散分析は利用できない。そこで、質的データのパターンの違いを見るときは、χ^2（カイ二乗）検定（chi-square test）を用いるのである。χ^2 検定の目的は、標本（サンプル）で得られたパターンの違いが、母集団においても違いとして認められるかについて推測することである。

　ここでも4節で紹介した田川（2012）を例にあげる。田川は、「要点探索群」（材料文の要点を探して印をつける）、「構造探索群」（材料文の全体構造を考えて4つの型（列挙・対比・因果・時系列）から1つ選ぶ）、「要点構造探索群」（要点探索と構造探索の順序で両方を行う）、「構造要点探索群」（構造探索と要点探索の順序で両方を行う）の各条件で読解をした

10）共分散分析は従属変数に影響を与える独立変数以外の要因を取り除いて分析することが出来る。
11）多変量分散分析は2つ以上の従属変数を同時に取り上げて分析することが出来る。

人たちは、「要点構造化」「詳細構造化」「非構造化」の3つのパターン[12]のうち、どのパターンで再生文を書くのかを検討している。ここであつかわれているデータは各パターンで再生文を書いた人の数（質的データ）である。

  読み条件間で再生構造の型に偏りがあるかどうか検討するために χ^2 検定を行った結果、有意に偏りがみられた（$\chi^2(8)=25.24, p<.001$）。残差分析を行ったところ、要点構造化型は構造要点探索群が1％水準で有意に多かった。要点探索群も1％水準で有意に多かった。詳細構造型は、要点構造探索群が1％水準で有意に多かった。（中略）このことから、構造要点探索群と要点探索群は、要点間を構造的に関連付け、構造探索群は詳細情報を構造的に関連付けていたことが示されただろう（田川 2012：41）。

 χ^2 検定の結果は、一般的に χ^2（自由度）＝ χ^2 値、p ＝ p 値という形で報告される。これらの値の解釈は t 検定や分散分析と同様、p 値がポイントとなる。ここでの p 値は帰無仮説「2要因（再生構造の型・読み条件）に関連がない（独立している）」を検定したものである。p 値が極めて低いという結果が得られたので、対立仮説「2要因（再生構造の型・読み条件）には何らかの関連があって差が生じている」が採用できる。しかし、ここまでの結果から、どのセルに差があったのかはわからないため、田川は残差分析を行っている[13]。残差分析は、観測度数が期待度数に比べて有意に大きいか小さいかを検討することができる。観測度数とは表10-3に現れた各セルの人数であり、期待度数とは各セルのパターンから期待される人数を意味する。この期待度数から観測度数を引いたものが残差となる。特定のセルの残差が有意となった場合、そのセルの値が有意に多い（もしくは少ない）と判断できる。田川は、χ^2 検定と前節で紹介した分散分析

---

12) 「要点構造化」とは文章の要点間を関連付けるような構造、「詳細構造化」とは文章の詳細情報間を関連付けるような構造、「非構造化」とは要点も詳細情報も関連付けられていない構造の文であることを示している。
13) χ^2 検定においても多重比較は可能である。詳しくは森・吉田（1990）を参照のこと。

χ^2検定

※文中の下線は質的データを示す。

研究課題例
- 多読授業で読解テストを実施することについて、賛成派より反対派の人数が多い？

賛成	反対	合計
35人	15人	50人

- 日本語母語話者よりも学習者の方が読点を使う回数が多い？

	は、	が、	その他	合計
学習者	40回	50回	30回	120回
日本語母語話者	10回	30回	25回	65回
合計	50回	80回	55回	185回

- 読解の授業（「多読」、「精読」）によって、学習者の意欲がアップした／ダウンした人数が異なる？

	意欲アップ	意欲ダウン	合計
多読	30人	20人	50人
精読	28人	22人	50人
合計	58人	42人	100人

論文例
- 大西（2010）「ウクライナにおける大学生の日本語学習動機」：
  低学年・高学年の動機「日本への留学するために勉強している」の評定のパターン
- 魏（2010）「台湾人日本語学習者の事態描写における視点の表し方―日本語の熟達度との関連性―」
  学習者の事態描写（作文）における視点表現のパターン
- 田川（2012）「中級日本語学習者の読解における要点と構造の気づき―要点探索活動と構造探索活動の統合と順序の影響を考慮して―」
  学習者の再生構造の型のパターン

表 10-3 人数のクロス集計表（田川 2012：41 の表 4 から作成）

	要点探索群	構造探索群	要点構造探索群	構造要点探索群	統制群	計
要点構造化	11	4	1	13	5	34
詳細構造化	3	6	10	1	5	25
非構造化	4	4	7	4	8	27
計	18	14	18	18	18	86

等の結果を総合考察し、構造と要点の順番で両方を探索させること（構造要点探索）が要点理解と構造理解を促進させると結論付けている。

このように、先行研究を読んでいると田川のように複数の分析を行っている論文が少なくないことに気付くだろう。浦上・脇田（2008）も複数の分析を行った論文を読みとく方法を丁寧にガイドしているので参考にして欲しい。

6．2つの変数の関係を見る：相関分析

ある2つの変数の直線的な関連性（相関）の強さを数値化した相関係数（correlation coefficient）を指標とした分析を相関分析という。

最も一般的[14]に使用されるピアソンの積率相関係数（r）は-1から+1までの値をとり、一般的には、以下のように判断することが多い（表 10-4）。

図 10-7 は日本語プレースメントテストにおける聴解（SumL）、文法（SumG）、それらの総合得点（Sum）、クラス分け結果（Level）のヒストグラム、散布図（scatter plots）、ピアソンの積率相関係数（r）を提示した図[15]である（渡部 2012：129）。各図の x 軸と y 軸にはヒストグラムに記載されている変数名（SumL、SumG、Sum、Level）が対応している。

---

14) 相関係数には色々な種類がある。ピアソンの積率相関係数はもっともよく利用される相関係数の1つ。
15) R を使えば、この図はたった一行のコマンドを入力するだけで描ける。散布図の点々を打ったり、Excel で作った図を四苦八苦してならべたりする必要はない。

例えば、0.56は文法テストと聴解テストの相関係数を示している。また、左下左端の散布図のx軸は聴解テスト（SumL）、y軸はクラス分け結果（Level）である。散布図における点の1つは被験者1人（の2つの得点）を示している。

図10-7の対角線を挟んだ相関係数と散布図を見比べると、0.99という非常に強い正の相関係数が直線的な関係を表していることがわかる。相関係数は、とくに被験者の数が少ない場合に外れ値（第10章2節）の影響を受けやすいので、相関係数だけでなく散布図と見比べながら解釈したほうがいい。

では、論文における相関分析の記述例を見てみよう。横山・木田・久保田（2002）は日本語能力試験（以後、日能試と呼ぶ）3級・2級と口頭能力試験OPIの相関分析を行い、両テストの妥当性について考察している。これまでの説明を元に理解できるか試してほしい。

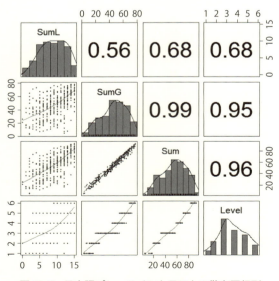

図10-7　日本語プレースメントテストの散布図行列

第 10 章　量的研究の方法(2)

相関分析

※図中の点は1人の被験者を示す。

研究課題例
- ①自己評価が高い学習者は、②テスト成績も高い？
- ①学習に対する不安が高まると、②教師に対する評価が下がる？
- ①宿題の数は多すぎても少なすぎても、②学習者の不満が高まる？適度な宿題の量のところで学習者の不満度が最も下がる？
- ①文法テスト得点が高いからといって、②聴解テスト得点も高いとは限らない？

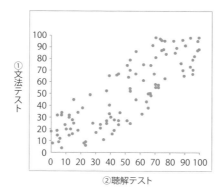

論文例
- 柏崎（2010）「文章の理解・産出の認知過程を踏まえた教育へ—伝達目的での読解と作文の実験とともに—」：
　　①想定される読み手　　②読解時に読む文章の重要箇所のとらえ方
- 楊（2011）「台湾における日本語学習者の動機づけと継続ストラテジー—日本語主専攻・非専攻学習者の比較—」：
　　①継続ストラテジー　　②動機づけ
- 横山・木田・久保田（2002）「日本語能力試験と OPI による運用力分析：言語知識と運用力との関係を探る」：
　　①言語知識　　　　　　②運用力
- ヴォロビヨワ（2011）「構造分析とコード化に基づく漢字字体情報処理システムの開発」：
　　① 漢字の複雑さを判定するための計量可能な性質 A　　②性質 B
- 渡部（2012）「日本語プレースメントテストにおける聴解テスト項目の分析」：

①聴解テスト　　　　②文法テスト
①聴解テスト　　　　②クラス分け結果
①文法テスト　　　　②クラス分け結果

表10-4　ピアソンの積率相関係数の解釈

.00 〜 ± .20	ほとんど相関がない
± .20 〜 ± .40	弱い正／負の相関がある
± .40 〜 ± .70	比較的強い（中程度の）正／負の相関がある
± .70 〜 ± 1.00	強い正／負の相関がある

　OPIと日能試の相関係数は、全総得点で0.672、3級総合得点で0.551、2級総合得点で0.623であり、両テストの間には中程度の相関関係が認められる。OPIで測られる運用力と文法、文字、語彙等の知識とは独立したものではなく、相互に関連したものであることが示唆された（横山・木田・久保田2010：46）。
　相関係数は有意水準1％ですべて有意であった（横山・木田・久保田2010：46の表5注より抜粋）。

　この例のように、相関係数の有意性（無相関検定の結果）を報告するのが一般的である。帰無仮説「相関係数はゼロである」という確率が低ければ、対立仮説「相関係数はゼロではない」を採択できる。この結果から、横山らはOPIと日能試が相互に関連していると結論付けている。ここで注意しなければならないのは、OPIのレベルが高ければ日能試の得点も高い、というような一方向の因果関係は述べていないということだ。因果関係を想定した変数間の関係を検定する場合は回帰分析（regression analysis）を用いる（平井2012）。回帰分析については、本章8節で取り上げる。

7．たくさんの変数間の関係を整理する：因子分析

　多変量解析は、たくさんの変数（データの種類）を同時に扱い、データの関係やパターンを見つける方法である。その中でも、因子分析（factor analysis）は、たくさんの変数（観測変数、アンケートの質問項目）間の関係を探るために用いられる。そして、たくさんの変数に関連する「観測できない変数（潜在変数）＝因子」を見つけることで、それらの変数の関係を整理することができる。

　ここでは、宇佐美（2010）を具体例として取り上げる。より詳しい方法は松尾・中村（2002）を参照してほしい。宇佐美は、外国人が日本で行う行動（メニューを読んで注文する、車内アナウンスを理解する等）の実行頻度を問う質問紙調査を行い、因子分析によって実行頻度の再分類を行っている。

　　上記の分析対象（908名）について、**探索的因子分析**（最尤法・プロマックス回転）を行った。**初期解**では**固有値**1以上の因子は11因子抽出されたが、因子の解釈の観点から6因子解を最適解として採用した（第6因子までの**累積寄与率**は66.9％）。得られた**因子パターン行列**を表2（本書の表10-5）に示す。また、上記で得られた因子間の**相関**を、以下に表3として示す（宇佐美2010：146-150）。

　　第1因子には、「個人として生活を営んでいくことそのものと直結した、難易度のあまり高くない言語行動」が並んでいるのに対し、第2因子は、「ことばによって周囲の人と深く関わり、生活の質をよくしていくために必要となる、難易度の高い言語行動」が連なっている。そこで第1因子を【生活（サバイバル型）】、第2因子を【生活（密接交流型）】と呼ぶこととしたい（宇佐美2010：152）。
　　第3因子以降はそれぞれ、オリジナルの質問紙で示された「場所・場面」による分類をほとんどそのまま引き継ぐ形で因子が形成されている。そこで、第3因子は【業務】、第4因子は【子どもの教育】、第5因子は【求職】、第6因子は【医療】と名付けることとする（宇佐美2010：150）。

　引用文の前半の太字部分は後で説明するとして、まずは後半の「第1因子には……」に注目してほしい。宇佐美が名づけた6つの因子、これが観

因子分析

※図は観測変数（観測できる変数、質問項目の評定値やテスト得点など）に影響を与える２つの因子（潜在変数）が存在することを示している。言い換えれば、６つの各観測変数がそれぞれ２つの因子で説明できる。→の太さは影響の強さ（因子負荷量）を表す。

研究課題例
- グッド・ラーナーとは、どんな行動特性を持っている人？

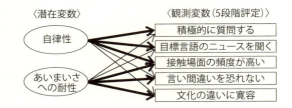

- 聴解力の構成要素は何？会話の内容理解と既習語彙数で説明できる？
- 日本語を用いて外国人はさまざまな行動をするが、それらの行動に影響を与えている要因（因子）は何？

論文例
- 石塚・河北（2013）「地域の日本語教室で居場所感を得るために必要なこと―「多文化社会型居場所感尺度」の活用―」：
　「多文化社会型居場所感尺度（質問項目）」の開発
- 宇佐美（2010）「実行頻度からみた「外国人が日本で行う行動」の再分類―「生活のための日本語」全国調査から―」：
　「外国人が日本で行う言語行動（質問項目）」を分類
- 張（2013）「日本語学習者の異文化態度に関する意識調査 ―日本語専攻の中国人大学生を対象に―」：
　一般的異文化態度を構成する要素（質問項目）を抽出
- 楊（2011）「台湾における日本語学習者の動機づけと継続ストラテジー―日本語主専攻・非専攻学習者の比較―」：
　動機づけを構成する要素（質問項目）を抽出
　継続ストラテジーを構成する要素（質問項目）を抽出

第 10 章　量的研究の方法(2)

表 10-5　探索的因子分析結果の一部（宇佐美 2010：147）

	場面場所	質問項目	第1因子	第2因子	第3因子	第4因子	第5因子	第6因子
Q04	飲食店	メニューを読んで注文する	0.87	-0.17	0.07	0.03	-0.06	0.00
Q22	交通	駅の構内やバスの車内アナウンスを理解する	0.81	0.05	0.00	-0.12	0.00	0.02
Q08	買い物	ほしいものの場所を探すために、店内の表示を見たり、店員にたずねたりする	0.81	-0.13	-0.05	0.02	0.00	0.14
Q21	交通	駅やバス停で路線図や時刻表を読む	0.80	0.06	-0.03	-0.14	0.05	-0.08
Q09	買い物	商品の機能や値段を知るために、店頭の表示を読んだり、店員に質問したりする	0.79	-0.07	-0.02	0.02	-0.04	0.14
Q13	買い物	店内アナウンスを聞いて理解する	0.78	0.00	0.01	0.05	-0.03	0.05
Q10	買い物	商品の表示（衣服の素材、食品の材料等）を読む	0.75	-0.12	-0.05	0.02	0.02	0.15
Q02	飲食店	店で人数、禁煙喫煙、店内飲食か持ち帰りかなどの希望を伝える	0.74	-0.04	0.08	0.03	-0.10	0.01
Q11	買い物	ポイントカードや割引券を利用する	0.73	-0.11	-0.04	0.07	-0.01	0.10
Q26	交通	家の表札、近隣の地名や番地、交差点名、街の案内地図などを読む	0.72	0.12	0.01	-0.05	-0.03	0.02
Q19	交通	駅の券売機で乗車券を買う	0.72	0.03	-0.01	-0.07	0.09	-0.11
Q07	買い物	折り込み広告を見て、値段を比べる	0.71	-0.13	-0.12	0.15	-0.01	0.09
Q28	金融機関	現金自動支払機(ATM)で現金の引出、振込、公共料金の支払いなどをする	0.71	0.05	0.10	-0.02	-0.05	-0.09
Q05	飲食店	店員に料理の材料について質問したり、希望を伝えたりする	0.70	0.10	0.09	0.01	-0.12	0.00
Q18	交通	駅の窓口で乗車券を買う	0.68	0.11	0.04	-0.06	0.01	-0.08
Q61	自宅	自宅にかかってきた電話に対応する	0.67	-0.30	0.08	0.12	0.08	0.16
Q64	自宅	家族や友人にパソコンでメールを書く	0.66	-0.16	0.07	0.03	0.14	-0.18
Q65	自宅	テレビやラジオでニュースを見聞きする	0.66	-0.34	0.07	0.07	0.11	0.16
Q60	自宅	家族や友人と会話をする	0.64	-0.38	0.06	0.07	0.10	0.14
Q23	交通	電車やバスの乗務員や他の乗客に、停車駅や乗り換えを確認する	0.63	0.14	0.06	-0.13	0.03	0.04
Q16	買い物	ほしい物を FAX やネットで注文する	0.62	0.33	0.03	0.01	-0.04	-0.15
Q63	自宅	家族や友人と携帯でメールのやりとりをする	0.61	-0.22	0.11	-0.01	0.17	0.01

第3部　日本語教育研究ガイド

Q33	金融機関	記入シートに必要事項を書き込み、書留や小包、宅配便などを送る	0.59	0.28	0.04	-0.06	-0.03	0.00
Q03	飲食店	食券を買う	0.59	0.16	0.00	0.09	-0.05	-0.07
Q06	飲食店	出前用のメニューを見て電話注文する	0.59	0.33	-0.04	0.08	-0.06	-0.08
Q27	交通	目的地までの行き方を人に説明する	0.59	0.22	0.05	0.00	-0.03	0.07
Q01	飲食店	電話やインターネットで店を予約する	0.56	0.34	-0.07	-0.02	0.01	-0.09
Q30	金融機関	銀行や郵便局の窓口で現金引出、振込、公共料金の支払いなどをする	0.56	0.30	0.00	-0.04	-0.03	0.00
Q34	金融機関	不在配達通知を見て、自動音声案内に従って再配達依頼の電話をする	0.55	0.38	0.03	-0.05	-0.08	-0.02
Q25	交通	タクシー運転手と、行き先や行き方などについてやりとりする	0.54	0.33	0.07	-0.09	-0.12	0.07
Q62	自宅	留守番電話のメッセージを聞いたり、留守番電話にメッセージを入れたりする	0.53	0.04	0.03	0.07	0.10	0.09
Q67	自宅	訪問者に対応する	0.51	-0.09	0.16	0.03	0.06	0.18
Q29	金融機関	窓口で新しく口座を開設する	0.51	0.39	-0.04	-0.04	0.07	-0.01
Q74	地域交流	日本語教室や国際交流のイベントに参加する	0.47	0.07	-0.15	0.01	0.24	-0.05

　測できない潜在変数にあたる。表10-5は第1因子【生活（サバイバル型）】を構成する質問項目の一部である。6つの因子（潜在変数）は、「外国人が日本社会で行う可能性がある行動」105項目（観測変数）間の関係をまとめ、その構成概念をわかりやすく提示したものといえる。105項目！まさに、たくさんの変数＝多変量をあつかう分析なのである。

　では、宇佐美論文の太字部分の説明に戻ろう。探索的因子分析（exploratory factor analysis: EFA）[16]は、その名の通り、探索的に因子を見つけ、たくさんの変数を整理するという目的で行う。宇佐美は実行頻度の再分類（構成概念の検討）を目的としていたが、どの因子とも関連しない質問項目を削除し、105項目の質問を精査することも因子分析の目的となり得る。

---

[16] あらかじめ因子と質問項目の関係を設定してモデル化し、そのモデルを検証する検証的因子分析（confirmatory factor analysis: CFA）もある（松尾・中村 2002）。

最尤法とは母集団の因子を推定する方法の1つで、最もよく用いられている。プロマックス回転とは、因子を解釈しやすくするための手続きであり、因子間に相関があると想定したモデルに使用する。一方、バリマックス回転という因子間に相関が無いという想定のもとに行う手続きもある。宇佐美の場合は、第1因子【生活（サバイバル型）】の日本語を使う頻度が高い人は、第2因子【生活（密接交流型）】の日本語を使う頻度も高いと予想できる。他の因子の間にも相関関係がありそうだ。このように、因子間に相関関係がありそうな場合は、プロマックス回転を使用し、因子間の相関も報告しなければならない。

初期解とは、プロマックス回転前の結果のことで、ここで因子の数を決定する。固有値とは、因子の数を決定する指標の1つで、一般的に固有値が1以上の因子数が採用される。宇佐美の結果では、固有値1以上の因子が11個もあったようだ。11個もの因子があると、たくさんの変数を「整理」したとは言い難く、解釈も難しい。そのため、宇佐美は6因子を採用した。ここで、第6因子までの累積寄与率が重要な情報となる。寄与率（説明率）とは、1つの因子が全ての観測変数（質問項目）をどの程度説明できるかを表している。第6因子までの累積寄与率が66.9％ということは、6つの因子で質問項目全体の約67％を説明していると解釈できる。

因子パターン行列とは、各観測変数と各因子の関係の強さ（因子負荷量）をまとめた表である（表10-5）。因子負荷量が0.40前後をボーダーラインにして解釈することが多い。表10-5では第1因子の因子負荷量が0.47以上となっており、全ての項目が第1因子と解釈できる。

8．変数間の関係を確かめる：共分散構造分析

共分散構造分析は構造方程式モデリング（SEM：Structural Equation Modeling）とも呼ばれ、国内では心理学の分野で90年代後半から注目を浴びている（豊田1998a；1998b；2000；2003；2007）。かなり大雑把に説明すると、共分散構造分析は「変数間の関係を分かりやすく図示したモデル」と「集めた標本（サンプル）のデータ」の両者がどのくらい当てはま

るかを検証する方法である。

共分散構造分析が出来る代表的な分析は以下の4点である。
(1) 変数間の相関関係や因果関係を統計的に検証すること
(2) 構成概念（潜在変数）を導入した分析をすること
(3) 変数間の関係をわかりやすく図示（モデル化）すること
(4) 図示したモデルが異なる被験者群にも当てはまるかを検証すること

ここでカンのいい読者は気付いたと思うが、すでに説明した相関分析、因子分析、分散分析[17]も共分散構造分析で行える。さらに、因果関係を想定した変数間の関係を検定する回帰分析（regression analysis）や、より複雑な因果関係を図示した因果モデルの検討も可能である[18]。

共分散構造分析の具体例として、崔（2013）を取り上げる。崔（2013）は、学習者の発話に対する評価が教師と非教師で異なるか、それぞれの評価の背後にある多様な評価の観点（潜在変数）間の因果関係を明らかにするため、共分散構造分析によって因果モデルを検証している。ここでは、教師の評価のみを取り上げ、その内容を説明する。

（20名の学習者の発話ビデオに対し、教師38名が評定した計40の評価項目を対象に探索的因子分析を行った。探索的因子分析から得られた6つの因子から選定した16項目を新たな評価尺度とし、検証的因子分析を行った。）その結果、モデルの説明力を示す適合度指標（**GFI**: Goodness of Fit Index）は0.922、修正適合度指標（**AGFI**: Adjusted Goodness of Fit Index）は0.881、比較適合度指標（**CFI**: Comparative Fit Index）は0.937、平均二乗誤差平方根（**RMSEA**: Root Mean Square Error of Approximation）は0.078であり、（6つの因子による）モデルが十分にデータを説明すると判断した（崔2013：13に一部追記）。

---

17) 共分散構造分析では、母語話者／非母語話者、上級／初級などグループによる平均と分散の比較をすることが出来る。この手法を多母集団の同時分析という。渡部（2005）は多母集団の同時分析を用いて、学習者の発話に対する日本語教師と非日本語教師の評価の違いを検討している。

18) 狩野（2002）は、これらの分析を「古典的な」従来法ではなく、共分散構造分析で行うこととのメリットとデメリットをまとめている。従来法による単回帰分析、重回帰分析については平井（2012）などを参照してほしい。

共分散構造分析

※図の片矢印は観測変数間の因果関係（原因と結果）、両矢印は観測変数間の共変関係（相関がある）を示す。eはプレースメントテストと中間試験以外の要因（誤差変数）が日本語能力試験の合否の原因となることを表している。

研究課題例

- ノンネイティブ日本語教師は、どんなビリーフをもっている？久保田（2006）は「正確さ」と「豊かさ志向」だと述べているが（探索的因子分析）、ほんとに？私が集めたデータにもあてはまる？→ 共分散構造分析による検証的因子分析
- プレースメントテストと中間試験の結果から、日本語能力試験の合格が予測できる？→ 共分散構造分析による因果モデルの検討（重回帰分析）

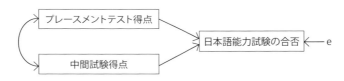

- 日本語学習者の発話に対する日本語教師と非日本語教師の評価の因果関係は？→ 共分散構造分析による検証的因子分析と因果モデルの検討（重回帰分析）

論文例

- 崔（2013）「日本語学習者の発話に対する日本語母語話者の評価―日本語教師と非日本語教師の因果モデルを中心に―」：
  日本語母語話者の評価とその要因との因果モデルを作成
- 一二三（2010）「多言語・多文化社会での共生的学習とその促進要因の検討―日本におけるアジア系留学生を対象に―」：
  意識的配慮に関する共生的学習とその要因との因果モデルを作成
- 渡部（2005）「日本語学習者の発話に対する日本語母語話者の評価―共分散構造分析による評価基準の解明―」：
  日本語母語話者の評価とその要因との因果モデルを作成

共分散構造分析による検証的因子分析では探索的因子分析で得られた（もしくは研究者が設定した）因子が妥当であるかを検証できる。検証にあたっては、多様な適合度指標[19]を用いて、モデルと実際に集めたデータの適合度を検討することになる。その際、GFI、AGFI、CFI については、それぞれの値が1に近いほど説明力のある（データへの当てはまりがよい）モデルと判断される。また、RMSEA は、その指標が 0.05 以下であればとても当てはまりがよく、0.1 以上であれば当てはまりがよくないと判断する（豊田 2007：18）。崔（2013）が次に行ったステップ、因果モデルの検討においても、適合度はよかったようだ。さっそく読んでみよう。

> 検証的因子分析により、測定モデルがデータを十分に説明することが確認できたので、ここでは、上記の 16 項目を観測変数とし、共分散構造分析を通じてモデリングを行った。モデルの適合度を確認しながらモデルの修正を重ね、最も妥当であると思われるモデルを採択した（本書の図 10-8）。このモデルのデータに対する適合度を表す GFI は 0.922、AGFI は 0.885、CFI は 0.937、RMSEA は 0.077 となり、データへの当てはまりが十分であることが確認された（崔 2013：14-15）。

図 10-8 のような因果モデル（パス図）上では、単方向の矢印（→）の上に**標準偏回帰係数**が、双方向の矢印（↔）の上に相関係数が表示される。標準偏回帰係数とは、ある独立変数から従属変数への影響力であり、1 に近いほど強いといえる。例として、『個人的親しみやすさ』という従属変数を見てみよう。『個人的親しみやすさ』には直接 4 本の矢印（4 つの独立変数）が影響しており、それぞれの影響力が分かる。中でも、言語能力の影響力は、-.26 となっているため、崔は、「教師は、少なからず、言語能力が高い学習者に対して個人的に親しみを感じにくい」と解釈している。ちなみに、共分散構造分析では、標準偏回帰係数と相関係数の有意性を検

---

[19] 最も基本的な指標として、CMIN（カイ2乗値：chi-square value）が報告されることも多い。有意でなければ、適合していると考えられる。論文での報告例）$\chi^2 (40) = 1.30$、$p = 0.240$

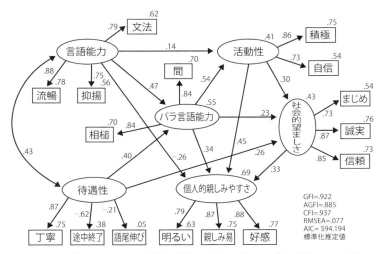

図 10-8　学習者の発話に対する教師の評価の因果モデル（崔 2013：15）

討することも可能である。

　再び図 10-8 に注目してほしい。単方向の矢印（→）の先にある潜在変数（楕円形）と観測変数（長方形）の右上には、標準化された偏回帰係数（重回帰係数の平方；R^2）＝**決定係数**が示されている。決定係数とは、全ての独立変数でどのくらい従属変数を説明しているかを示すものであり、1 に近いほど説明率が高いといえる。図 10-8 の潜在変数『個人的親しみやすさ』の右上には .69 という数が付してある。つまり、独立変数（『言語能力』『パラ言語能力』『活動性』『社会的望ましさ』）による従属変数『個人的親しみやすさ』の説明率は $R^2 = .69$（約 70％）と高いことが分かるのである。

　崔（2013）は、この因果モデルについて考察し、学習者の発話に対する教師の評価では学習者の『言語能力』『パラ言語能力』『待遇性』等が互いに影響し合って（複雑に絡み合って）、『個人的親しみやすさ』『社会的望ましさ』『活動性』の印象に大きく影響している（プラス評価にもマイナス評価にもつながる）と示唆している。ただし、こうした因果モデルの解釈の際には、以下の 3 つについて気を付けなければならない（繁桝・森・柳井 2008）。

Column 12 サンプルサイズの目安

　必要なサンプルサイズについてよく質問を受ける。しかし、絶対的な基準はない。本書では、G*Power3（水本・竹内 2011）によって事前にサンプルサイズを検討することを提案した（第6章4.2）。とはいえ、おおざっぱなものでもいいから、少なくともどのくらいのサンプルが必要なのかが知りたい人も多いだろう。ここでは、章末にあげた文献（豊田 2003; 平井 2012; 水本 2010; Field 2013）からサンプルサイズの目安をまとめておく。

検定と分散分析
　1つの水準（変数）のサンプルサイズが5以下だと有意な結果になりにくい。少なすぎるサンプルで母集団が推定できるかは疑問だ。2つのグループの平均を比較する場合は、少なくとも各グループに12名程度（合計22名）は欲しい。しかし、サンプルが多すぎると、わずかな差でも有意になることがあるから、ややこしい。よって、効果量（水本・竹内 2011）による事前分析がおすすめ。

χ^2 検定
　クロス集計表内の期待値が5以下だと有意な結果になりにくい。しかし、その場合は、フィッシャーの正確確率検定（Fisher's exact test）で対応可能（青木 2002）。

$$期待値 = \frac{縦の周辺度数 \times 横の周辺度数}{全体の度数}$$

相関分析
　以下の式で計算できる。例えば、母集団の相関係数（r）が±

0.40以上だと予測している時、80％以上の確率で有意であることをいうために必要なサンプル（n）は、24となる。

$$n = 4 + \frac{8}{|r|}$$

因子分析

300以上が望ましい。少なくとも質問項目の数の10倍程度のサンプルが欲しい。しかし、質問項目の数の3倍程度のサンプルで掲載されている研究論文は少なくない。

共分散構造分析（回帰分析）

共分散構造分析では、サンプルは大きいほどよい。少なくとも100、可能であれば200が必要。複雑なモデルはあつかわないほうがよい。回帰分析では、独立変数の数によるが、60（独立変数が1つ）〜200以上必要となる。

(1) まず原因があり、その原因が結果を引き起こしているかどうか（時間的先行性）
(2) 原因も結果も共に変化しているかどうか（変数間の強い関係性）
(3) 原因と結果の関係に普遍性と整合性があるかどうか（理論的普遍性と整合性）

第3部　日本語教育研究ガイド

▎課題

1. 表10-2は混合計画（被験者内×被験者間）でした。被験者内計画（被験者内×被験者内）、被験者間計画（被験者間×被験者間）の要因配置を表にしてください。
2. 3．t検定と4．分散分析の論文例リストを見て、表10-2のような表を作ってみましょう。その後、論文を読み、予想した要因計画が正しいか、確認してください。
3. 自分で考えた要因配置に交絡変数がないかどうか検討してみましょう。
4. 7．因子分析の論文例リストから1つ選び、よりよい因子名を考えてみましょう。
5. 「女子力」を潜在変数とし、いくつか観測変数を作って、それらの因果関係を図示してください。

▎参考文献

青木繁伸（2002）「Exact test　正確確率検定」〈http://aoki2.si.gunma-u.ac.jp/exact/exact.html〉（2025年3月1日）

アメリカ心理学会（2011）『APA論文作成マニュアル第2版』医学書院

石田基広（2013）『とある弁当屋の統計技師（データサイエンティスト）―データ分析のはじめかた』共立出版

石塚昌保・河北裕子（2013）「地域の日本語教室で居場所感を得るために必要なこと―『多文化社会型居場所感尺度』の活用―」『日本語教育』155号，81-94．

伊東祐郎（2011）「項目バンクによって広がるテスト開発の可能性」『日本語教育』148号，57-71．

宇佐美洋（2010）「実行頻度からみた『外国人が日本で行う行動』の再分類―『生活のための日本語』全国調査から―」『日本語教育』144号，145-156．

浦上昌則・脇田貴文（2008）『心理学・社会科学研究のための調査系論文の読み方』東京図書

大久保街亜・岡田謙介（2012）『伝えるための心理統計―効果量・信頼区間・検定力―』勁草書房

大澤公一（2011）「日本語能力における非音声領域の客観的測定および言語運用能力の主観的評定に共通する潜在特性の項目反応モデリング」『日本語教育』150号，71-85．

大友賢二（1996）『言語テスト・データの新しい分析法―項目応答理論入門―』

大修館書店
大西由美（2010）「ウクライナにおける大学生の日本語学習動機」『日本語教育』147 号，82-96．
小塩真司（2013）『ストーリーでわかる心理統計(1)大学生ミライの統計的日常—確率・条件・仮説って？—』東京図書
小塩真司（2012）『研究事例で学ぶ SPSS と Amos による心理・調査データ解析［第 2 版］』東京図書
小塩真司（2011）『SPSS と Amos による心理・調査データ解析［第 2 版］—因子分析・共分散構造分析まで—』東京図書
小塩真司（2012）『共分散構造分析はじめの一歩—図の意味から学ぶパス解析入門—』アルテ
柏崎秀子（2010）「文章の理解・産出の認知過程を踏まえた教育へ—伝達目的での読解と作文の実験とともに—」『日本語教育』146 号，34-48．
狩野裕（2002）「構造方程式モデリングは、因子分析、分散分析、パス解析のすべてにとって代わるのか？」『行動計量学』29(2)，138-159．
魏志珍（2010）「台湾人日本語学習者の事態描写における視点の表し方—日本語の熟達度との関連性—」『日本語教育』144 号，133-144．
久保田美子（2006）「ノンネイティブ日本語教師のビリーフ—因子分析にみる『正確さ志向』と『豊かさ志向』—」『日本語教育』130 号，90-99．
倉田久美子・松見法男（2010）「日本語シャドーイングの認知メカニズムに関する基礎研究—文の音韻・意味処理に及ぼす学習者の記憶容量、文の種類、文脈性の影響—」『日本語教育』147 号，37-51．
向後千春・冨永敦子（2007）『統計学がわかる』技術評論社
後藤宗理・大野木裕明・中澤潤（2000）『心理学マニュアル—要因計画法—』北大路書房
小柳かおる（2001）「第二言語習得過程における認知の役割」『日本語教育』109 号，10-19．
繁桝算男・森敏昭・柳井晴夫（2008）『Q&A で知る統計データ解析—DOs and DON'T—』第二版、サイエンス社
清水裕士（2016）「フリーの統計分析ソフト HAD：機能の紹介と統計学習・教育，研究実践における利用方法の提案」『メディア・情報・コミュニケーション研究』1，59-73．
静哲人（2001）『基礎から深く理解するラッシュモデリング』関西大学出版部
菅谷奈津恵（2010）「日本語学習者による動詞活用の習得について—造語動詞と

実在動詞による調査結果から―」『日本語教育』145号，37-48．
高橋信（2004）『マンガでわかる統計学』オーム社
田川麻央（2012）「中級日本語学習者の読解における要点と構造の気づき―要点探索活動と構造探索活動の統合と順序の影響を考慮して―」『日本語教育』151号，34-47．
竹内理・水本篤（2012）『外国語教育研究ハンドブック―研究手法のより良い理解のために―』松柏社
武村美和（2011）「中国人日本語学習者の授受動詞文理解に影響を及ぼす要因―視点制約と方向性に着目して―」『日本語教育』148号，129-142．
田中敏（2006）『実践心理データ解析　改訂版』新曜社
崔文姫（2013）「日本語学習者の発話に対する日本語母語話者の評価―日本語教師と非日本語教師の因果モデルを中心に―」『国立国語研究所論集』(5)，1-26．
張勇（2013）「日本語学習者の異文化態度に関する意識調査―日本語専攻の中国人大学生を対象に―」『日本語教育』154号，100-114．
豊田秀樹（1998a）『共分散構造分析入門編―構造方程式モデリング―』朝倉書店
豊田秀樹（1998b）『共分散構造分析事例編―構造方程式モデリング―』北大路書房
豊田秀樹（2000）『共分散構造分析応用編―構造方程式モデリング―』朝倉書店
豊田秀樹（2003）『共分散構造分析疑問編―構造方程式モデリング―』朝倉書店
豊田秀樹（2007）『共分散構造分析 Amos 編―構造方程式モデリング―』東京図書
豊田秀樹（編著）（2009）『検定力分析入門―R で学ぶ最新データ解析―』東京図書
豊田秀樹（編著）（2012）『項目反応理論［入門編］（第2版）』朝倉書店
中上亜樹（2012）「理解中心の指導法『処理指導』と産出中心の指導との比較研究―形容詞の比較の指導を通して―」『日本語教育』151号，48-62．
中村洋一（2011）「コンピュータ適応型テストの可能性」『日本語教育』148号，72-83．
日本経済新聞 Web 版（2013）「ふわふわ vs ぱりぱり　広島お好み焼き戦国時代」〈http://www.nikkei.com/article/DGXNASFB0706K_Y3A001C1000000/?df=2〉（2025年3月1日）
野口裕之・熊谷龍一・大隅敦子（2007）「日本語能力試験における級間共通尺度

構成の試み」『日本語教育』135 号，70-79．
坂野永理・大久保理恵（2012）「CEFR チェックリストを使った日本語能力の自己評価の変化」『大学教育研究紀要』8 号（岡山大学国際センター／岡山大学教育開発センター／岡山大学言語教育センター／岡山大学キャリア開発センター），179-190．
坂野永理・坂井美恵子（2006）「Rasch モデルによる漢字プレースメントテストの改良」『日本テスト学会誌』2(1)，91-100．
一二三朋子（2010）「多言語・多文化社会での共生的学習とその促進要因の検討―日本におけるアジア系留学生を対象に―」『日本語教育』146 号，76-89．
平井明代（編著）（2012）『教育・心理系研究のためのデータ分析入門』東京図書
松尾太加志・中村知靖（2002）『誰も教えてくれなかった因子分析―数式が絶対に出てこない因子分析入門―』北大路書房
三浦省五（監修）（2004）『英語教師のための教育データ分析入門』大修館書店
水本篤・竹内理（2008）「研究論文における効果量の報告のために」『英語教育研究』31，57-66．
水本篤（2009）「Effect size calculation sheet」〈http://www.mizumot.com/stats/effectsize.xls〉（2025 年 3 月 1 日）
水本篤（2010）「言語コーパス分析における数理データの統計的処理手法の検討」『統計数理研究所共同研究リポート』238，1-14．
水本篤・竹内理（2011）「効果量と検定力分析入門―統計的検定を正しく使うために―」『2010 年度部会報告論集　より良い外国語教育のための方法』外国語教育メディア学会（LET）関西支部メソドロジー研究部会，47-73．
村上京子（2010）「日本語教育における実証的研究―研究方法と個人差について―」『日本語教育』146 号，90-102．
森敏昭・吉田寿夫（編著）（1990）『心理学のためのデータ解析テクニカルブック』北大路書房
山田剛史・杉澤武俊・村井潤一郎（2008）『R によるやさしい統計学』オーム社
楊孟勲（2011）「台湾における日本語学習者の動機づけと継続ストラテジー――日本語主専攻・非専攻学習者の比較―」『日本語教育』150 号，116-130．
横山紀子・木田真理・久保田美子（2002）「日本語能力試験と OPI による運用力分析―言語知識と運用力との関係を探る―」『日本語教育』113 号，43-52．

渡部倫子（2005）「日本語学習者の発話に対する日本語母語話者の評価—共分散構造分析による評価基準の解明—」『日本語教育』125号，67-75.

渡部倫子（2012）「日本語プレースメントテストにおける聴解テスト項目の分析」『留学生教育』17号，125-132.

ヴォロビヨワ・ガリーナ（2011）「構造分析とコード化に基づく漢字字体情報処理システムの開発」『日本語教育』149号，16-30.

Cohen, J.（1992）Statistical power analysis. *Current directions in psychological science*, 1(3)，98-101.

Field, A.（2013）. *Discovering statistics using IBM SPSS statistics*. Sage.

Murrell, P. 著、久保拓弥訳（2009）『Rグラフィックス—Rで思いどおりのグラフを作図するために—』共立出版

RjpWiki〈https://sugiura-ken.org/wiki/wiki.cgi/exp?page=RjpWiki〉（2025年3月1日）

第11章
質的研究の方法(1)

1．はじめに

　本章であつかうのは、質的研究、すなわち「数量化ができないデータを用いて行われる研究」である。具体的な方法論の検討に入る前に、本章の前半では日本語教育学における質的研究の意義、質的研究に対する批判や質的研究者からの反論、および、それらの議論の背後にある認識論の問題について述べる。「科学的な」研究とはやや性格を異にする質的研究を理解するためには、質的研究の根っこにある考え方を把握しておくことが欠かせない。こうした議論はどうしても抽象的になってしまうので、少々とっつきにくいかもしれないが、少しの間おつきあいしてほしい。

　本章の後半では、日本語教育学に関する質的研究でしばしば用いられる方法として「PAC分析」「グラウンデッド・セオリー」「談話分析」を取り上げ、それぞれの研究方法の特徴について述べる。なお、本章の目標は、質的研究における種々の方法論の概要を理解し、研究者（の卵を含む）個々の問題意識にあった方法を選ぶ指針を示すことである。したがって、各研究方法の詳細については、章末に示す参考文献を読みすすめてほしい。また、本章では比較的ミクロな視点からの質的研究、すなわち、個人もしくは教室を含む小さい集団の意識・語り・相互行為等を対象とした研究を中心にあつかう。日本語教育と社会に関する研究など、よりマクロな視点からの質的研究については、第12章で検討する。

2．日本語教育研究における質的研究の意義

> 大　平：　今教えているクラスに1人、すっごく「できない」人がいるんです。
> キ　ム：　できないって？
> 大　平：　テストの点数が伸びないし、欠席も多くて。どうしてでしょうね？
> キ　ム：　うーん、いろんな原因があるよね。
> 大　平：　原因ですか。
> キ　ム：　そう。その人の語学学習への適性とか、頭の良し悪しもそうだけど、教室での教え方とその人の学習スタイルが合ってないとか、クラスメートとの関係がうまくいってないとか…
> 大　平：　そうですね。なにか日本語学習よりももっと優先順位の高いことがあるのかもしれないし。
> キ　ム：　いろんな可能性があるね。
> 大　平：　そうですね。「できない人」「やる気がない人」と教師目線で決めつけずに、何が問題なのか、もっと彼自身の立場に立って考えてみます。

　第10章では、量的研究の意義として「研究の再現が容易にできる」「結果の一般化ができる」「先行研究の知見から導かれた仮説の検証ができる」ことを指摘した。では、質的研究にはどのような意義があるのだろうか。本節では、①複雑さや個別性への注目、②柔軟で創発的な研究デザイン、③イーミックな視点、という3つの意義について検討する。

2.1　複雑さや個別性への注目

　仮説検証型か仮説探索型かという二分法でいえば、質的研究は間違いな

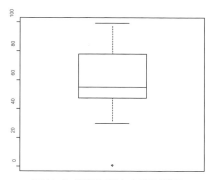

図 11-1　聴解テストの箱ひげ図

く仮説探索型の研究であるといえるだろう。まだほとんど研究が行われておらず、そこにどういう傾向や法則性があるのかまだ見極めきれない現象や、関連しうる変数が非常に多い複雑な現象などについて、こんがらがった結び目を丁寧にほぐしていくような分析を得意とする。

　例えば、図 11-1 の箱ひげ図（第 10 章参照）を見ると、この聴解テストの平均点はだいたい 70 点ぐらいで、30 点から 100 点の間に受験者のほとんどの得点が収まっていることがわかる。量的研究の場合は、この図をまた別のクラス（集団）の成績と比較することで、そのクラスの特性、あるいは用いている教材や教授法の効果を検証するのが分析の中心になる。つまり、この集団の全体としての傾向を一般化してとらえるところに量的分析の強みがあるといえる。

　しかし実際にこの教室で教えている場合、同じテストで 30 点をとる学習者と 100 点をとる学習者には、何か大きな違いがあると感じられるだろう。また、量的分析では「外れ値」とされる、0 点に近い得点を取った受験者（図の下に小さい丸で示されている）がいることにも注目したい。同じ教室で、同じ教師から同じ教材・教授法による授業を受けているにもかかわらず、これだけ得点が異なるのはなぜか。「学習者それぞれの聴解力の差」といってしまえば簡単だが、では聴解力はどのような要因から構成されるのだろうか。また、テスト得点の高低は学習者の聴解力のみに影響

されるのか、聴解に用いられたテキストの内容に関する予備知識や関心の有無、聴解あるいは日本語学習全般に対する動機づけなど、他のさまざまな要因とも関連するのだろうか。こうした点は、結果としてのテストの得点を見るだけではよくわからない。しかし、学習者へのインタビューや教室での観察などを通して、学習者個々の状況を丁寧に記述する中で答えを見出すことができるかもしれない。このような「個への注目」そして「複雑な事象への対応力」が、質的研究の意義といえるだろう。量的分析を中心に行う研究の中でも、まず量的分析を通じて集団の全体的な傾向を明らかにした後、全体的な傾向を代表するケース、あるいは、全体的な傾向とは異なるケースについて、それぞれの特徴を詳細に記述する質的分析が併用されることもある。

2.2　柔軟で創発的な研究デザイン

　もう1つ、質的研究の特徴といえるのがその柔軟性である。質的研究の場合、研究プロセスはほとんどの場合循環的にすすんでいくので、調査開始前の計画は量的研究とは対照的にごくざっくりとしたものになる（研究の創発的な特徴を「汚染」しないように、調査開始時は最低限の背景知識しかもたないことが推奨されることもあるほどである（Dörnyei 2007: 39））。対象のどんな側面・どんな事象に注目するかが調査開始時にきっちりと決まっていることは少なく、現場（フィールド）で対象を観察したり、収集したデータを読み込んだりする中で、論点を少しずつ焦点化していく。時には、研究課題そのものが途中で変更されたり、削除されたり、追加されたりすることもある。

　こうした研究のすすめ方は「職人的」と揶揄されることもあり、人によっては自分の研究がどこへすすんでいくのか検討がつかないのは不安、と感じることもあるだろう。メリアム（2004：28-34）は質的調査に必要なパーソナリティ特性と技能として(1)あいまいさへの寛容性、(2)感受性、あるいは高度に直観的であること、(3)すぐれたコミュニケーション能力、をあげているが、考えてみれば、これらは日本語教育関係者にも必要な特

性ではないだろうか。実際、日本語教育の実践研究には質的研究のデザインをとるものも多い。研究的な視点とスキルをもてば、学習者との日々の試行錯誤を質的研究として昇華させることも十分可能なのだ。実践報告のカテゴリーに含まれているが、自身の教室をフィールドに質的な分析を行った取り組みとして、書くことを協働で学ぶ学習者の相互行為分析を行った広瀬（2012）、漢字の授業における自律学習とその支援を検討した大関・遠藤（2012）などを参考にしてほしい。

2.3 イーミックな視点

　メリアム・シンプソン（2010）は、質的調査の全般的な目的は、「人びとがいかに自分の生活を意味づけしているのかを**理解**すること、（結果や産物よりはむしろ）意味づけのプロセスを描くこと、人びとが自分の経験をいかに解釈しているのかを記述することにある」（メリアム・シンプソン 2010：111、太字は原文のママ）という。量的研究（調査）との比較でいうならば、量的研究の場合は、研究に影響を与えると想定し得るさまざまな変数を調査者自身が統制（コントロール）した上で、注目する特定の変数と変数の関係を証明していこうとする。一方、質的研究の場合は、調査者があらかじめ注目すべき変数や事象を決定するのではなく、対象となる人々の振る舞い方をありのままに描くことを通じて、人々がなぜそのように振る舞うのか、その意味づけや解釈の過程を明らかにすることが重視される。こうした分析の視点は、前者のような、研究者自身の意味付けによるエティック（etic）な視点と対照させて、イーミック（emic）な視点と呼ばれることもある。これらの視点の違いは、どちらがよいという問題ではなく、研究者の関心や問題意識のあり方によって、適切な視点を選択することが重要である。

　日本語教育学の関連では、例えば日本語学習者が日本語学習を自分の生活史（ライフヒストリー／ライフストーリー：第 12 章参照）とどのように関連づけて解釈しているかを学習者自身の語りから検討するような研究は、イーミックな視点からの研究と位置づけられる。「学習者中心」の言

語教育の重要性が指摘される現在、イーミックな視点による研究は大きな意義と可能性をもつといえるだろう。

3．質的研究への批判と認識論の問題

> キ　ム：　昨日、修論の報告会を聞いて来たんですよ。
> 建　部：　どうだった？
> キ　ム：　日本語学習者3人にインタビューをした研究で、私は面白いなと思ったんですけど……
> 建　部：　反応が悪かったのかな。
> キ　ム：　はい、「3人だけのデータで一般化ができるのか？」とか「それはドキュメンタリーとしては面白いが、研究ではない」とか、けっこう厳しいコメントが。
> 建　部：　うーん…。研究でそもそも何を目指すかっていうところが、違うのかも。質的研究も大事な研究だと思うんだけど。

3.1　質的研究への批判

　これまで述べてきたように、多様な方法に基づいた新しい知見を提供している質的研究であるが、比較的歴史の新しい分野ということもあって、上記の会話にあるように「面白いが、研究ではない」という批判を受けることも少なくない。質的研究に対する主な批判は、信頼性の問題と一般性の問題の2つに大別できるだろう。

3.1.1　信頼性の問題

　質的分析において、データ収集や分析の主たる道具は調査者であるといわれる（メリアム 2004：28）。柔軟で可変的な性格を有する質的研究では、複数の解釈の中でどれを選択するかが、多くの場合調査者の裁量に委ねら

れている。その場その場で調査者がどういう判断をするかが重要なのだ。こうした質的研究のあり方については、「信頼性が低い」「客観性に欠ける」といった批判がしばしば行われる。信頼性の問題（客観性の問題といわれることもある）とは、ある調査で得られた結果がどの程度再現可能か、すなわち同じ調査がくり返されても（他の調査者が調査しても）同様の結果が得られるのか、という問題である。

　この問題について、メリアム・シンプソン（2010：116）は「反復された質的研究は、同じ結果を産出しないだろうが、しかし、これはいかなる質的研究の成果の信頼性をおとしめるものではない。同じデータに対して、多くの解釈が可能なのだ。質的調査者にとってより重要な問題は、調査結果が収集されたデータと一貫性があるのかという点である」とした上で、調査の一貫性（consistency）を確保する方策として、(1)トライアンギュレーション (2)メンバーチェック (3)監査証跡（audit trail）の3つをあげている。トライアンギュレーションとは、分析の結果を導き出すために、複数の調査者、複数のデータ源あるいは複数の方法を使うことを指す。メンバーチェックは、調査協力者に調査者が得たデータとそこから考えた分析を示し、その分析の正当性を確認することである。また、監査証跡とは、データ収集の手続きや分析の過程を読者の監査に耐えうるように詳細に記述することをいう。メリアム・シンプソン（2010：114）は「質的調査では、読者に調査結果の信頼性を納得させるのは、（数字ではなくて）豊かで分厚い記述やことばなのである」と述べているが、上記のような方策を通じて解釈の根拠となる十分な情報を提示し、読者が調査や分析の過程を十分理解できるように、調査手続きの透明性を確保しておくことが重要といえる。

3.1.2　一般性の問題

　第10章で述べたように、多くの量的研究は集団の代表となるサンプルの分析を通じて、その集団全体に一般化できる傾向を探ろうとする。これに対して質的研究の場合、対象となる人や事例の数はたいていごく少数（対象が1人・1事例という場合もある）で、母集団全体の代表を選ぶという

視点で抽出されたものではない。こうした質的研究の分析対象の選び方について、「質的分析の結果は、対象以外の個人や集団には適用できず、一般化できない」という批判がしばしば行われる。これは、外的妥当性の問題と言い換えることもできる。

　この問題について、例えば質的研究の一方法であるグラウンデッド・セオリー（本章4.2節参照）の研究者たちは、「一般的なルールは、各カテゴリーごとに理論的な飽和に至るまでサンプリングを続けること」（ストラウス・コービン 2004：197）としている。つまり、新しく集めたデータが全て、これまでに見出したカテゴリーやモデルで説明でき、これ以上データを集めても、カテゴリーやカテゴリー間の関係について新しい発見はないだろうと思える時点（理論的飽和）までデータ収集を続ける、ということである。

　また、読者あるいは利用者の側の一般化可能性（reader or user generalizability）という概念から対応しようとする研究者もいる。この考え方に基づくと、「調査結果がどの程度別の状況に適用できるかは、その状況の中にいる人びとの判断に委ねられる。調査結果が別の状況にいかに適用されうるかを推測するのは、調査者ではなく、調査結果の利用者なのである」（メリアム・シンプソン 2010：117）。

　しかしそれにしても、多くの場合、統計学的な意味（サンプルから母集団を推測するという意味）で質的研究の結果は一般化されえない。この問題に応えるには、どうしても認識論に関する議論が必要になる。次節では、研究の前提となる認識論の問題について少し検討する。

3.2　研究の前提となる世界観：認識論について

キ　ム：　あれから、気になって質的研究についてちょっと調べてみました。
建　部：　頑張ってるね。どんな感じ？
キ　ム：　「質的研究では、唯一の真実は想定しない」って書いてあったんですけど、真実って1つでしょ？1つの

> 　　　　　正しい真実を探し出すのが研究じゃないんですかね。
> 建　部：「真実（みんなが本当だと思っていること）」と「事実
> 　　　　（実際に起こったこと）」をまず区別する必要があって。
> キ　ム：なるほど。
> 建　部：そして質的研究が知ろうとしてるのは、「事実」その
> 　　　　ものじゃなくて「一人一人が事実をどう解釈してるか」
> 　　　　とか、「事実の背後にどんな考え方や常識があるか」
> 　　　　とか「あることを言ったというその事実によって、何
> 　　　　が起こっているのか」とかなんだよ。
> キ　ム：建部さん、深いっす…。

　「認識論」という用語を聞き慣れない人も多いと思うが、ここではざっくりと「研究の前提となるものの見方、認識の枠組み」ととらえて話をすすめよう。世界をとらえる前提として、客観的な世界の存在、すなわち、誰が見ても同じように見える「現実」がある、ということを認める立場と、世界はそれを見る人の解釈を通してでなければ存在しえない、あるいは、「私がどのような問いを発するかということによって現実がどのように立ち現れてくるかが決まる」（箕浦 2010：4）と考える立場がある。前者の立場では、「科学的」「実験的」な調査を通じて「客観的」「定量的」な知識を得ることが推奨される。つまり、量的研究（と質的研究の一部）は、この認識論にたって世界を見ているといえる。一方、後者の立場では、唯一の正しい世界の記述ではなく、成員一人一人の視点から（イーミックな視点から：本章 2.3 節参照）、ある事象がどのようにみえるのかを記述することに関心がある。例えばある小学校の教室で、AくんがBさんの消しゴムをとったとしよう。Aくんは、「Bさんのことが気になるけど、どう話しかけたらいいかわからないので、とりあえず手近にあった消しゴムをとった」というかもしれない。しかしBさんは、「私の消しゴムを勝手にとるなんて、Aくんは私のことが嫌いなんだ」と思うかもしれない。さらにその教室の担任のC先生は、「授業中に子どもがちょっかいをかけるのは、私の教室管理が行き届かないからだ」と反省したり、「全くAくんは！い

つも人に迷惑ばかりかけて！」と怒ったりするかもしれない。またこうした出来事の背景には、必ず教育制度や社会制度といった制度的背景とその歴史がある（同じ年頃の子どもを一ヶ所に集めて「教育」する制度がなければこうした出来事は起こりえないし、男女が同じ教室で学ぶようになったのはそれほど昔のことではない）。しかしこの中のどれが「唯一」の「正しい」現実だろうか？

　客観的な世界の存在を認める認識論が「実証主義」あるいは「客観主義」「本質主義」などと呼ばれるのに対して、世界は人々が世界を解釈し、またその解釈を言語化することによってつくられていくという考え方は「社会構成主義」と呼ばれる（ガーゲン 2004：「構築主義」「社会構築主義」と呼ばれることもある）。上野（2001：i）は 20 世紀における思想的な発見の1つとして「言語の発見」をあげた。そして、言語が自然なものではなく、人為的で恣意的な差異の体系であること、さらに言語外的な指示対象物を意味したり伝達したりする道具ではなく、意味の産出を通じて現実を構成する当の実践そのものであることの発見が、言語論的転回（linguistic turn）と呼ばれる人文・社会科学上の巨大なパラダイム転換につながったことを指摘している。社会構成主義はこうしたパラダイム転換に伴って生まれてきた新しい認識論であり、質的研究は、社会構成主義と深く結びついた新しい研究方法なのである。なお、日本語教育学における社会構成主義や質的研究の意義については、三代（2009）や舘岡（2015）が詳しい。また、ことばの「標準化」と日本語教育の関わりについて検討した佐藤・ドーア（2008）、社会文化的アプローチに基づいて評価の問題を検討した佐藤・熊谷（2010）などが、社会構成主義的視点に基づく研究例としてあげられる。

　こうしたパラダイム転換はまだ進行中であり、実際には、質的な分析をする研究の中にも、実証主義的な視点に立つものと、社会構成主義的な視点に立つものとが混在している。両者が明確に区別できるわけではなく、どの研究も「典型的な社会構成主義的研究」と「典型的な実証主義的研究」を両極とする1つのグラデーション上に位置していると考えた方がよいが、どちらの視点に立つかによって、研究の目の付け所や進め方はずいぶん異

なってくることを、頭の片隅に置いておいてほしい（本章4.3節参照）。

4．質的研究の方法論

これまで述べてきたことを質的研究の「総論」とすれば、本節は「各論」として、「PAC分析」「グラウンデッド・セオリー・アプローチ」「談話分析」の方法論について検討する。

4.1　調査対象者の意識や態度を探る：PAC分析

教室で日本語を教えている際に、教師としての自分は「コミュニケーション重視」で会話を中心にした授業を組み立てたいのだけれど、学習者はいまひとつのってこない。それなのに、文法の講義をすると、皆身を乗り出して聞き、熱心にノートをとっている…このような「教師がしたい授業」と「学習者の反応」のミスマッチは、よくある話であろう。これを教師と学習者の言語観・言語学習観（研究論文では「ビリーフ（信念）」と呼ばれることもある）のずれととらえれば、「教師／学習者は、どのような授業（あるいは言語学習）を理想と考えているのか？」といった研究課題がでてくるだろう。言語や言語学習に関するビリーフのような、漠然とした態度や印象を研究者と研究協力者（研究対象者）が共同的に引き出していく手法が、PAC分析（個人態度構造分析）である。

PAC分析とは、心理学者の内藤哲雄氏が開発した研究手法で、「当該テーマに関する自由連想（アクセス）、連想項目間の類似度評定、類似度距離行列によるクラスター分析[1]、被検者によるクラスター構造のイメージや解釈の報告、実験者による総合的解釈を通じて、個人ごとに態度やイメージの構造を分析する方法」（内藤2002：1）である。具体的には、まず、提示されたテーマや刺激文に対して、被験者（研究協力者）が連想した語

---

[1] クラスター分析とは、さまざまな特性をもつ集団から共通項を取り出し、互いに似たものを集めてグループにしていく統計的な分析手法を指す。クラスター分析の詳細は栗原（2011）、齋藤・宿久（2006）参照。

や文を自由にあげる。そして、自由連想であげられた語や文の直感的なイメージ上の距離（意味的に近い・遠い）を数値化し、この情報をもとにデンドログラム（樹形図）を作成する。このデンドログラム上に示された連想項目は、類似度の高いもの同士が隣接して表示されるようになっており、これらの項目群のまとまりはクラスターと呼ばれる。研究者は、デンドログラムとクラスターを研究協力者に見せ、クラスター分けについて合意を得た後に、クラスターの印象やクラスター間の関係等についてインタビューを行い、これらの結果を総合的に解釈して分析する。

　宇佐美・森・吉田（2009）は、日本人が「外国人が書いた日本語手紙文」を評価する際、どのような観点を用い、どのような過程を経ているかを、質的手法によって深くとらえる（宇佐美・森・吉田 2009：123）ことを目指した研究である。この研究の協力者の1人である評価者Aは、日本語学習者が書いた10編の手紙文（ゴミの出し方に関する苦情への返信）を読み、「感じがよい」と感じられるものから順番に、1位から10位までの順位づけを行った。そして、「順位づけ作業中にどのようなことを感じたか、どんなことが順位の判断に影響したと思うか」という刺激文により20程度の連想語をあげ、この連想語をもとに分析が行われた（連想語間の類似度判定には、土田義郎氏作成のPAC分析ツール「PACアシスト」が用いられている）。その結果として得られたのが図11-2のデンドログラムである。さらに、20の項目を4つのクラスター[2]に分類した後、A自身が「項目を20程度あげるためにひねり出した項目」と述べた第4クラスターを除く3つのクラスターについて、インタビューによって得られた協力者の内省に基づいて、「謝罪者としての立場の自覚とその表明（第1クラスター）」「可愛げのある態度（第2クラスター）」「言語形式（第3クラスター）」と命名した。またこれらの結果から、評価者Aの評価観点として「基本的に、文章の『内容』及び書き手の『態度』という観点と、『言語形式』という観点をもっているが、今回の評価においては基本的に『内容』『態度』のほうを重視している」（宇佐美・森・吉田 2009：127）という結論が得ら

---

[2] 宇佐美・森・吉田（2009）は「クラスタ」と呼んでいるが、本章では表記を「クラスター」に統一する。

第 11 章　質的研究の方法(1)

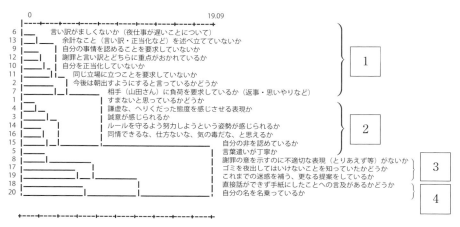

図 11-2　評価者 A のデンドログラム

れた。

　ここでは紙幅の関係上、協力者 A の結果のみを引用したが、宇佐美・森・吉田（2009）は 3 名の協力者の評価態度を分析し、3 人とも同じ日本語母語話者であり、また結果としての手紙文の順位づけには正の相関が見られたものの、その順位づけに至る過程は全く異なっていることを明らかにした。こうした知見は、本章の冒頭で述べた「個への注目」「イーミックな視点」を重視した質的研究ならではのものといえる。また、PAC 分析は、分析の一部（デンドログラムの作成やクラスター分析）に統計的な手法を用いて分析の客観性を担保している点、ともすれば散漫になりがちな協力者の内省報告をデンドログラムとクラスターによって可視化しコントロールしている点など、量的分析の利点も一部取り入れた手法であり、「調査協力者の感覚的で自由な発想への制限を可能なかぎり外した、調査協力者が主体となる手法であると同時に、客観性・再現性が高い質的研究の手法である、すなわち事例的研究を理論へと発展させる可能性をもった手法であることが期待できる」（丸山・小澤 2007: 2）といわれている。

4.2　データから理論をつくる：グラウンデッド・セオリーとM-GTA

4.1でみたPAC分析は、主に個人の意識や態度を見る際に用いられる研究方法であった。しかし、研究対象が個人ではなく集団ないしはある種の現象や活動になる場合、また、過程やうごきをストーリーとしてまとめたい場合に、よりおすすめできる研究方法がグラウンデッド・セオリーである。

グラウンデッド・セオリーのそもそもの提唱者は、社会学者のバーニー・G・グレイザーとアンセルム・L・ストラウスである。彼らは、病院の中で患者が最期を迎えるプロセスがどのように起きるか、すなわち、いつ、どのように病院スタッフと末期患者が迫り来る死について知り、また、その告知にどのように対処するかを調査した。彼らはこの調査によって、社会的組織と死に至るまでの時間順序に関する理論的分析を示すとともに、他のさまざまなトピックに採用可能な、体系的な方法論的戦略を生み出した。この戦略は、1967年に『データ対話型理論の発見』(*The Discovery of Grounded Theory*, Glaser and Strauss 1967、日本語訳は1996年出版）として世に出され、既存の理論から検証可能な仮説を演繹するのではなく、データに根ざした研究から理論を生成することの重要性を主張している（シャーマズ 2008：8）。

グラウンデッド・セオリーでは、データの収集と分析が同時進行的に行われる。収集したデータをまずよく観察し、焦点化すべき特徴をコーディング（コード化）する。コーディングにあたっては、まずデータを切片化（文脈から切り離す）した上でそれぞれにラベル名をつけ、さらに、似ているラベルを同じグループに分類し、カテゴリーとしてまとめる。こうしたコーディング・カテゴリー化の過程は、一回限りのものではなく、何回も繰り返し行われ、精緻化されていく。また、グラウンデッド・セオリーのもう1つの特徴として、比較を重視することがあげられる。データ同士の比較や理論的比較を通じ、明らかにしたい概念をより詳細に把握できるようになるとともに、今後対象とすべき研究対象を知ることができる（戈

第 11 章　質的研究の方法(1)

木クレイグヒル 2005)。

　大きな理論（grand theory）に基づく仮説検証ではない、データに根ざした理論（grounded theory）の重要性を指摘したグレイザーとストラウスは、それ以降の研究に大きな影響を与えた。しかし、コロンビア大学で量的研究のトレーニングを受けたグレイザーと、シカゴ学派の 1 人としてエスノグラフィや象徴的相互作用論（symbolic interactionism）を取り入れたストラウスは、その後深刻な対立に陥ることになり、グラウンデッド・セオリーの中にも Glaser and Strauss（1967）のオリジナル版に加え、ストラウス・コービン版（Strauss and Corbin 1998、日本語訳は 2004 年出版）、グレイザー版（Glaser 1978）、シャーマズ版（Charmaz 2006、日本語訳は 2008 年出版）など、いくつかのタイプが林立することとなった。

　こうした理論の発展的対立に対し、木下康仁氏は「修正版グラウンデッド・セオリー・アプローチ（M-GTA）」として、独自の研究方法を提唱している。木下（2007：28）によると、M-GTA はオリジナル版の「理論生成への志向性、grounded-on-data の原則、経験的実証性、応用が検証の立場」を基本特性として継承するという。さらに、従来の課題の克服として、(1)コーディング方法の明確化（分析プロセスの明示）、(2)意味の深い解釈、(3)独自の認識論（インターラクティブ性）をあげている。M-GTA は理論生成において領域に密着した具体理論を想定しており、具体事例に基づく抽象化の過程が重視される。また、他のグラウンデッド・セオリーに共通する「切片化」という方法を用いないこと、データの解釈を行う主体である【研究する人間】として、研究者自身の対象化や自分の問題関心の自覚化を強調することも M-GTA の特徴といえる。

　近年の日本語教育学の中でグラウンデッド・セオリーを用いる研究は、この M-GTA を採用するものが多いようである。例えば村中（2010）は、日本人母親が日本語継承にどのような意味を見出しているのかを明らかにするため、日本語継承に取り組む日仏国際家族の日本人母親を対象として半構造化インタビュー（第 12 章参照）を実施した。そして、インタビューの文字化データ（トランスクリプト）の中で「研究課題に関連する箇所に着目し、それが日本人母親にとって何を意味するのかを解釈し、分析の

第 3 部　日本語教育研究ガイド

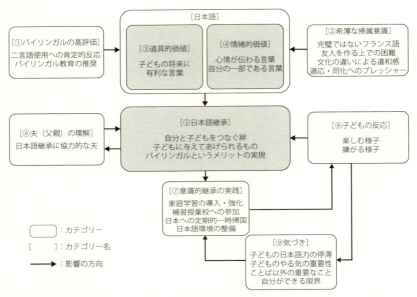

図 11-3　日本人母親にとっての日本語継承の意味づけ（結果図）（村中 2010：67）

最小単位である概念を生成した。その際に解釈の恣意性を防ぐために、類似する意味が解釈される類似例、反対の意味が解釈される対極例があるかを確認した。この作業を繰り返しながらその概念の定義を考え、概念名をつけた。そして 1 つの概念ごとに、概念名、定義、具体例をまとめた分析ワークシートを作成した。次に概念同士の関係性を検討しながら、概念をグループ化し、概念のまとまりであるカテゴリーを生成した。このようにテクストから概念、概念からカテゴリーと、M-GTA の手順に従ってボトムアップ的に結果図を作成した」（村中 2010：65-66）。その結果として得られたのが図 11-3 に示す結果図である。このような分析を通じて、この研究は、日本人母親が日本語継承という行為を肯定的に意味づけていること、またそれが情緒的価値と道具的価値の 2 つの価値の認識から可能になっていること、日本人母親にとっての日本語継承の意味づけや価値の認識が、他者との相互作用をとおして、複合的、かつ動的に形成されていることを指摘している（村中 2010：73）。

4.3 人と人との語りを探る：談話分析

　私たちの生活は、「人と語ること」によって成り立つといっても過言ではない。家族や知人との世間話、買い物や道聞き、取引先との価格交渉、学会発表や質疑応答といったように、参加者、場面、話題、改まりの度合い等が異なるさまざまな「語り」があるが、こうした「語り」あるいは「2人以上の間で行われるやりとり」に関する分析は談話分析と呼ばれる[3]。書き言葉を対象とした談話分析（教科書や新聞などの分析）もあるが、ここでは主に話し言葉を対象とした談話分析に焦点をあて、その方法について述べる。

4.3.1　データ収集と文字化

> 林　　　：おー仲間！今、集めたデータの文字化やってるんだけどさ、こんなに時間がかかると思わなかったよ。
> 仲　間　：そういえば、林さんちょっと疲れてますね。
> 林　　　：2人で話してるデータなんだけど、発話がどこからどこまで重なってるかとか、ポーズ（沈黙）が何秒ぐらいあるかとか、めっちゃ細かいの。
> 仲　間　：そりゃ大変ですね。
> 林　　　：でもね、文字化してるうちに、このポーズは、次の発話をあまり言いたくないことを示してるとか、このあたりから2人の理解がくいちがってきてるなとか、いろいろわかって面白いんだよ。
> 仲　間　：林さんって文字化オタク？
> 林　　　：アニオタのお前がいうなよ！
> 仲　間　：じゃあ、林さんはモジオタですね！

---

3) 談話分析と似た用語に「会話分析（conversation analysis）」があるが、両者の視点や研究アプローチはかなり異なるので注意が必要である（本章4.3.4節参照）。ここでは便宜上、会話分析も含む総称として談話分析を用いる。

談話分析でまず大切なのは、データ収集だ。社会言語学における談話分析では、自然発生的な相互行為、または1人が話す語り（ナラティブ）が主なデータとなるが、日本語教育に関連した研究では、研究者が参与者の属性や話題等を統制（コントロール）した疑似実験的な会話や、接触場面（日本語の母語話者と非母語話者間の相互行為場面）、教室場面でのデータもしばしば用いられる。談話分析のデータ収集では、まず協力者に調査の目的を説明し、協力への承認を得た上で（第8章参照）、協力者が話しているところを記録させてもらう。記録には録音が必須、可能であれば録画も行いたい。録音・録画には、現在はICレコーダーやビデオカメラを用いることが多い[4]。大学・大学院によってはこうした機材を貸し出してくれるところもあるので、自分で機材を準備する前に、一度確認してみよう。

録音・録画の後には、「文字化（文字起こし）」という大きな関門が待っている。文字化とは、その名の通り、話されている言葉を一語一語そのまま文字にしていくことを指す。例11-1、例11-2は、同じ語りのデータを違った形で文字化したデータ（トランスクリプト）である。例11-1は、主に話の内容をざっとつかむ際に用いられるトランスクリプト、例11-2は、会話の進行や重なり、ポーズがどのようになされているかを逐一精細に示したトランスクリプトである（例11-2に用いられている記号については、〈文字化の記号〉参照）。どちらのトランスクリプトを作成するかは研究の目的（何を見ようとするか）によるが、いずれにしてもデータを何度も聞き直し、修正を重ねる根気のいる作業である。例11-1のようなトランスクリプトで1時間の録音につき4-5時間、例11-2に至っては20時間以上かかるといわれている（鈴木2007：146-147）。

---

[4] 文字化データの分析を助けるツールにELAN（http://tla.mpi.nl/tools/tla-tools/elan/）がある。動画、音声、音韻情報、スクリプト、ジェスチャーなど、複数の情報を一度に提示し、分析することが出来る。

第 11 章　質的研究の方法(1)

例 11-1　（義永 2007：480-481 を改変）

```
063 リン：あとあのー，例えばーこの人とー，10年に，あ，結婚して，してから，10年20年たちました
066 カズ：うん
067 リン：あのその人は，愛人がいたら，あなたどう思います？
（中略）
080 カズ：そのじょ，え？その，私とー，奥さん，いますよね？
081 リン：はい
082 カズ：で，10年
083 リン：もし，奥さんが愛人がいたら，
084 カズ：が，愛人持ってたらー，どう思いますかって？
085 リン：うん（笑い）
086 カズ：あー，想像つかないな（笑い），そん時はー，うーん，10年も20年も，知らなかったんですよね僕は？
087 リン：うん
088 カズ：10何年も僕は，結婚してても，相手に愛人がいるってことを知らなかったんですよね？（笑いながら）怒るでしょーねー
```

例 11-2　（義永 2007：480-481、一部改）

```
063 リン：あとあの::，(0.4) 例えば::あの::，この人と::，
064 カズ：　　　　　　　　　　うん　　　　　うん
065 リン：あの:，10年（.）に，あ，結婚して::，してから，10年20年たちました＝
066 カズ：　　　　　　　　　　　　　°うん°　　　　　　°うん°
067 リン：＝あのその人は，愛人が，いたら，/あなたどう思います/？
（中略）
080 カズ：そのじょ-え？（1.2）その，私と:，奥さん，いますよね？
081 リン：はい．
082 カズ：で，［10::年
083 リン：　　［もし，奥さん［が愛人がいたら，
084 カズ：　　　　　　　　　［が，愛人持ってたら:，どう思いますかって:？
085 リン：うん．.hh
086 カズ：あ:，想像つかないh な hhhhh，.hh そん時は:::（.）う:::ん，10年も20年も，知らなかったんですよね僕は？
087 リン：うん．
088 カズ：10何年も僕は，結婚してても，相手に愛人がいるってことを知らなかったんですよね？ .hh 怒るでしょ:ね::hhhh
```

〈文字化の記号〉西阪仰氏のホームページ（http://www.meijigakuin.ac.jp/~aug/transsym.htm）に示された記号に準拠
1. 重なり
　　［　複数の参与者の発する音声が重なり始めている時点は，角括弧［によって示される．
　　］　重なりの終わりが示されることもある．
2. 密着
　　＝　2つの発話が途切れなく密着していることは，等号＝で示される．
3. 沈黙・間合い
　　（n.m）音声が途絶えている状態があるときは，その秒数がほぼ0.2秒ごとに（）内に示される．
　　（.）　0.2秒以下の短い間合いは，（）内にピリオドを打った記号，つまり（.）という記号によって示される．
5. 音声の引き延ばし
　　::　直前の音が延ばされていることは，コロンで示される．コロンの数は引き延ばしの相対的な長さに対応している．
6. 言葉の途切れ
　　言-　言葉が不完全なまま途切れていることは，ハイフンで示される．
7. 呼気音・吸気音・笑い
　　h　呼気音は，hhで示される．hの数はそれぞれの音の相対的な長さに対応．
　　.h　吸気音は，.hhで示される．hの数はそれぞれの音の相対的な長さに対応．
　　言h　呼気音の記号は，笑いを表わすのにもちいられる．とくに笑いながら発話が産出されるとき，そのことは，呼気を伴う音のあとにhを挟むことで示される．
　　／　発話が笑いながらなされているわけではないけれど，笑い声でなされているということもある．そのときは，当該箇所を／で囲む．
8. 音の強さ・大きさ
　　下線　音の強さは下線によって示される．
　　°°　音が小さいことは，当該箇所が°で囲まれることにより示される．
9. 音調
　　．，？　語尾の音が下がって区切りがついたことは句点（.）で示される．音が少し下がって弾みがついていることは読点（,）で示される．語尾の音があがっていることは疑問符で示される．

　語られたストーリーの内容がわかればいい場合（グラウンデッド・セオリーや、第12章で紹介するライフストーリーなど）は、文字化を外注する（専門の文字起こし業者に頼む）こともできる。しかし、外注で対応し

てくれるのは例 11-1 のレベルで、例 11-2 のようなトランスクリプトが必要な場合は、やはり自分でやるしかない（ポーズやことばの重なりまで含めて文字化してくれる業者もあるが、料金が非常に高い）。また、トランスクリプトを作成する過程で、単に聞き流していたのではわからない談話のいろいろな特徴に気付くことができるので、とくに談話分析を初めて行う段階では、自分で文字化してみることを勧める。また、もし自分の関心に合致した対象を含むコーパスがあれば、それを利用するのも1つの手である（第9章参照）。

4.3.2　談話データの分析（1）疑似実験的会話

　文字化が終われば、次はデータの分析に進む。疑似実験的会話、すなわち、調査者が協力者を引き合わせ、何らかの要因（性別、年齢、日本語レベルなどの参加者の属性、親しさや年齢差などの参加者間の関係、話題、話す時間の長さなど）を統制した上で行われる会話の分析では、データの中から一定の形式をもつ表現を抽出し、その頻度を集団間（母語話者と非母語話者、中級日本語学習者と上級日本語学習者など）で比較するといった形で、量的分析と併用して質的分析が行われることが多い。

　例えば服部（2008）は、ビジネス上のクレーム場面での電話応対という設定でロールプレイを実施し、とくに会話の終結部に注目して、中国語を母語とする日本語学習者（JFL）と日本語母語話者（NS）とを比較している。この論文では、【別れの挨拶】（終結の最終確認が行われる段階）に至るまでのやりとり、【人間関係の再確認】（唐突な終結を避け、より円滑に会話を終わらせ、ひいては良好な人間関係を将来にわたって継続させるための発話が交わされる段階）として機能する発話の出現回数、【別れの挨拶】の切り出しの主体の割合（JFLとNSのどちらが別れを切り出すか）、の3点からJFLとNSの違いを量的な手法で検討した上で、特徴的なケースについて質的分析が行われている。以下の例 11-3 は、「JFLはなかなか【別れの挨拶】を切り出せず、お互いの終結へ向けた同意の確認がなかなかできない状態に陥る傾向がみられた」（服部 2008: 68）ケースとして提示されている。

例11-3　（服部2008：69，一部改）

```
　　R：受け手（日本語学習者・JFL10）　C：かけ手（日本語母語話者・NS9）
01C：はいじゃできるだけ早くお願いします。
　　【前段終結】終結へのメタメッセージ
02R：はいほんとうにすみませんでした。
　　【人間関係の再確認】謝罪
03C：はい。
04R：あのー。
05C：はい。
06R：ほかには何か。
07C：いえじゃできるだけ早くお願いしますいいですか。
　　【前段終結】終結へのメタメッセージ
08R：はいはいいいです。
　　【前段終結】同意
09C：はい。
10R：はいすいません。
　　【人間関係の再確認】謝罪
11C：はい。失礼します。
　　【別れの挨拶】一般的な別れのことば
12R：はい。
　　【別れの挨拶】別れのことば以外
```

この例について、服部は以下のような分析を行っている。

　　かけ手による終結のメタメッセージ（01）に対し受け手は【人間関係の再確認】を行う（02）。かけ手はこれに応じる（03）。この流れは例1に挙げたNS9のケース（かけ手の終結のメタメッセージを1回で受け取り、自らが主導権をとって終結へと導くケース：筆者注）と同様である。しかし、その直後からNSとは異なる点が見られる。JFL10は「あのー（04）」と新たな話題を切り出そうとし、「ほかには何か（06）」と尋ねている。こうしたケースは、【人間関係の再確認】の要素があっても、終結へのメタメッセージが理解できなかったために円滑に終結できなかったものとして挙げられる。また、中国語の電話会話終結における習慣として「ほかに用事がないことを直接言明したり、相手に確認したりする」という先行研究の指摘（梁：2001）とも合致する。（服

部2008：69）

　また、このような分析からの考察として、「ビジネス場面においても、人々は意識的にせよ無意識的にせよ、それぞれの国における交渉の慣習や規則などの社会文化的規範に従って会話を行っている。本調査に見られたJFLとNSの相違も単なる言語表現や談話の構成上の問題ではなく、社会文化的規範に起因するとの考察も可能であろう」（服部2008：70-71）と述べている。こうした分析や考察は、まず日本語学習者（JFL）と母語話者（NS）というカテゴリーをあらかじめ定めた上で、それぞれの所属する社会の規範の相違によって、具体的な会話の運び方に差が出てくる、と考える実証主義的な見方を示すものといえる。

4.3.3　談話データの分析（2）批判的談話分析

　前節で示した、疑似実験的会話をデータにした実証主義的な談話分析に対し、社会構成主義的な見方に基づく談話分析では、研究者によってあらかじめ定められた基準や観点からデータを見るのではなく、データの中にあらわれるさまざまな現象の観察を通して（つまり会話の参加者自身のイーミックな視点から）、会話のパターンや、参与者のアイデンティティ構築の過程を発見・記述しようとする。この違いは、演繹的・帰納的という言葉を使って説明されることもある。例えば、服部（2008）では、協力者が「母語話者」と「非母語話者（日本語学習者）」であることを所与の前提として両者の違いを分析しようとするのに対して、社会構成主義的な見方に基づく談話分析では、参与者が「母語話者」「非母語話者」として振る舞うことによって何が行われているのか、あるいは、会話の中でその人の「母語話者性」「非母語話者性」がどのようにして前景化される（その場で意味のあるものとされる）かを辿るような分析が行われる。

　Ohri（2005）は「談話の中で、あるいは談話を通して見えない形で巧みに発信され受け入れられる支配的イデオロギーを問題に」（Ohri 2005: 137）し、「社会が持つ特定の問題に焦点を当ててその問題性を明らかにすることで、社会を改革することを最終目標としている」（Ohri 2005:

137）批判的談話分析（Critical Discourse Analysis: CDA）の方法論（詳細は野呂2001；ヴォダック・マイヤー 2010, 2018；フェアクラフ2012参照）を用いて、母語話者の「『日本人は』のディスコース」を分析している。「日本人は」のディスコースとは、「母語話者と非母語話者の相互行為における『日本人は○○だ』や『日本人は○○する』のように『日本人は』で始まり、日本人の属性や習性の一部または全部を取り上げ一般化した形で表明する発話」（Ohri 2005: 135）を指す。具体的な方法としては、「対話の文字化データから母語話者の『日本人は』のディスコースが含まれる談話の断片を抽出する。次に、それらの談話の断片にある類似性に基づき、『特徴的なディスコース型』を同定し、それらが出現する文脈からそのディスコースの背景にあるディスコースを探り出す」（Ohri 2005: 137）。その結果、1）「評価」のディスコース、2）「一般化のディスコース」、3）「対比」のディスコース、という3つのディスコース型を同定し、それぞれの例をあげながら、「母語話者の『日本人は』のディスコースが母語話者と非母語話者の間に境界線を引き、結果として非母語話者の会話から排除に繋がるプロセス」（Ohri 2005: 142）を記述している。

4.3.4　談話データの分析（3）会話分析

　批判的談話分析以外に、社会構成主義的な立場をとる方法として会話分析（CA：conversation analysis）がある。会話分析は、文字通りとれば「会話」の「分析」なので、いわゆる談話分析と同義に用いられることがあるが、狭義の会話分析は社会学、とくにエスノメソドロジーの影響を強く受けた、厳密な方法論をとることで知られている。

　例えば、一般的な談話分析ではフォローアップインタビュー（録音や録画で反映されない対象者の調査時の意識や考えを明らかにしようとする目的で行われ、調査データを質的に補足する；ファン 2002：88）を行うことが推奨されるが、会話分析では、「他の定性的研究が発話者の心理状況、意図についての解釈を論議することがあるのに対し、CAでは目に見える観察可能なものの分析結果の提示がない限り、録音・録画されたデータの外にある、理論的、状況的情報にのみ頼って発話者の心理状況、意図を推

測することは許されない」（森 2005：190）。また、「CA は一インタラクション内でも常に変化して行く話の流れとしてのコンテキスト（sequential context）とその中で起こるアクションとの関連を重視しており、それを考慮に入れない比較に対し批判的」（森 2005：191-192）な立場をとる。この背景には、「"context free," つまりコンテキストに関わりなくどのようなインタラクションでも起こる大原則ともなる発話行動の構造を追求するのと同時に、"context sensitive," つまり、それぞれのインタラクションのその時々のユニークな状況に敏感な分析を行っていかなければならない」（森 2005：191）ととらえる会話分析の考え方がある。会話分析は、今後の第二言語習得研究への貢献が期待されている研究方法の1つであり（柳町 2003；森 2005）、会話分析を用いた日本語母語話者と非母語話者間の相互行為の分析も発表されている（細田 2003；細田 2008；権 2009 など）。

　その他に、会話分析ではないが日本語を学ぶ教室の中での談話を社会構成主義的な観点から分析した研究として、教師と学生の「クラスルーム・アイデンティティ」の構築について分析した嶋津（2003）、"favorite phrase"（ある程度の形式を保持しながら学習共同体内で異なったメンバーに頻繁に用いられていたフレーズ）の使いまわしが学習者の歴史を（再）構築するとともに、学習共同体のメンバーのアイデンティティを（再）構築していることを示した菊岡（2004）、社会文化的アプローチを用いながら教室文化の構築について理論と実践の両面から考察した塩谷（2008）などがあげられる。ここで個々の詳細に立ち入ることはできないが、この分野に関心がある人はぜひ実際の論文を手に取って、どのような箇所に社会構成主義的な見方が反映されているか考えてみてほしい。

▎課題

1　日本語教育学に関する質的研究を行っている論文を3つ探し、それぞれの研究アプローチが「実証主義」「社会構成主義」のいずれに属する（より近い）かを考えましょう。
2　同じ研究対象（例えば「あいづち」「学習の動機づけ」「言語学習のビリーフ」など）について、量的研究の手法を用いた論文と質的研究の手法を用いた

論文を探し、両者の目的・方法・意義（何を明らかにできたか）・課題を比較しましょう。

参考文献

上野千鶴子（編）（2001）『構築主義とは何か』勁草書房

宇佐美洋・森篤嗣・吉田さち（2009）「『外国人が書いた日本語手紙文』に対する日本人の評価態度の多様性―質的手法によるケーススタディ―」『社会言語科学』第12巻第1号，122-134.

ヴォダック，R.・マイヤー，M.（野呂香代子監訳）（2010）『批判的社会言語学入門―クリティカル・ディスコース・アナリシスの方法―』三元社

ヴォダック，R.・マイヤー，M.（野呂香代子・神田靖子他訳）（2018）『批判的談話研究とは何か』三元社

大関由貴・遠藤郁絵（2012）「学習者から学ぶ『自律的な学び』とその支援―漢字の一斉授業における取り組みから―」『日本語教育』152号，61-75.

Ohri, Richa（2005）「『共生』を目指す地域の相互学習型活動の批判的再検討―母語話者の『日本人は』のディスコースから―」『日本語教育』126号，134-143.

ガーゲン，ケネス，J.（東村知子訳）（2004）『あなたへの社会構成主義』ナカニシヤ出版

菊岡由夏（2004）「第二言語の教室における相互行為―"favorite phrase"の使いまわし"という現象を通して―」『日本語教育』122号，32-41.

木下康仁（2007）『ライブ講義M-GTA実践的質的研究法―修正版グラウンデッド・セオリー・アプローチのすべて―』弘文堂

栗原伸一（2011）『入門統計学―検定から多変量解析・実験計画法まで―』オーム社

グレイザー，B. G.・ストラウス，A. L.（後藤隆・大出春江・水野節夫訳）（1996）『データ対話型理論の発見―調査からいかに理論をうみだすか―』新曜社

権賢貞（2009）「『日本語母語話者が非母語話者の言葉を置き換える』ということ―第二言語習得における『言い直し』の再考―」『社会言語科学』第12巻第1号，44-56.

戈木クレイグヒル滋子（編）（2005）『質的研究方法ゼミナール増補版―グラウンデッドセオリーアプローチを学ぶ―』医学書院

齋藤堯幸・宿久洋（2006）『関連性データの解析法―多次元尺度構成法とクラスター分析法―』共立出版

佐藤慎司・ドーア根理子（編）（2008）『文化、ことば、教育―日本語／日本の教育の「標準」を越えて―』明石書店

佐藤慎司・熊谷由理（編）（2010）『アセスメントと日本語教育―新しい評価の理論と実践―』くろしお出版

塩谷奈緒子（2008）『教室文化と日本語教育―学習者と作る対話の教室と教師の役割―』明石書店

嶋津百代（2003）「クラスルーム・アイデンティティの共構築―教室インターアクションにおける教師と学生のアクトとスタンス―」『日本語教育』119号，1-20.

シャーマズ，キャシー（抱井尚子・末田清子監訳）（2008）『グラウンデッド・セオリーの構築―社会構成主義からの挑戦―』ナカニシヤ出版

鈴木聡志（2007）『会話分析・ディスコース分析―ことばの織りなす世界を読み解く―』新曜社

ストラウス，アンセルム・コービン，ジュリエット（操華子・森岡崇訳）（2004）『質的研究の基礎―グラウンデッド・セオリー開発の技法と手順―第2版』医学書院

舘岡洋子編（2015）『日本語教育のための質的研究入門―学習・教師・教室をいかに描くか―』ココ出版

内藤哲雄（2002）『PAC分析実施法入門・改訂版―「個」を科学する新技法への招待―』ナカニシヤ出版

野呂香代子（2001）「クリティカル・ディスコース・アナリシス」野呂香代子・山下仁（編）『「正しさ」への問い―批判的社会言語学の試み―』三元社，13-49.

服部明子（2008）「ビジネス場面における電話会話終結部の分析―中国語を母語とする日本語学習者（JFL）のクレームへの応対を中心に―」『日本語教育』138号，63-72.

広瀬和佳子（2012）「教室での対話がもたらす『本当に言いたいこと』を表現することば―発話の単声機能と対話機能に着目した相互行為分析―」『日本語教育』152号，30-45.

ファン，S. K.（2002）「対象者の内省を調査する(1)フォローアップ・インタビュー」ネウストプニー，J. V.・宮崎里司（編）『言語研究の方法―言語学・日本語学・日本語教育学に携わる人のために―』くろしお出版，87-95.

フェアクラフ，ノーマン（日本メディア英語学会メディア英語談話分析研究分科会訳）（2012）『ディスコースを分析する―社会研究のためのテクスト分析』

くろしお出版

細田由利（2003）「非母語話者と母語話者の日常コミュニケーションにおける言語学習の成立」『社会言語科学』第 6 巻第 1 号，89-98.

細田由利（2008）「『第二言語で話す』ということ―カタカナ英語の使用をめぐって―」『社会言語科学』第 10 巻第 2 号，146-157.

丸山千歌・小澤伊久美（2007）「日本語教育における PAC 分析の可能性と課題―読解教材を刺激とした留学生への実践研究から―」WEB 版『日本語教育実践研究フォーラム報告』2007 年度日本語教育実践研究フォーラム〈https://www.nkg.or.jp/event/.assets/event_2007_02.pdf〉（2025 年 3 月 1 日）

箕浦康子（2010）「本質主義と構築主義―バイリンガルのアイデンティティ研究をするために―」『母語・継承語・バイリンガル教育（MHB）研究』6，1-22.

三代純平（2009）「留学生活を支えるための日本語教育とその研究の課題―社会構成主義からの示唆―」『言語文化教育研究』8(1)，1-42.〈https://cir.nii.ac.jp/crid/1050001202461529984〉（2025 年 3 月 1 日）

村中雅子（2010）「日本人母親は国際児への日本語継承をどのように意味づけているか―フランス在住の日仏国際家族の場合―」『異文化間教育』31，61-75.

メリアム，S. B.（堀薫夫・久保真人・成島美弥訳）（2004）『質的調査法入門―教育における調査法とケーススタディ―』ミネルヴァ書房

メリアム，S. B.・シンプソン，E. L.（堀薫夫監訳）（2010）『調査研究法ガイドブック―教育における調査のデザインと実施・報告―』ミネルヴァ書房

森純子（2005）「第二言語習得研究における会話分析― Conversation Analysis（CA）の基本原則、可能性、限界の考察―」『第二言語としての日本語の習得研究』7 号，186-213.

柳町智治（2003）「AJSL 研究における社会言語学的・相互行為分析的視点―目標言語の使用とその文脈への注目―」畑佐由紀子（編）『第二言語習得研究への招待』くろしお出版，19-30.

梁長歳（2001）「日中対照会話分析―電話会話の開始部と終了部を通じて―」『神戸市外国語大学研究科論集』4，49-68.

義永美央子（2007）「第二言語としての日本語話者の相互行為能力―接触場面会話のケーススタディから―」高木佐知子他編『言語と文化の展望』英宝社，473-488.

Charmaz, K. (2006) *Constructing grounded theory: A practical guide through*

qualitative analysis. London: Sage.（シャーマズ（2008）の原著）
Dörnyei, Z.（2007）*Research methods in applied linguistics.* Oxford: Oxford University Press.
ELAN〈http://tla.mpi.nl/tools/tla-tools/elan/〉（2025年3月1日）
Glaser, B. G.（1978）Theoretical sensitivity: Advances in the methodology of grounded theory. Mill Valley, Calif.: The Sociology Press.
Glaser, B. G. and Strauss, A. L.（1967）*The Discovery of Grounded Theory: Strategies for Qualitative Research.* New York: Aldine Pub. co.（グレイザー・ストラウス（1996）の原著）
Strauss, A. L. and Corbin, J. M.（1998）*Basics of qualitative research: Grounded theory procedures and techniques.* the second edition. London: Sage.（ストラウス・コービン（2004）の原著）

第 12 章
質的研究の方法(2)

1．はじめに

　本章では、第11章に引き続き、日本語教育学における質的研究の方法について検討する。第11章では、学習者や教育実践など、比較的ミクロな研究を行うのに適した方法論をあつかったが、本章では、日本語教育と社会（コミュニティ、地域、国家など）の関係など、よりマクロなテーマを取りあつかうときに使用されることが多い質的研究の方法について論じる。

　ただし、第4章で見てきたとおり、日本語教育と社会に関する研究はこれから開拓されるべき分野であるため、すでに確立された理論や定型化された研究手法のマニュアル的な解説することができない。そこで、未踏の分野に研究を進めようとする勇気ある若手研究者のために、研究のスタートラインに立つまでに考えておくこと、身に着けておくべきことをまとめたい。

2．質的研究のもう一つの方法論

> 林　　：フィールドワークとかエスノグラフィっていうと、文化人類学って感じがしますね。
> 飯　野：確かにそういうイメージがあるね。
> 林　　：「ザ、ハダカの大陸」みたいな感じ。
> 飯　野：あはははは。
> 林　　：日本語教育にも応用可能なんですか？
> 飯　野：まだまだ少数だけど、日本語教育と社会の関係を論じるには必要な手法よ。

前章では、質的研究の方法として「PAC分析」「グラウンデッド・セオリー・アプローチ（GTA）」「談話分析・会話分析」を取り上げたが、これらの研究は、当事者自身の視点からある事象や語りを分析することによって、何らかのカテゴリーやパターンを抽出しようとするものといえる。

　これらの質的研究においては、統計的調査で行われるような母集団からのランダム・サンプリングを行わない。それに代わり、少数のサンプルからでも本質を探り出せるような深い調査・分析と「分厚い記述」（佐藤2002：296）を行う。しかし、質的分析の結果は、対象以外の個人や集団には適用できず、一般化できないという批判がしばしば行われてきた（第11章3.1.2節参照）。その批判を受けて、一部の質的研究法には、量的研究法と同じように、サンプルにできるだけ偏りがでないように選ぶべきだという理念が引き継がれている。そのために、カテゴリーが飽和するまでサンプリングを続けることが要求されるなど、標準的なサンプルを得るための手法も、それなりに理論化されてきた。このような一般化のためのサンプリングが要求されるのは、GTAなどの手法が量的研究のアンチテーゼとして生まれたことと無関係ではない。また、グレイザーとストラウスがその手法の確立をめぐって深刻な対立を引き起こし、GTAが数々の「流派」に細分化していったことは、質的研究法デザインの「柔軟的、発展的、創出的」であること（メリアム2004：12）という特性と相反する。しかし、質的研究へのもっとも強い批判である信頼性の問題と一般性の問題を解決するために、研究手法をより厳格に精緻化しなければならない、という気持ちが「流派」の分化を招いたのではないかと思われる。

　ところが、質的研究には、量的研究との対照から生まれた一連の研究手法とは、異なったルーツをもつ方法も存在する。それらは、「ある特定のサンプル」が有する「きわだった特徴」に焦点をあてて行われる研究である。つまり、サンプルの一般性ということを最初から無視しているわけで、「もう一つの質的研究法」といってもよい。それがフィールドワーク、エスノグラフィ、参与観察、あるいはライフストーリーなどと呼ばれる研究手法である。これらの研究手法は、文化人類学や社会学などから発展してきたため、比較的マクロな視座からの研究で使われることが多い。日本語

教育への応用は、はじまったばかりといってよいが、日本語教育をコミュニティや社会と関連させて研究する場合に不可欠なツールとなる大きな可能性を秘めている。そこで、本章では、それらの方法論とそれを支える思想について総括的に述べる。

2.1 「外れ値」からのアプローチ：フィールドワーク、エスノグラフィ、参与観察

　文化人類学という学問がある。文化人類学の入門書によれば、それは「世界のさまざまな民族のもつ文化や社会について比較研究する学問」（祖父江 1979：2）であり、比較研究を積み重ねることによって「人間関係、人間集団の普遍性、一般的な性質を明らかにする」（米山 1968：19）「人間とその文化のもつ本質について理解する」（祖父江 1979：237）ことを目的（の1つ）とする。ところで、この学問の方法論には、他の領域の研究方法とかなり異なった部分がある。

　文化人類学は「なによりもフィールドワーク（実地調査）によって、それぞれの民族の文化・社会をできるだけ具体的、実証的にとらえて研究していくところに大きな特徴がある」（祖父江 1979：2）「このフィールドワークによって民族誌（ethnography）が作られ、これをもとにしてさまざまな理論が生みだされてきた」（祖父江 1979：13）。

　このようにフィールドワークによってエスノグラフィを作る（記述する）のが文化人類学者の研究の第一歩なのだが、そのために彼らは「（時間をかけて）住民のことばを習得し、それによって彼らと行動をともにしながら、その生活を詳しく観察する」（祖父江 1979：13）。こうした方法を「参与観察」（participant observation）と呼ぶ。つまりフィールドワークによる参与観察を長期間行い、エスノグラフィを記述するのが文化人類学の研究方法なのである。

　では、人類学者は、どのようにフィールドワークの場所を選ぶのだろうか。「文化人類学者のほとんどは、どこか珍しい土地の人間集団」（米山 1968：23）をフィールドとする。とはいっても「（地域と人々という）2

つのフィールドは、いろいろな条件で決まるものだ。全く何かの偶然の機会のつみかさねできまっていくようなものである。仏教の言葉を借りるなら"縁に随って"きまるものなのだ」(米山1968：54)。

ここに、文化人類学の方法論の際立った特徴がある。人類普遍の本質を明らかにするために、なるべく「珍しい土地の人間集団」に出かけていき、「縁に随って」フィールドを選ぶというのである。こうして、文化人類学は、標本の標準化、平均化などといった考え方から、はるかにへだたった地平で研究を行ってきた。いわば「量的研究では『外れ値』とされる、0点に近い得点を取った受験者」(第11章)をわざわざ探して研究を行い、それを積み重ねて「人類普遍の本質」を明らかにしよう、というのが文化人類学の方法論なのだ。

例えば、1910～20年代、文化人類学のフィールドワークの手法を確立したとされるマリノフスキーは、第一次世界大戦が勃発したため、偶然フィールドとすることになったトロブリアンド諸島で「クラ」と呼ばれる奇妙で壮大な贈り物の儀礼的交換に出会い、それを精査してエスノグラフィを執筆した(マリノフスキー原著は1922)。クラは当初、特異で奇妙な風習と考えられていたのだが、その後、世界の各地から「奇妙な」交換儀礼の報告が続き、広く「交換」という行為が、人類普遍の文化的活動であることが明らかになっていくのである。このように、一見「外れ値」とも思われる特異なケースを詳細に観察し、記述することによって、普遍的な本質を明らかにするという文化人類学の研究手法は、やがて、看護学や経営学(マーケティング)、社会学などに応用されることとなった。そして「エスノグラフィ」という用語[1]が質的研究法の1つとして定着した。

日本語教育学という分野に限ったフィールドワークの入門書はない。関心をもつ人の多くが佐藤(2002；2006)を参考にしている。ただ、いま

---

1) さまざまな専門分野の本を読み比べてみると、これらの用語の使われ方が、かなり混乱していることがわかる。例えば、フリック(2002：184)には「近年の議論では参与観察法への関心は次第に薄まりつつあり、その一方で一般的な調査戦略であるエスノグラフィに注目があつまってきている」とある。この文だけを読むと、「参与観察」と「エスノグラフィ」という2つの対立的な関係をもつ研究方法があるように思える。この章では、エスノグラフィ＝民族誌という用語を生んだ文化人類学で使われている用法にしたがう。

まで日本語教育では、エスノグラフィや参与観察といった手法を前面に掲げて行われた研究例がきわめて少なかった。しかし、この近年、研究の発表が増えつつある。中国朝鮮族の民族学校でのフィールドワークによる本田（2012）、台湾やマリアナ諸島に残存する日本語の変容を追った簡（2011）およびロング・新井（2012）、1年半にわたるフィールドワークとライフストーリーという2つの手法を組み合わせた尾関（2013）などである。いずれも雑誌への投稿ではなく単行本での出版だが、これは、エスノグラフィのような「分厚い記述」を必要とする論文は、原稿枚数に厳しい制限がある学会誌に投稿しにくいことと強く関係していると思われる。

しかし、日本語教育は、教室やコミュニティ、そして社会という多彩な場で、多彩な人々によって学習・習得そして教育活動が行われている。それは、参与観察によってエスノグラフィを記述するという研究手法に、きわめて適したフィールドである。今後、発表される論文と、発表の場が増えていくことを期待したい。

2.2 ライフストーリー研究

ライフストーリーも、純粋に質的な研究の手法として日本語教育研究に使われはじめている。これは社会学においてデータを収集する方法の1つとして確立したものであるが、それ以前からも、他の領域、文化人類学や教育学、心理学などでは、類似したデータ収集法が行われてきた。ごく簡単にいえば、ある人物に焦点をあて、いままでの人生の中で経験してきたことや、そのときに考えたことをできるだけ詳しく口述してもらい、その分析と考察から解答をみつけようという研究方法である。口述してもらう人物は、たった1人の場合もあれば、数人、あるいは数十人の場合もある。また、数十年間にわたる人生を語ってもらうこともあれば、特別な数年間の経験を語ってもらうこともある。

ライフヒストリー、オーラルヒストリー、ナラティブ・インタビューなどの用語が、類似の概念を表すものとして使われている。「ライフストーリー」はデータの収集法、「ナラティブ・インタビュー」は具体的にライ

フストーリーを引き出すための技術、「ライフストーリー」と「オーラルヒストリー」は、そのデータをもとに記述されたものを指す。ただし、「ライフヒストリー」は口述データ以外に他のデータ（日記や手紙など）を加えて構成されたものである、というのが大まかな区別であろう。しかし、研究分野や研究者によって用語の使用法に相当の差異があり、実証主義（客観主義）に立つものを「ライフヒストリー」、社会構成主義（対話的構築主義）に立つものを「ライフストーリー」とする定義も最近は有力である（第11章3.2節も参照のこと）。しかし、反対にほとんど区別を意識せずに使われているとしか思えない場合もある[2]。

　調査者をどのように選定（サンプリング）するかという点において、ライフストーリーはエスノグラフィとよく似た考え方をもつ。桜井・小林編著（2005）で、桜井は、ライフストーリー研究法が「取り上げられた語り手の『代表性』の問題」を常に批判されてきたが、「量的調査法と同じ基準で代表性を考える」のではなく、「新しい評価基準が求められている」とし、「ライフストーリーやライフヒストリー研究の領域で収集されてきたデータは、母集団のわかりやすい社会的に支配的な人々や集団の経験にもとづいたものというより、マイノリティや被差別者、逸脱者、被害者、さまざまなトラブルを抱えた人たちなどであって、社会の中で従属的なマイナーな位置を占めている。そのため社会の表面に登場するのは、その中の一部の人びとに過ぎず、多くは支配的文化の周辺に位置したり、カミングアウトできないままに隠されているために、もともとそうした母集団のリストがないのである」（桜井2005：27-28）と述べている。すなわち、ライフストーリーも統計的サンプリングとは異なった考え方に立ち、ある種の「外れ値」を調査・分析することから、現代社会の構造を明らかにしようとしているのである。

　日本語教育に関連をもつ分野である教育学にライフストーリー[3]研究が

---

[2] このように定義に大きなゆれがあるのは、この研究手法がまだ新しく、発展の余地が大きいからだ、ということもいえる。

[3] ただし、教育学ではライフヒストリーの呼称が使われる場合が多い。同時に実証主義に立つ研究が多い。

比較的多いのは、学習・教育活動の中で、その学習者あるいは教師が、どのように変化していったかを探るため、すなわち数年をこえるような長期間にわたる縦断研究を行うために、もっとも適した方法であるということ、むしろ、それ以外の方法がほとんど考えられないという理由があるためである。それと同じことが同じ教育活動である日本語教育研究においてもいえるはずである。事実、ライフストーリー研究は、飯野（2009；2010；2012；2017）太田（2010）など、この数年、かなりの増加をみせており、日本語教育学会2013年春季大会では、「日本語教育におけるライフストーリー研究の意義と課題」（三代・石川・佐藤・中山2013）と題したパネルセッションが開かれた。まだフィールドワークと同じく、日本語教育に特化した入門書はないので、多くの研究者が桜井（2002）および前掲の桜井・小林編著（2005）を参考書としている。今後、日本語教育研究においてもライフストーリー研究が進展していく可能性はある。

3．もう一つの質的研究手法のための準備と心構え

> 大　平：なんでわざわざ「外れ値」を選んで研究するのかが、いまいちわからないんですけど。
> 飯　野：いま、質的研究が一番盛んに行われてるのは看護学なんだけど、どうしてかわかる？
> 大　平：う〜ん。
> 飯　野：ある病気にかかった人の97%の人に運動機能障害が残るとするでしょ？
> 大　平：？？
> 飯　野：では、後遺障害を残さないような新しいリハビリの方法を開発するためには、どんな人を観察すればいい？
> 大　平：あ、わかりました。3%の「外れ値」の人ですね。
> 飯　野：そう。大多数の「障害が残った人」を観察しても、障害を残さない方法は見つけにくいよね。

第3部　日本語教育研究ガイド

> 大平：　日本語教育でいえば…
> 飯野：　「授受動詞を間違えずに使い分けられる学習者」とか「生活する外国人が、何の違和感もなくコミュニティにとけこんでいる自治体」とか、めずらしい例を研究対象にして、新しい方法を見つける、って感じかな。

　いうまでもなく質的研究であっても、研究テーマやリサーチ・クエスチョンの立て方は、他の研究と同じである。ただし、もう一つの質的研究をやってみようと思った人には、テーマや課題をあらかじめもっていて、それを研究するための方法がないか探していた、という人が多いようである。いずれにしても、リサーチ・クエスチョンに解答するためにフィールドワーク（参与観察）やライフストーリーといった研究方法をとることが必須、あるいは最適である、という結論に達した後、どのように準備をすればよいだろうか。

　この節では、実際にフィールドワークによりエスノグラフィを執筆した筆者の経験から、その準備と心構えを話しておきたい。なお、ここではフィールドワークを中心に述べるが、ライフストーリー研究を行う場合も、研究の焦点がコミュニティにおかれるか、個人におかれるか、という違いがあるだけで、調査協力者の決定、協力者とのラポールの確立、インタビューの実施、という手順と注意点は、ほとんど変わらない。

　筆者がフィールドとしたのは、中国東北部に点在する朝鮮族コミュニティと彼らが学ぶ少数民族学校であった。研究テーマは「中国朝鮮族の日本語教育の実態を明らかにする」、リサーチ・クエスチョンは「朝鮮族の人々は、なぜ日本語を学ぶのか」（中国の中でも朝鮮族の人々の日本語学習率が際立って高いのはなぜか）ということであった。

3.1　フィールドを決める

　まずしなければならないのは、研究のフィールドを決める、ということである。筆者の場合は、研究を始めようと決心する10年ほど前から、朝

鮮族の日本語教育に興味をもっていた。さらに6年ほど前から中国の中国人日本語教師を支援する事業に関わっており、数多くの朝鮮族の日本語教員と「縁」をもつことができたので、その中から協力してもらえそうな人たちとフィールドを選んだ。これほど長い準備期間は必要ないとしても、少なくともフィールドを選定する時点で、そこに友人・知人がいなければ手がかりが得られない。ただ、あなたが大学院生であれば、質的研究手法を用いようと考えたときから、何かしらフィールドとなる場所（教室、コミュニティ）のあてがあったのではないかと思われるので、まず、そこで調査をさせてもらえるように交渉してみるべきである。逆に、全く何もあてがない状態で、ゼロからフィールドを探そうというのは、かなり無謀なので再考したほうがいい。

　もう1つ、考えておかなければならないのは、資金計画である。住居の近隣にフィールドを得られる場合は、それほど問題がないが、外国（留学生の場合は、日本と母国以外の国）や居住地（大学の所在地）、故郷以外の場所にフィールドを求める場合には、調査期間の生活費などをどのように捻出するか、ということをまず考えなければならない。

　あなたが学生で、将来、研究者になることを目指しているのなら、学生を対象とする研究助成や調査対象国の国費留学生に応募することを強くお勧めしたい。自分の研究の重要性と将来性をプレゼンテーションして、競争的研究費を獲得することは、研究者の重要な仕事の1つだからである。

3.2　ラポール（ラポア、rapport）を確立する

　さて、研究費のめどがたって、めでたくフィールドに入ることができたら、次にしなければならないのは、フィールドの人々とのラポールを確立することである。ラポールとは関係、縁故、意気投合といった意味であるが、文化人類学では、「フィールドの人たちとの心のつながり」を意味する。いうまでもなく、フィールドワークが成功するか否かは、そこにいる人々と本音のつきあいができるかどうかにかかっている。

　そのためには、まず、あなたがフィールドの人たちを観察する前に、あ

なたという人物をフィールドの人たちに観察してもらい「信頼に足る人物である」という評価を受けなければならない。そのためになによりも重要なのが、自己開示力である。人に心を開いてもらうためには、まずこちらが、心を開く必要がある。自己開示力というのは、自分の心を開いて人に接する能力である。普段あまり気づかないが、この力は人によってかなりの差がある。もし、あなたが他人に自分のことを公開することをあまり好まないタイプなら、フィールドワークは、あきらめたほうがいい。ちなみに、この自己開示力の有無は、日本語教師（あるいは教員一般）にとっても、職業適性のかなり大きな部分を占めるように思われる。自己開示力の高い（大きい？）教員ほど、学習者に信頼される傾向が強い。日本語を教える機会のある人なら、教室で学生に信頼されていると感じられる瞬間があれば、フィールドワーカーとしてもうまくいく可能性が強い。

　フィールドに入った後は、そこで一定の役割をもち、その地で「役に立つ」人間であることをアピールすることが必要である。また、決まった役割を得ることによって「お客さん」という立場から「内部の人間」というポジションを獲得することができる。日本語教育研究をする人は、フィールドに選ぶのも日本語を学習している場所だろうから「日本語教師」という役割を得るのが一番順当だろう。教師という職業は、どんな場所でも、それなりに敬意を受ける存在なので、うまく役割を果たせば、すぐに「内部の人間」としてあつかってもらえるようになる。ただし、まだ教員経験の浅い人は「役に立たない先生だ！」といわれないように日本語の教え方をしっかり練習していくことを忘れずに。

　なお、この日本語教育の現場に日本語教師として参与する、という調査方法は、他のフィールドワーカーによる参与観察とは、かなり異なったポジションを日本語教育研究に与えるのではないかと筆者は考えている。というのは、社会構成主義の考え方に従えば、フィールドワークは、フィールドの人々とフィールドワーカーが相互に影響し合って「つくりあげるもの」に他ならないのだが、一般的なフィールドワーカーが「異物」としてフィールドに入るのに対し、教師として教育現場に入る日本語教育研究者は、いわばその「異物度」が格段に低い存在であるからだ。日本語教育研

究のフィールドワークが、どのような場を構成するのかを調べることが、フィールドワークという研究手法に新しい知見を与える可能性はないだろうか。

　最後に余談ではあるが、筆者がフィールドとして入った朝鮮族やモンゴル族のコミュニティでは、酒食の場をともにすることが、仲間にしてもらうために重要であった。とくに「宴会でたくさん酒が飲める」人物であると高い評価が得られる。たまたま筆者は、ものすごく酒に強い体質であったので、それが、思いがけない高評価につながるという幸運に恵まれ、調査期間を通して酒席でいじられ続けた。このように、フィールドに入ると観察されるのは、圧倒的にフィールドワーカーである。参与観察が、調査される側と調査する側の相互行為であるということは、こんなことからも明らかだ。

3.3　記憶力と「記録力」をみがく

　さて、こうしてフィールドに入ることができたら、それから毎日、参与観察や日常的なおしゃべり（という名のインタビュー）によって、データの収集にはげむこととなる。このとき、なにより大切なのは「どのようにデータを記録していくか」ということである。文化人類学の本によれば、人類学者は、常に野帳（フィールドノート）をもち、少しでも気になったことに出会ったら、即座にそれに書き込んでおくべきだ、という主旨のことが書いている。しかし、実際にフィールドで、そのようなことをすることはむずかしい。仮にあなたの周囲の誰かが、ことあるごとに野帳（あるいは、スマホやタブレット）にあなたの発言を入念に書き留めているとしたら、あなたはどう思うだろうか。あまりいい気持ちはしないのではないだろうか。そして、その人物に対して、何らかの警戒感を抱くのではないだろうか。

　もちろん、フィールドに入れてもらう前に、あなたの研究について、調査の目的について、周囲の人たちに、十分な説明をしておくのは倫理的な義務である。それでも、露骨に「ただいま調査中」という態度を示すこと

は、得策ではない。したがって、フィールドワーカーは日常的に見たり聞いたりしたことを、まず自分の頭の中に記憶し、時間があるときにまとめて何らかの媒体に記録しておく、ということができなければならない。しかし、日常生活の中でおきた何気ないことを記憶しておく、というのは、教科書に書いてあることを記憶するのと異なり、慣れないとかなり難しい。なにかを記憶したことは覚えていても、それがなんだったのか忘れてしまうことが多いのだ。したがって、フィールドに入る前に、ふだんの生活の中で記憶力あるいは記録力をみがく訓練をしておくべきである。同様の訓練は、教員として成長するためのアクション・リサーチなどを行う場合にもいえる。なお、フィールドノートのとり方とまとめ方については、前述した佐藤（2002：155-214）に詳細に書かれているので参考にしてほしい。

　長期間にわたるフィールドワークの場合、記録のとり方以上に大事なのが、自分の感受性の鈍化に負けない、ということである。フィールドに入った当初は、全てのことが目新しく、記録を残そうという気持ちに燃えているものだが、滞在期間が1か月をすぎると、感受性が鈍って、すべてのことが日常のエピソードになってしまい、わざわざ記録に値する必要を感じなくなっていく。そこで、記録を書き続けられるかどうかが、研究の成否を決めることになる。自分の感受性が鈍ってきたと感じはじめたら、それはそれだけフィールドに溶け込むことができてきたということなのだから、行動範囲を広げ、また、インタビューに取り組むなど、新たにデータを取得する試みを続けなければならない。

Column 13　アクション・リサーチは研究になるか？

　アクション・リサーチとは、教員が自分の授業を、授業が終わったあとで思い出し、内省して、次の授業にフィードバックしていくことを繰りかえす活動である。ときに積極的な「気づき」をうながすため、メンターがついたり、数名でグループを組んでた

がいにアドバイスをしたりすることもある。また、より正確に「振り返り」をするために、授業をビデオに撮影したりすることもある。その方法だけを見ると、質的研究の手法と共通したところがある。では、アクション・リサーチを研究論文としてまとめることはできるだろうか。

　大学院で論文指導をしている何人かの教師に質問してみたが、ただちに肯定的な答えをした人はいなかった。その理由は、自分自身が行った教育活動を、自分自身で内省し、自分自身にフィードバックする、つまり「自分自身の自分自身による自分自身のための主観的活動」であるところが、客観性を前提とする「研究」という概念になじまない、ということにあるのではないかと思われる。したがって、アクション・リサーチは、リサーチ（研究）という名前がついているが、研究ではなく教育「研修」や「トレーニング」の方法であるといったほうがいいだろう。

　同様のことは、広く教室での実践報告に対してもいえる。教育実践の記録（報告）が研究になるかどうか、という問いに対しては、積極的に「なる」という人と、半信半疑の人がいるというのが、日本語教育研究の現状であるように思われる。教育実践が日本語教育における最重要課題であることは、全ての日本語教育関係者が認めているので「研究論文にならないか」と問われれば、積極的に否定する人はいない。しかし、実際に書かれた「研究論文」を読まされると、「？」という顔をする査読者が多いように思われる。

　アクション・リサーチや実践報告は、今後、研究としても発展するような気がする。しかし、全ての人が認める研究に昇華させるためには、なにか新しいアイデアにもとづいた、いままでにない方法論を確立する必要があるのではないだろうか。そして、その方法論がみつかる可能性は、十分にあるように感じられる。

3.4　半構造化・非構造化インタビュー

> 仲　間：　先輩、ちょっと教えてください。
> 林　　：　なに？
> 仲　間：　非構造化インタビューってなんですか？
> 林　　：　構造化されていないインタビューのこと。
> 仲　間：　それじゃあ、答えになってませんよ。構造化されたインタビューならまだちょっと想像はできるんですけど。
> 林　　：　え、えーとね…インタビューの前にね…。

　インタビューにも、さまざまな手法がある。フリック（2002：94-159）では、インタビューの手法を細かく分類しているが、筆者は、それほど細かな分類は必要ないのではないかと思っている。それよりも、ずっと重要なのは、次項で述べるインタビューの技（わざ）をみがくことだ。ただし「半構造化インタビュー」「非構造化インタビュー」ということばだけは、きちんと意識しておいたほうがいい。インタビューを実行するときに、その進め方についての方針が立てやすくなるからである。

(1)　構造化インタビュー

　インタビューの前に、話者に質問することを全て決めて、シナリオ（インタビュアーの話すセリフ）を書き、それを読みあげるようにインタビューする方法を「構造化インタビュー」と呼ぶ。事前に聞くこと（質問項目）が全て決まっていて、それ以外のことは聞かないインタビューだと思えばいい。

　完全に構造化されているインタビューは、記述式のアンケートを口頭でするのと同じだから、記述式アンケートの欠点である回答者の負担を減らせるという利点がある。反対に調査者にとってはアンケートを採用したほうが、ずっと効率的であり、得られるデータもあまり変わらない。そのため、日本語教育研究で構造化インタビューを使うケースは、あまり考えられないのではないかと思われる（ただし第6章コラム5「被験者はコリゴ

リです」に出てきたような何も考えていない調査者が、まちがって使う可能性はある)。日本語学では、言語地図の作成など、大規模かつ一斉に行われる方言調査で、音声による回答を記録しなければならない場合、完全に構造化されたインタビューが実施される。

(2) 半構造化インタビュー

　構造化インタビューに対し、インタビューの前に質問項目を決めておくが、調査協力者が、想定外の回答をしたり、興味深い意見を述べたりしたときには、それについて質問するなど、相手の回答に応じて、事前に準備していなかった質問もするようなインタビュー調査を「半構造化インタビュー」と呼ぶ。聞かなければならないことは決めておくが、状況に応じて、それ以外のことも聞くことがある、というイメージである。

(3) 非構造化インタビュー

　構造化インタビュー、半構造化インタビューという形式があるなら、事前に全く質問項目を決めておかず、話者に自由に語ってもらう、という形式のインタビューも仮想することができる。そして、このようなインタビューは「非構造化インタビュー」と呼べるだろう。あえて「構造をつくらない」のだから、非「構造化」というのは、ちょっと奇妙な名前であり、本来は「構造化されていないインタビュー」と呼ぶべきであるが、半構造化インタビューという用語に対応する呼称として非構造化インタビューという用語が一般的に使われる。

　ここで注意してもらいたいのは、(1)構造化インタビュー (2)半構造化インタビュー (3)非構造化インタビューという3つの種類のインタビューがあるわけではない、あるいは、3つの段階があるわけでもない、ということである。というのは、構造化インタビューは、ぎりぎり理論的に成立する（し、現実にもある）。しかし、非構造化インタビューというのは、理論的に成立しないからである。つまり事前に全く質問項目を設定せずにインタビューをする、ということは、事前に研究課題をもたない、というこ

とと同義になってしまい、そのような研究は成立しえないからである。
　しかし、「あなたが『若者ことば』について感じていることを話してください」という質問と「これまで歩んでこられた人生を語っていただけますか」（桜井・小林2005：12）という質問を比べると、話者に与えられた「自由度」あるいは「語りの広がりかた」が全く違うことも明白である。また、この2つの質問の間に、さまざまなレベルの自由度をもつ質問を配置できるだろうということも明らかである。
　このように考えると、インタビュー調査には、構造化インタビューと半構造化インタビューがあり、半構造化インタビューには、語り手に与えられた自由度や「広がり」によってさまざまなレベルがある、ただし、そのレベルは段階的ではなく連続的である、というのが正確な表現であることがわかる。
　とはいえ「人生を語ってください」というのも1つの質問項目ではあるが、調査協力者に、ものすごく大きな枠をただ1つ示すのみで、その中には、まったく構造がつくられていない。語り手が全てを語り終えたときに構造化がはじめて完了するのである。そこで、このようなタイプのインタビューを、非構造化インタビューと呼ぶのである。
　したがって、インタビュー調査をしようと考えた研究者が考えなければならないのは、「半構造化インタビューをするのか非構造化インタビューをするのか」ではなく、「研究課題に解答を与えてもらうためには、なにを、どんなふうに、聞けばいいか」ということであり、結果として、かなり限定された質問項目を準備してインタビューにのぞんだなら、「半構造化インタビューをした」と書き、話者に話題の内部の構造化をゆだねてしまうタイプのインタビューになったのなら、「非構造化インタビューをした」と表現すればいいのである。

3.5　非構造化インタビューの技術

　質的研究の中で、もっとも重要なのが、インタビューの技術を習得することである。ライフストーリー研究ではいうまでもないが、エスノグラフィ

の記述にもインタビューによるデータ収集が欠かせない。可能であれば、フィールドワーク（参与観察）の期間が終わるころ、あらためて何人かの協力者を選んで、インタビューとその録音をお願いするべきである。1つは、それまで聞いたことがらの中で重要と思われることを再確認するためである。調査期間が長ければ長いほど、期間内に聞いた情報の密度は低くなり、記憶はあいまいになっていく。フィールドノートに書いたときには、鮮明にその意味を把握していたはずの一文の意味があやふやになっていることがある。また、異なった時に聞いた2つの事実に関係があるのかないのか、そんなことを、短い時間に集中的に語ってもらう。こうして、フィールドワークの終了にあたり、研究課題の枠組みをしっかりと固定するのだ。

　もう1つは、直接の証言という形式で論文に引用することによって、説得力を強化するためである。あなたが「調査中にこんなことを聞きました」と書くよりも、直接話法の形で「こうだ」と話されているものを読むほうが（不思議なことに）ずっと説得力が増すのである（第8章コラム9「『匿名』のデータの信頼性」も参照）。

　インタビューという形式は、他の研究手法でも使われるが、多くは、構造化の度合いがかなり強いインタビューである。つまり、あらかじめ質問項目を決めておき、その順序にそって質問をしてゆく、という形式のインタビューである。前項で説明したように、完全に構造化されたインタビューは、口頭で行われる質問紙調査（アンケート）のようなものだから、質問項目を設計する際に十分な検討が必要だが、それさえ的確にできていれば、インタビュアーには、あまり技量が要求されない。そのため、短期間に大量のインタビュアーを動員して行われる方言調査に使うことができるのである。それに対し、もう一つの質的研究、ことにライフストーリー研究では、非構造化インタビュー、あるいは調査協力者に「構造を感じさせないインタビュー」をしなければならない。しかも、深い探索と「分厚い記述」のために、長時間にわたるインタビューが要求されるので、インタビュアーの力量が研究の成否を決める。

　長時間にわたるインタビューで、まず一番に重要なのは、人の話をしっかりと聞く（傾聴）という技術である。熱心に語ってもらうためには、熱

心に聞いてくれる人がいなければならない。音声レコーダーを相手に熱心に語ってくれる人はいない。

　それと同時に、相手の語り（ナラティブ）を、こちらの研究課題にあわせてコントロールしていく技術が必要である。日常会話でしばしば体験することだが、長時間にわたる語りは、しばしば、全く思いがけない方向に転がっていってしまう。その「転がり方」自体に解答へのヒントが隠されている場合もあるのだが、研究テーマとは、あまりにも隔たったところに話題がそれていくこともある。そのときに、話題をうまく引き戻す技術を会得していなければならない。

　ライフストーリー・インタビューでは、はじめに「〇〇について、あなたが経験したこと、そのとき考えたことを、自由に話してください」と誘導することが多いのだが、相手に、自由に話していると感じさせながら、インタビュアーが話をコントロールしていく、つまり、構造を感じさせないけれども、コントロールされたインタビューができなければならない。

　以上のような技術を備えた上手なインタビュアーになるために、どうすればよいのだろうか。残念だが筆者には、その方法が答えられない。どうも、一番大切なことは、「話を聞く」才能の有無にあるように思われるからだ。生まれつき才能がある人が、経験をつんでそれを高めていくことはできると思うのだが、才能がない人を訓練して、できるようにすることは、非常に難しいと思う。したがって、フィールドワークにおけるフィールドの選定と同じく、インタビューの才能がないと自覚する人がライフストーリー研究を計画するのも、かなり無謀である。その方法が自分や研究目的にとって最適のものといえるか、よく考えた方がよい。

　同様に、筆者の経験では、語り手にも上手に語れる人とダメな人がいる。しかも、話好きな人が上手な語り手とは限らず、口下手な人がダメな語り手、という法則が成り立たないところが難しい。インタビューは聞き手と話者の相互作用によって「つくられる」ものなのである。慣れてくれば初対面でも「この人は語ってくれる」と、なんとなくわかるようになるが、はじめてライフストーリー研究に手を染める大学院生は、話を聞く人を1人に限定せず、数名の語り手に協力を依頼するようにしたほうがよい。

4. データの分析：基本的な手順

　この節では、もう一つの質的研究におけるデータの分析手法と再構成（記述）について、やはり概括的に検討する。

4.1　データの文字化とコーディング

　参与観察で得られた記録やインタビューで語られたことは、まず、全てを文字化する必要がある。観察記録は、すでに文字化されている場合がほとんどであろうが、形式を整理し、統一する。資料として写真やビデオを使うのなら、その内容を文字化して、他のデータと並べて一覧できるようにする。パソコンが普及していない時代（といっても、それほど昔の話ではない）には、全てのデータの「大きさ」（情報量）をそろえて、紙のカードに記入していた。パソコンが使えるようになって、この作業は大幅に楽になったが、モニタの上でワープロやスプレッドシートを使い、カード化していく、という作業は同じである。

　インタビューなどの音声資料は、全て文字起こしを行う。「文字起こしは、全て研究者自身でやらないと、語られたことを本当に理解できない。」と主張する先生もいるが、それは「データは全て手書きでカード化するべきだ」という主張と同じである。

　談話分析や会話分析では、自分で詳細に文字起こしをすることが、分析に直結しており大きな意味があるので自分でやらなければならない（第11章4.3.1節）が、エスノグラフィやライフストーリーを書くためには、何が語られたがわかればいいので、音声認識ソフトが使用できるようなら積極的に使用すべきである。理想的には、専門の業者に依頼するのが一番だが、1時間のインタビューの文字おこしで2万円程度の費用が必要なので、学生には難しいかもしれない。

　筆者は、中国語・朝鮮語が多少混ざった音声データの文字起こしを「日本語部分のみでいい」という条件でネット外注したところ、中国語・朝鮮語部分も聞き取ってカタカナで表記された文字データが戻ってきた。驚い

たことに、そのカタカナを読んだだけで、中国語・朝鮮語で話されたことも、だいたい再現できるほど正確であったという経験がある。

こうして、資料の整理と文字化が終わったら、次のような手順でそれをデータ化していく。

 (1) 資料を1つだけの意味・内容をもつ短い単位に切る：切り出し、スライス、切片化
 (2) その切片を分類してタグ（見出し）をつける：コーディング

このとき、原資料をどのぐらいの大きさ（長さ）で切ってゆくか、どのように見出しをつけるか、また、何種類ぐらいのタグをつけるかという、データのスライスやタグ付けの具体的なやり方については、さまざまな「流派」があり、また、研究の対象と内容によっても異なってくるので一概にこうするべきだとはいえない。質的研究法を解説した入門書・教科書は、数多く出版されているので、それらを参照しながら、研究者自身が試行錯誤して自分にあったやりかたを見つけていこう。

しかし教科書に出ているやり方を完全に踏襲する必要はない。量的研究法、ことに統計的データ処理の場合は、決められた方法を厳密に適用することが必須だが、質的研究法を採用する場合は、より「柔軟的、発展的、創出的」（メリアム 2004：12）であるべきである[4]。ただし、スライスやコーディングの方法（規格）は、研究を通して統一されていなければならないし、論文の最初に明示すべきである。

データをコーディングしたあとは、コードごとに分類する。実際に作業をはじめると、全てのデータを一覧して比較できるような「スペース」がもっとも重要であることに気付くだろう。残念ながらそのためにはパソコンのモニタは狭すぎる。筆者は24インチのモニタを使用しているが、そ

---

4) さまざまな「流派」の存在以外に、質的研究法は、文化人類学・社会学・看護学・教育学・心理学など、広い分野で採用されているので、それぞれの分野の特性によってもそのやり方がかなり異なる。例えば看護学の研究を念頭において書かれた教科書を、日本語教育にそのまま適用しようとすると失敗するだろう。

れでも狭い。

なお、ドイツやオーストラリアのメーカーから何種類かQDA（Qualitative Data Analysis）ソフトというものが発売されている。これらのソフトは質的分析を行うための支援ソフトで、これを使うとノートパソコンでも、なんとかデータの分析ができるようになるが、物理的にモニタが狭い限り、一覧性が劇的に改善されるということはない。また、支援ソフトといっても、統計ソフトやデータマイニング・ソフトのようにクリック一発で結果をだしてくれるというタイプのソフトではなく、あくまで作業を支援するだけのソフトなので、スライスやコーディングは、全て自分の判断で行わなければならない。加えて価格が高いことが最大の欠点である。

結局、データが一定量をこえてしまうと、全てをプリントアウトして、はさみで切り刻みながら床に広げて分類する、という原始的な方法が、もっとも効率的なのではないかという気がする。

4.2　再構築とストーリー化

資料をデータ化し、スライスとコーディングが終わると、モニタ上（あるいは床の上）に、項目ごとのデータの山（集合）ができているはずである。次にそのデータの項目間の関連性を考え、たがいの関係を考えながら分類していく。分類の過程で新たな見出しが必要であると思えば、新たな見出しをつける。反対に、複数の見出しを統合できると考えたときは、統合する。

こうして、一通り、見出し間の関係を考えていくと、そこに何らかの流れのようなものが見えてくるはずである。そこで、その流れをもとにストーリーを構築し、論文の構成を考える。論文の構成をつくり、執筆していく作業は、他の方法論によって論文執筆をするのと同じである。

ただ、参与観察や非構造化インタビューによって論文を書く場合は、作業がここまですすむと、自分であまり考えなくても、論文が自然に姿を現してくることが多い。これは、実際にやってみた人でなければわからない感覚的なものであるが、資料をデータ化する過程の中で、タグをつけたデ

ータが、ジグゾーパズルのように、あるべき場所にきちんとはまってきて、論文の構成が自然に決まってくるものである。

　もう一つの質的研究法を採用すると、他の研究法に比べ、現場・資料・データと接する時間がはるかに長くなる。その過程の間、無意識のうちに、だんだん研究課題の構造が理解できてくるのだ。このようにパズルが自然に完成して、リサーチ・クエスチョンに回答してくれるような感覚を得られることが、もう一つの質的研究の醍醐味だ、というのはいいすぎだろうか。

　以上のような、質的研究のデータ処理と分析過程は、どのような入門書を読んでも、同じようなことが書いてあるので、手に取った入門書に従って実際にやってみるのが一番である。むしろ、いくら本を読んで勉強しても、自分で作業をやってみなければ、なかなか理解することは難しい。ただし、全くの初心者のために1冊だけ参考書をあげるならば、日本人が開発した代表的な質的研究法である「KJ法」について、開発者本人が解説した次の本がよいだろう。

　　川喜田二郎（1976）『発想法―創造性開発のために―』中央公論新社
　　（中公新書136）

　著者の川喜田二郎（1920-2009）は、京都大学出身の文化人類学者であり、専門の研究業績以外にKJ法を開発したことで有名である（KJ法という名称は、開発者「かわきた　じろう」のイニシャル）。KJ法は、(1)データの切り出し (2)コーディング (3)コード間の関係・構造の発見 (4)発見した事実の論述・記述という、現在ではオーソドックスな質的研究の手順を、世界的にも先駆けて理論化・具体化した研究方法論である。

　　　その発想法は、もともと野外調査の必要性から始まった。ことに、野外で観察した複雑多様なデータを、「データそれ自体に語らしめつつ、いかにして啓発的にまとめたらよいか」という課題から始まっている。かような課題は、科学的方法論としては、今日までまともに解決されたことはなかったのである。日本ばかりでなく国際的にも未解決である。（川喜田1967, 40版まえがき1976：i）

この本は、まだパソコンというものがこの世に影も形もなく、コピー機が「ゼロックス」という名称で（ゼロックスは機械を開発した会社名）ようやく登場した時代に出版されたので、文中には、パンチカードなど「アナログ時代」のデータ処理の方法が、リアルに解説されている。しかし、アナログ的な処理を手順どおり詳細に解説しているので、かえって質的データ処理の根本的な原理を直感的に理解することができる。

　そして、原理が理解できれば、ちょっとした工夫で、その方法と手順をデジタル機器に応用することも容易である。そんな理由で、1967年に初版が出たにもかかわらず、いまだに新刊で購入できる超ロングセラーとなっている。しかも、新書なので価格が安い。もし、大学周辺に古本屋があるなら、その書棚にも必ず見つけることができるはずである。まずこれを読んでから、他の書籍にあたってみると理解が早まると思う。

4.3　発表

　しかし、最後に少々残念なことをお話ししておかなければならない。それは、こうして苦労して完成した「もう一つの質的研究」の論文は、その内容の良し悪しにかかわらず、発表の機会がかなり限られているということである。一言でいうと「質的研究の論文は、学会誌に採用されにくい」のである。

　量的研究の論文では、大量のデータをあつかっていても、それに統計的な処理を加えて、いくつかの表・グラフに集約することができるので、データを提示するためにそれほどページ数を割く必要がない。それに対し、質的研究の場合は、一つ一つのデータを例示し、「分厚い記述」によって論を進めていかなければならないので、データ量と論文の長さ（ページ数）がほぼ正比例する。つまり結果として、論文が長くなることが避けられない。

　その一方、ほとんど（すべて）の学会誌で、投稿論文の字数や枚数の上限が決められている。しかし、それは「分厚い記述」をおさめるためには、

少なすぎる枚数であることが多い[5]。かといって、データを大幅に省略してそのエッセンスのみを示し、研究成果をまとめた論文を書いて投稿すると、ほとんどの場合（経験的には「すべての場合」）「具体的なデータが提示されていないので、これでは研究論文とはいえません」という査読結果が返ってきて、まったく受け付けてもらえないという現実があるのである。

　この状況を変えるために、もっともシンプルかつ有効な手段は、学会誌が電子化されることだろう。「全会員に紙を郵送しなければならない」という物理的な制約から解放されることによって、投稿枚数の規定を大幅に緩和、あるいは廃止することができれば、状況は劇的に変化するはずである。

　これまで、日本の人文科学系の学会は、学会誌の電子化に消極的であった。しかし、日本語教育学会が業務の大幅なIT化を推進し、ついに『日本語教育』が166号から電子版となった。他の学会についても、言語文化教育研究学会が発足時から学会誌を電子化している。J-Stageで公開される学会誌も急増した。すでに論文はネットで読む時代に入っている。

　いまのところ、電子化した『日本語教育』も、制限枚数などを含めた執筆基準を大幅に変更するような改革にまでは踏み込んでいない。しかし、初めから電子版として公刊された『言語文化教育研究』は『日本語教育』の倍以上の長さの論文投稿を認めており、電子化が論文の枚数制限のあり方を変えていく可能性は十分にあると思われる。今後、発表の場の電子化により、質的研究が直面する「発表のむずかしさ」という大問題が解決される日は近いと信じたい。

課題

1　文化人類学者が書いたエスノグラフィを読んで、どのようにフィールドワークが行われ、そこで得られたデータがどのように記述されたかを考えてみよう。
　　（下に例として、日本人研究者の手による古いけれども評価の高い民族誌を

---

[5] さまざまな学会誌の中でも、『日本語教育』は枚数制限が厳しいほうである。それが、同誌に「日本語教育と社会と社会に関する研究」論文が9本しかなかった原因の1つではないかと思われる。

あげます。大学の図書館で見つけたら、読んでみてください)
- ＊可児弘明（1970）『香港の水上居民―中国社会史の断面―』岩波書店（新書青版772）
- ＊宮岡伯人（1987）『エスキモー―極北の文化誌―』岩波書店（新書黄版364）
- ＊川田順造（2001）『無文字社会の歴史―西アフリカ・モシ族の事例を中心に―』岩波書店（岩波現代文庫　学術60）（1976初刊）

2　次のような手順で、友人と非構造化インタビューを体験してみましょう。
　(1)　インタビューを受ける人は「生まれてから今までに食べたものの中で、おいしかったものベスト3」を選ぶ。
　(2)　インタビューをする人は、それをはじめて食べた時、場所と状況、そして、なぜ、どのようにおいしかったのかを、できるだけ詳細に聞きとりメモする。
　(3)　聞きとったことを文章にまとめて、インタビューを受けた人に正確に聞きとっているかを確認する。

3　日本語教育研究の範囲で「外れ値」にあたる（と考えられる）事象にはどのようなものがあるか10の例をあげてみましょう。そして、その「外れ値」を研究して日本語教育全体に反映させることができないか、考えてみましょう。

参考文献

飯野令子（2009）「日本語教師の『成長』の捉え方を問う―教師のアイデンティティの変更と実践共同体の発展から―」『早稲田日本語教育学』5, 1-14.

飯野令子（2010）「日本語教師のライフストーリーを語る場における経験の意味生成―語り手と聞き手の相互作用の分析から―」『言語文化教育研究』9, 17-41.

飯野令子（2012）「日本語教師の成長としてのアイデンティティ交渉―日本語教育コミュニティとの関係性から」『リテラシーズ』第11巻（電子版）1-11. くろしお出版 http://literacies.9640.jp/vol11.html（2025年3月1日）

飯野令子（2017）『日本語教師の成長―ライフストーリーからみる教育実践の立場の変化』ココ出版

フリック，ウヴェ（2002）（小田博志、山本則子、春日常、宮地尚子訳）『質的研究入門―〈人間の科学〉のための方法論―』春秋社

太田裕子（2010）『日本語教師の「意味世界」―オーストラリアの子どもに教え

る教師たちのライフストーリー—』ココ出版
尾関史（2013）『子どもたちはいつ日本語を学ぶのか—複数言語環境を生きる子どもへの教育—』ココ出版
簡月真（2011）『台湾に渡った日本語の現在—リンガフランカとしての姿—』明治書院
桜井厚（2002）『インタビューの社会学—ライフストーリーの聞き方—』せりか書房
祖父江孝夫（1979）『文化人類学入門』（増補改訂版 1990）中央公論社
川喜田二郎（1967）『発想法—創造性開発のために—』中央公論社
佐藤郁哉（2002）『フィールドワークの技法—問いを育てる、仮説をきたえる—』新曜社
佐藤郁哉（2006）『フィールドワーク増訂版—書を持って街へ出よう—』新曜社（初版 1992）
本田弘之（2012）『文革から「開放改革」期における中国朝鮮族の日本語教育の研究』ひつじ書房
マリノフスキー，B.（寺田和夫・増田義郎訳）（1967）「西太平洋の遠洋航海者」『世界の名著第 59 巻　マリノフスキー、レヴィ＝ストロース』中央公論社，55-342.
三代純平・石川良子・佐藤正則・中山亜紀子（2013）「日本語教育におけるライフストーリー研究の意義と課題」『2013 年度日本語教育学会春季大会予稿集』，81-92.
メリアム，S.B.（堀薫夫・久保真人・成島美弥訳）（2004）『質的調査法入門—教育における調査法とケーススタディ—』ミネルヴァ書房
米山俊直（1968）『文化人類学の考え方』講談社
ロング，ダニエル・新井正人（2013）『マリアナ諸島に残存する日本語—その中間言語的特徴—』明治書院

第13章
日本語教育学研究のこれから

1．はじめに

　本書の第1部では、日本語教育のそれぞれの分野の研究の現状を概観した。次に第2部では、分野をこえて、日本語教育研究を論文にまとめる際の共通マニュアルを提案した。最後に第3部では、各分野の研究で使われている研究手法を概説した。

　大学院に入学してしばらくの間は、どうしてもゼミや研究室であつかわれている研究テーマ、研究方法をそのまま無批判に受け入れることが多い。しかし、それしか知らないでやるのと、いろんな研究テーマや方法を知った上で選択するのとでは大きな違いがある。日本語教育学の中にはさまざまな分野があり、それらに対応してさまざまな研究テーマや研究方法があるということを伝えたいというのが本書の大きな目的であった。

　本章は、本書のまとめとして、日本語教育学の今後の課題について述べる。本章が指摘する課題の中には、個人が今すぐに解決するのは難しいものも含まれているが、分野全体の課題を踏まえ、あなた自身が日本語教育学の構築にどのように貢献していけるかを、自分の問題として考える手がかりにしてほしい。またこれは、筆者たち自身の課題でもある。

2．分野全体の俯瞰と体系化

　第1章で述べたとおり、現在の「日本語教育」研究は、ルーツを異にする2つの研究分野が、あまり関係をもたない状態で存在している。しかし、「日本語教育研究」が「日本語教育学」となるためには、分野全体で1つの体系を形成しなければならない。では、体系化された日本語教育学の姿

はどのようなものになるだろうか。

　日本語教育学が1つの体系を形成するための最も大きな課題は、「日本語に関する研究」と「学習者に関する研究」および「教育と社会に関する研究」が、どのように結びついていくか、ということである。これは、従来の日本語教育研究者には、日本語に関する研究をする者は「言語」にのみ関心を集中し、一方、学習者や教育や社会に関する研究をするものは「人」にのみ関心を集中するという悪いクセがあったためである。ところが、第2章で述べたとおり「日本語に関する研究」では、研究に日本語教育への貢献という視点が要求されるようになり、さらに、必ずデータの裏付けを要求するという気運も急速に高まっている。IT技術の発達と普及にともなって、大量の使用例をコーパスとして研究者が利用することが、ごく簡単にできるようになってきたからである。したがって、現在の教育文法の研究者は、日本語話者あるいは学習者が、現実にどのような日本語を、どのように話しているか、ということを常に意識しながら日本語に向きあうようになってきたといえる。今後、さらにコーパスの種類が増えていけば、純粋に文法の研究をするような場合でも、だれが、いつ、どこで、何のために使った日本語を、どのようにして集めたコーパスを使用するのか、すなわち、日本語とその使用者の両者に関心を払いながら研究がすすめられるようになるだろう。こうして近い将来、日本語に関する研究が、学習者や教育や社会に関する研究に、今よりもずっと接近していくことが予想される。

　反対に研究の方法論については、現在よりも分散化し、各分野で多彩な研究方法が試されることが必要ではないだろうか。第3部で見てきたとおり、日本語教育研究では、さまざまな方法論が使われているが、現在は、特定の研究分野（カテゴリー）に特定の研究方法が強く結びついており、研究カテゴリーを決めると、自動的に研究方法が定まるかのように感じられる。しかし、研究課題が1つであっても、そこには、さまざまなアプローチができるはずである。再び文法研究を例にあげれば、「作例」などを用い、長い間、純粋な質的研究であった文法研究が、コーパスを導入することによって、量的（統計的）研究の方法論も採用することができるよう

第 13 章　日本語教育学研究のこれから

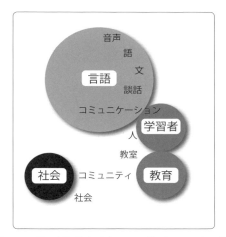

図 13-1　「日本語教育研究」の現状（図 1-2 を再掲）

図 13-2　「日本語教育学」の俯瞰図

になったのである。今後、量的研究と質的研究の双方が、たがいに補完しあうような「日本語教育学の方法論」を考えていかなければならない。

　現状の「日本語教育研究」の姿を図 13-1 に、体系化された「日本語教育学」の俯瞰図を図 13-2 に示しておこう。

3. 何のための研究か

　本章2節で述べた通り、日本語教育学は学際的かつ応用的な研究分野である。現場や実践への応用を強く志向する研究分野として、自分の研究が何の役に立つのか（自己満足の研究になっていないか）を自問自答する姿勢が大切である。

　例えば日本語教育学としての日本語研究では、正確な文法記述が「いつか」日本語教育に役立つという発想を捨てなければならない。つまり、自分の行う研究が、どういった人に対してどのように役立つのかを具体的に提案する研究が望まれているということである。第2章や前項で述べた通り、近年発表された日本語研究論文の多くは教育貢献に言及するようになっているが、今後も教育貢献の明示をより一層具体的に行うことが求められるようになるであろう。日本語を体系的に記述する作業がすでに完成しつつあることも相まって、日本語教育学としての日本語研究はその存在意義を教育貢献に頼る他はないのである。

　ただし、「教育貢献」が単なるスローガンになってしまってはいけない。日本語教育を志す学生の方に話を聞くと、ほとんどの人が「実践に役立ちそうだから」「研究を通じて、自分の教え方を改善したい」といった、「実用の学」としての可能性に言及する。しかし、こうした漠然とした興味や希望を「研究」にするためには、問題意識を具体的な研究課題へと絞り込んでいく作業がどうしても欠かせない。そうして例えば「外国語環境で日本語を学習する、日本語能力が初級レベルの英語母語話者」を対象にして行った「助詞は／がの使い分け」に関する研究が、「第二言語環境」の「中級レベル」の「中国語母語話者」に適用できるかといえば、それはまた別の話である。そもそも、「外国語環境で日本語を学習する、日本語能力が初級レベルの英語母語話者」であっても、その人たちが「に／で」をどのように使い分けるかは、「は／が」の研究からはわからない。このように研究課題を絞り込んでいくと、多くの学生が「自分が何の研究をやりたかったのか、わからなくなってきた」「重箱の隅をつついているみたい」「これじゃあ現場で役に立たない」といったフラストレーションを感じ、最悪

の場合「自分はやっぱり研究には向いていなかった」といって大学を去ってしまう。かくいう筆者自身、やはり修士の頃には「何か役に立つ研究がしたい」ともがき、指導教員に「修論で役に立つようなことを書くなんて、10年早い！」と一喝される日々を過ごしてきたので、そういう気持ちになる人のこともよくわかる。

　ただ、修士修了が遠い記憶となった今、「研究が何の役に立つか」と問われれば、それは第二言語習得研究の第一人者の1人であるロッド・エリスが言う通り、言語の学習や学習者に関するより深い「洞察力（insight）」（Ellis 1994: 5）を与えてくれる点だと答えたい。「これを使えばあなたの教室が大変身！」といった特効薬にならなくても、教育実践の前提そのものを問い直すために必要な複眼的な視野を提供するという漢方薬的な貢献も、研究の1つの意義なのではないだろうか。

4．協働と連携

　ここではさまざまな分野との協働や連携をテーマに方法論の課題を述べたい。最初はツール開発についてである。例えば、第9章で紹介した形態素解析機の茶まめ・Web茶まめは、使ってみると気になる点が見つかる。例えば「一人」と「五人」の'人'には、別の品詞タグが付けられてしまうため、助数詞使用の一覧を作ることができない。また、可能動詞の「読める」は助動詞「れる」としてカウントされないのに、「食べられる」は助動詞「られる」にカウントされる。つまり、助動詞「れる・られる」として分析する際、五段動詞の可能だけは含まれない数を分析することになる。こういった点は、ツール開発を行っている人が必ずしも言語の研究者ではないことから起こっている。ツールを提供してくださる製作者に感謝の気持ちは忘れてはいけないが、利用者の気付きを積極的に製作者に伝える姿勢も重要である。

　次に、さまざまな専門家（心理測定、統計分析など）との連携についてである。第4章で紹介した教育実践に関する研究分野では、ツール開発がどんどんすすんでいる。日本語教育学の研究者であるはずが、ツールの勉

強をする人になってしまい、教育実践にインパクトを与えるようなアイデアについて議論する余裕がなくなっている気がする。大学院生時代に学際的な研究体制を求めるのは、確かに簡単なことではない。しかし、学会に参加して発表者の連絡先をもらったり[1]、ツールのワークショップに参加したり、指導教員の研究協力者となって打ち合わせに参加したりすることで、お互いの研究を発展させる糸口を共に見つけ出せるような人たちと出会えるかもしれない。

　教育現場や地域や企業との連携についても同じことがいえる。読者のほとんどは苦労して自力でデータを集めることを考えていることだろう。しかし、いきなり日本語学校に乗り込んで、色よい調査協力の返事がもらえるようなラッキーな人は少ないはずだ。第12章で述べたとおり、質的研究だけでなく量的研究においても、データを集める前に信頼関係を築くことが大切だ。そして、忘れがちであるけれども、データを集めた後もその結果を報告し、継続的な関係を続けていくことだ。もし、あなたが指導教員や先輩の口利きで教室内のデータを取れたとしたら、それは指導教員や先輩が信頼関係をあなたに繋いでくれたから。ただデータを集めるためだけならば研究費で謝金を支払えばいいが、謝金がどんどん吊り上り、大学院生には支払えなくなってしまったフィールドもあると聞く。研究に役立つデータを集めるのではなく、教育現場に、地域に、企業に役に立つ研究のためのデータを集める。そのために、明日からすぐに実行できることを考えてみてほしい。地域のボランティア教室に参加して日本語支援ボランティアをする、大学がセッティングしてくれる企業との相談会や、教育委員会との連携フォーラムに参加する等、いろいろな方法があるはずだ。

5．社会につながる日本語教育学研究

　1998年以降、国際交流基金が3年おきに組織的な調査を行い「海外日本語教育機関調査」として公表している。この調査報告は、その地域の日

---

[1] 大学院生が自分の名刺を作って配るのは、連絡したい人の名刺をもらうのが目的だ。

本語教育の現状を、統計的な数値として示すことを主たる目的としている。あわせて、そのような状況を生みだした原因・理由についても、一般的な解釈が示されるが、精査されているわけではない。

　例えば、しばしば、ある国で日本語学習者数が急増（急減）した理由として、その国の学校教育制度に変更があり「日本語」という科目が採用（廃止）されたことが原因である、と報告されることがある。確かに、教育科目への採用が学習者を増やした要因である、ということは正しいが「なぜ日本語が新たに採用されるにいたったのか」という、当該国の（教育）政策上の理由まで示されることはない。また、学校教育科目への採用と学習者の増加は、単純に一直線に結びついているわけではない。なぜなら、通例「日本語」科目は、第二外国語科目の中の選択科目の１つとして採用されるからである。つまり、行政側が第二外国語科目の１つに日本語を加えても、日本語を選択する学生がほとんどいなかった、という状況もありえるわけである。したがって、学習者の増加については、「なぜ、日本語を選択したのか」という学習者個人の意思や、そのような選択を行わせた社会やコミュニティの圧力、いわば「社会の空気」とでも呼ぶべきものを調査分析しなければ、本当の理由は理解できない。多くの場合、教育政策の変更には、その国・地域と日本との外交・経済関係の変化が深く関わっているし、学習者が感じている「社会の空気」には、その地域の人々が日本に対して抱いている感覚・印象・ビリーフといったものが絡んでいる。しかし、このような国際関係論と地域研究、そして経済活動という視座をもって日本語教育事情の研究が行われたケースは、これまでほとんどなかった。

　1980年代以降、産業としての日本語教育は、その時々の需要の増減によって、ある時期は学校が乱立し、ある時期はクラスの閉鎖、廃校が続出する、という現象がくりかえされてきた。その結果として、日本語教師という職業は、現在にいたっても、経済的に安定した職業とはいえない現状がある。そのような現状を打破するために、今後は国際社会や国際経済と日本語教育の関係を広く俯瞰した調査・分析・考察も必要である。

　同じようなことは、日本国内における日本語教育でもいえる。留学生と

して日本語を学んでいた人たちが、大学・大学院で専門領域の知識と技術を身につけ、卒業後、日本企業に職を得て、日本国内で家族をつくり、長く日本社会で生活していくことは、もう珍しいことではない。日本語教育は、日本社会の変容に直接つながる大きな影響力をもった仕事だ。そのような視点から、日本語教育と社会に関する研究が、もっと盛んに行われなければならない。

6. 植民地から独立国へ

　日本語教育学は、学際的・応用的なだけでなく、「若い」研究分野でもある。第1章で述べた通り、1980年代に日本語教育に関わっていた人々の多くは、他の専門領域を専門とする人々であり、日本語教育学は日本語学や言語学の「植民地」（野田 2012）ともいえる状態であった。10年ほど前だったか、筆者がある他領域の研究者に「日本語教育をやっています」と自己紹介したところ、「それは"仕事"でしょ。で、専門は？」といわれたことがある。その人の意識では、「日本語教育」は「（ほんの片手間に、お金を稼ぐ手段としてする）仕事」であって、研究者としての本分である「専門」は別のところにあるはずだ、ととらえられていたのであろう。

　率直にいって、「日本語教育」の専門職としての地位は今でも決して高いとはいえない。日本語教師を「日本人なら、誰でもできる手軽な仕事」と考える人はまだ少なくない。また実際に給与が出ても、授業の準備や授業後の添削、引き継ぎといった教育に関わる全ての時間を含めて考えると、その時給の安さにのけぞった経験を多くの日本語教師がもっているのではないだろうか。しかし一方で、さまざまな言語的、文化的背景をもった人々が集い、学び合う日本語教育には、他には決してない魅力があるのも確かであるし、だからこそ、今この本を読んでいるあなたも、この道を志そうとしているのだろう。日本語教育を待遇の悪さにめげない奇特な人の仕事ではなく、専門性のある仕事として社会的な認知を高めていくためにも、「日本語教育研究」を、「日本語教育学」という、みんなが認知する学問分野にしていかなければならない。そのためには、「日本語教育学」という学

問そのものの確立のために研究するという視点も必要だろう。本書は、その試みの1つでもある。

　そろそろ「日本語教育学」は植民地ではない「独立国」としての一歩を踏み出すべきではないだろうか。植民地のことばがピジンからクレオールになり、独自のスタイルや文化を発展させていったように、日本語教育学も、オリジナリティのある知見を発信していく時期に来ているのだ。本書が日本語教育学の世界を歩き出すあなたの、よき道しるべとなれば幸いである。

最後の課題　さあ、論文を書いてみましょう。私たちも書きます。

参考文献

野田尚史（2012）「あとがき」野田尚史編『日本語教育研究のためのコミュニケーション研究』くろしお出版，207.

Ellis, R.（1994）*The Study of Second Language Acquisition*. Oxford: Oxford University Press.

おわりに　―改訂版の編集を終えて―

　ある日、退職する先生が「もう使わないから」と、『日本語教育』のバックナンバーをくださった。それから、自分の研究室に『日本語教育』がそろっているのがうれしくて、タイトルがおもしろそうな数十年前の研究論文を拾い読みしてみたが、どうもピンとこない。研究論文というよりエッセイを読んでいるような感覚…日本語教育の研究は、確実に進歩しているのだ、ということを実感する。

　別のある日、学部を卒業して青年海外協力隊に参加していた学生が帰国し、ひさしぶりに顔をだした。大学院に進学して「現場で感じた疑問を解決したい」という。「でも、そんなことを、どうやって研究したらいいのかわかりません」。わたしにもまったくわからない。自分とは、まったく縁がない種類の研究なのだ。日本語教育に、そういう分野の研究があることは知っている。でも、知り合いの研究者に、そんな研究をしている人はいない。

　日本語教育研究は、確実に急速に進歩しているのだが、全体像が見えにくくなっている。それぞれの教員が自分の狭い守備範囲を守っているだけでは、これからの日本語教育を担っていく大学院生の指導、助言はできない。現在の日本語教育研究を見渡せるような本をつくろう、というところから、この本が生まれた。分野を異にする4人が何度もあつまってミーティングを行い、すべてのページを読んでダメを出しあい、校正をした。よって、本書の第1・2部は各執筆者の担当章を公開していない。第3部については、9章（岩田）、10章（渡部）、11章（義永）、12章（本田）が主に執筆を担当している。

　著者が教員になったとき、恩師が「研究者を育てる3か条は、学生をリラックスさせること、学生に柔軟な視野を持たせること、学生を自由にさせること。そして、そのために指導教員が勉強し、苦労することだよ」と教えてくださったが、学際的分野といわれる「日本語教育研究」を「日本語教育学」として確立するためには、研究者がそれぞれの専門をこえて、

つながりあう勉強と苦労が必要なのだと、あらためて思う。

　本書は、2013年度JSPS科研費25370589の成果の一部として出版したが、改訂版作成にあたっては、JSPS科研費16K13243の支援を受けた。また本書の編集にあたり、大阪大学出版会の土橋由明さん、大阪大学大学院文学研究科博士後期課程（編集当時、現・摂南大学）の藤原京佳さんに大変お世話になった。この場をかりてお礼を申し上げたい。さらに私事ではあるが、ミーティングのため、貴重な休日に大阪と広島と金沢を行ったり来たりする4人の筆者を温かく見守り励ましてくれた4つの家族にも感謝したい。

　第2刷も残り部数が少なくなったということで、大阪大学出版会の板東詩おりさんから増刷の連絡をいただいた際、「その後の日本語教育学の発展にあわせて改訂版を出そう」ということになった。本書を執筆したときの思いは、まったく変わっていないのだが、執筆のきっかけとなった『日本語教育』が170号を数え、電子化されたことを反映させて、各種データをアップデートすることにした。

　2014年の発刊以来、本書を手にとってくださったみなさま、ゼミや研究会の素材に本書を取り上げてくださった学生や教員のみなさまに深く感謝いたします。

　　2018年3月　　　　　　　　　　　　　　　　　　　　執筆者一同

索　引

• アルファベット •

BCCWJ　165
BNC　166
CALL　51
Devas　169
F 値　200
KY コーパス　167
KJ 法　276
JGREP　169
MeCab　175
PAC 分析　235
p 値　190
QDA ソフト　275
t 検定　188
t 値　190, 200
UniDIC　175
Web 茶まめ　179
YNU 書き言葉コーパス　178
χ^2（カイ二乗）検定　202

• ア 行 •

アクション・リサーチ　266
イーミック　229
一貫性　131, 231
一般性　231
因子パターン行列　209, 213
因子負荷量　210, 213
因子分析　208
引用　144
エスノグラフィ　257
エスノメソドロジー　248
エティック　229
演繹的　162, 247
横断研究　42, 103
オリジナリティ　130

• カ 行 •

回帰分析　208, 214
外的妥当性　232
介入　104
会話分析　248
学習者主導型評価　52
学習者による作文とその対訳データベース　167
仮説検証型研究　76
仮説探索型研究　75
監査証跡　231
関数　177
観測変数　209
キーワード　125
疑似実験的会話　245
記述統計　184
記述統計量　185
帰納的　75, 162, 247
帰無仮説　78, 79
客観性　231
客観主義　234, 260
旧日本語能力試験 3 級文法項目　18
紀要　134
教材分析　170
教室活動　48
共分散構造分析　213
寄与率（説明率）　213
グラウンデッド・セオリー　238, 239
クラスター分析　235
ケーススタディ　105
形態素解析　175
決定係数　217
結論　128
研究ノート　121
言語使用調査　173
言語政策　57, 60
言語論的転回　234

293

顕在的　174
現代日本語書き言葉均衡コーパス　165
現代日本語文法　24
検定力　110, 111
検定力分析　111
コーディング　273
コーパス　10
効果量　188, 190
交互作用　198, 200
構造方程式モデリング　213
構築主義　234
口頭発表　120
国語学　7, 22
国語教育　6
個人情報の保護　151
固有値　209, 213

・サ 行・

最尤法　209, 213
査読付き論文　123, 134
参加者　127
残差分析　203
参照文典　24
サンプル　110, 184, 218
サンプルサイズ　218
参与観察　257
自己開示力　264
事後テスト　104
事前テスト　104
実験群　104
実験研究　181
実証主義　234
実証的研究　181
実践研究　159, 229
実践報告　121
執筆要項　137
社会文化的アプローチ　234, 249
社会構成主義　234
修正版グラウンデッド・セオリー・アプローチ（M-GTA）　239

修正報告書　139
従属変数　103, 192
縦断研究　42, 103
自由度　190, 200, 203
自由連想　235
主効果　198
少納言　165
初期解　209, 213
序論　125
新記述派　23
新規性　130
信頼性　127, 230
スライス　274
正規表現　169
整合性　131
接触場面　242
切片化　238, 239
潜在的　174
潜在変数　209
相関係数の有意性　208
相関分析　205

・タ 行・

第一種の誤り　111
大会発表　119
第二種の誤り　111
題目　124
妥当性　127
探索的因子分析　209, 211
単純主効果　198, 200
単文単位　18
談話分析　241-249
地域日本語教育　57, 61
茶まめ　176
中間言語　30
中納言　165
調査協力受諾書　155
調査協力のお願い　154
データ重視　26
定義付け　81
適合度指標　214, 216

索　引

デンドログラム　236, 237
展望論文　42
統制　104
統制群　104
盗用　142
特別の教育課程　64
独立変数　104, 192
トライアンギュレーション　107, 231
トランスクリプト　242

・ ナ 行 ・

ナラティブ　242, 259
日本学術振興会特別研究員　31
日本語学　7, 19
日本語学習者会話データベース　167
日本語記述文法　15
日本語教育史　48
日本語教育文法　22, 163
日本語研究　15
日本語の変種　61
日本語話し言葉コーパス（CSJ）　166
認識論　230–234

・ ハ 行 ・

パイロットスタディ　105
箱ひげ図　186, 227
外れ値　186, 227, 257
バリマックス回転　213
半構造化インタビュー　268
ピアソンの積率相関係数　205
ヒストグラム　186, 205
秀丸エディタ　169
批判的談話分析　247, 248
ピボットテーブル　177
評価　51
標本　184
非構造化インタビュー　268, 269
標準偏回帰係数　216
剽窃　142
ビリーフ　53, 235

分厚い記述　231, 256
フィールドノート　265
フィールドワーク　257, 262
フィルター　176
フォローアップインタビュー　248
複文単位　18
プロマックス回転　209, 213
分散分析　192
変数　192
母集団　110, 184
ポスター発表　120
本質主義　234

・ マ 行 ・

無作為抽出　110
名大会話コーパス　166
メタ分析　91, 94
メンバーチェック　231
文字化　241–245

・ ヤ 行 ・

要旨　125

・ ラ 行 ・

ライフストーリー　259
ライフヒストリー　259, 260
ラポール　263
リーディングチュウ太　176
理論的飽和　232
倫理規定　141
レビュー論文　91
論文投稿　119

執筆者紹介

本田　弘之（ほんだ　ひろゆき）
早稲田大学教育学部地理歴史専修を卒業後、高校教諭を経て青年海外協力隊に参加、日本語教育の世界に入る。早稲田大学大学院日本語教育研究科博士後期課程修了。博士（日本語教育学）。現在、北陸先端科学技術大学院大学教授。専門分野は、日本語教育をめぐる社会言語学、言語政策論および異文化理解とコミュニケーション。

岩田　一成（いわた　かずなり）
金沢大学文学部地理課程を卒業後、青年海外協力隊で日本語教師になる。帰国後、大阪大学大学院言語文化研究科博士後期課程修了。博士（言語文化学）。国際交流基金日本語国際センター、広島市立大学国際学部を経て現在、聖心女子大学現代教養学部教授。専門分野は日本語文法（談話レベル）。

義永　美央子（よしなが　みおこ）
同志社大学法学部政治学科、大阪YWCA日本語教師養成講座を経て、大阪大学大学院言語文化研究科博士後期課程単位取得退学。博士（言語文化学）。現在、大阪大学国際教育交流センター教授。専門分野は応用言語学、談話分析。

渡部　倫子（わたなべ　ともこ）
広島大学教育学部日本語教育系コースを卒業後、同大学大学院教育学研究科博士前期・後期課程修了。博士（教育学）。同大学助手、岡山大学言語教育センターを経て現在、広島大学大学院人間社会科学研究科教授。専門分野は言語評価。

［改訂版］日本語教育学の歩き方
　　　　　　初学者のための研究ガイド

2014 年 3 月 7 日　初版第 1 刷発行
2014 年 6 月 16 日　初版第 2 刷発行
2019 年 3 月 20 日　改訂版第 1 刷発行
2025 年 5 月 1 日　改訂版第 3 刷発行

　　著　者　　本田　弘之・岩田　一成
　　　　　　　義永美央子・渡部　倫子

　　発行所　　大阪大学出版会
　　　　　　　代表者　三成賢次
　　　　　　〒565-0871　大阪府吹田市山田丘2-7
　　　　　　　　　　　　大阪大学ウエストフロント
　　　　　　　電話（代表）06-6877-1614
　　　　　　　FAX　　　 06-6877-1617
　　　　　　　URL　　　 http://www.osaka-up.or.jp

　　印刷・製本　株式会社 遊文舎

ⒸH. Honda, K. Iwata, M. Yoshinaga, T. Watanabe 2019
　　　　　　　　　　　　　　　　　　　　Printed in Japan
ISBN978-4-87259-673-1 C3081

JCOPY　〈出版者著作権管理機構　委託出版物〉
本書の無断複製は著作権法上での例外を除き禁じられています。複製される場合は、
その都度事前に、出版者著作権管理機構（電話 03-5244-5088、FAX 03-5244-5089、
e-mail: info@jcopy.or.jp）の許諾を得てください。